云南省哲学社会科学创新团队成果文库

跨境经济合作：
原理、模式与政策

Cross-border Economic Cooperation:
Principle, Model and Policy

王赞信　魏　巍／著

社会科学文献出版社
SOCIAL SCIENCES ACADEMIC PRESS(CHINA)

《云南省哲学社会科学创新团队成果文库》
编辑说明

《云南省哲学社会科学创新团队成果文库》是云南省哲学社会科学创新团队建设中的一个重要项目。编辑出版《云南省哲学社会科学创新团队成果文库》是落实中央、省委关于加强中国特色新型智库建设意见，充分发挥哲学社会科学优秀成果的示范引领作用，为推进哲学社会科学学科体系、学术观点和科研方法创新，为繁荣发展哲学社会科学服务。

云南省哲学社会科学创新团队 2011 年开始立项建设，在整合研究力量和出人才、出成果方面成效显著，产生了一批有学术分量的基础理论研究和应用研究成果，2016 年云南省社会科学界联合会决定组织编辑出版《云南省哲学社会科学创新团队成果文库》。

《云南省哲学社会科学创新团队成果文库》从 2016 年开始编辑出版，拟用 5 年时间集中推出 100 本我省哲学社会科学创新团队研究成果。云南省社科联高度重视此项工作，专门成立了评审委员会，遵循科学、公平、公正、公开的原则，对申报的项目进行了资格审查、初评、终评的遴选工作，按照"坚持正确导向，充分体现马克思主义的立场、观点、方法；具有原创性、开拓性、前沿性，对推动经济社会发展和学科建设意义重大；符合学术规范，学风严谨、文风朴实"的标准，遴选出一批创新团队的优秀成果，根据"统一标识、统一封面、统一版式、统一标准"的总体要求，组织出版，以达到整理、总结、展示、交流，推动学术研究，促进云南社会科学学术建设与繁荣发展的目的。

编委会

2017 年 6 月

前　言

自从改革开放以来，我国经济的重心放在沿海地区，这是战略发展的需要；但随着沿海地区经济的不断进步，我国区域经济发展不平衡的问题变得越来越明显，这与实现我国经济均衡发展与构建和谐社会的目标不相符。边疆地区是我国通往东南亚、南亚和欧洲等地的重要陆上通道，战略地位十分重要。我国的边疆地区多数是多民族聚居区，虽然这些地区在改革开放政策的指引下取得了很大的经济增长，但由于这些地区的工业基础薄弱且民族与宗教关系复杂，在全球经济一体化、国内区域经济发展失衡的背景下，如何促进这些地区的经济发展和缩小与沿海地区的经济差距是我国目前面临的重大挑战之一。

为了推动区域经济的平衡发展，实现全中国人民共同富裕的目标，中央政府于 2000 年开始实施西部大开发战略。2010 年 1 月，中国西部大开发实施满 10 周年。回顾这 10 年，西部地区的 GDP、基础设施、生态恢复、农村发展、区域合作等方面都有很大的改善，但是东、西部地区间的经济差距依然很大；特别是，由于东部地区的经济增长率比西部地区的高，经济差距被进一步拉大。从倍数上看，相较于 2000 年的水平，2010 年东西部地区间的差距略有减小；但是从绝对数值看，东西部地区间的差距逐渐拉大。以东西部地区间人均 GDP 差距为例，1990 年为 995 元，2000 年为7687 元，2010 年增加到 26734 元，2015 年则增加到 32815 元。

东西部地区间经济差距的增大需要政府制定政策进一步促进西部的发展。显然，仅仅延续西部大开发政策是不够的，还需要制定新的政策来促进西部的进一步发展。尽管中国陆地边界线总长 22000 多公里，与 14 个国家接壤，但是中国与这些邻国的贸易额仅占中国总贸易额的 5% 左右。因此，通过沿边开放、增加边境贸易、鼓励与周边国家开展经济技术合作来促进西部地区的发展将是进一步促进西部发展的重点。2010 年 6 月 29 日，《中共中央国务院关于深入实施西部大开发战略的若干意见》发布，着重强调了在中国－东盟自由贸易区和大湄公河次区域（GMS）合作机制背景下促进与周边国家的合作和提高边疆地区的开放水平对促进中国西部地区发展的重要意义。

为了推动区域经济的平衡发展，实现全国人民共同富裕的目标，针对云南、西藏、甘肃、新疆等 9 个省区的 136 个陆地边境县、旗、市、市辖区，新疆生产建设兵团的 58 个边境团场，中央政府于 2012 年 5 月发布了《兴边富民行动规划（2011—2015 年）》（以下简称《行动规划》），提出了明显提高边民生活质量，明显减少贫困人口，大幅提高城乡居民收入和社会就业更加充分的发展目标。其中，重要的措施包括实施沿边开放和促进跨境经济合作。

2013 年，国家主席习近平提出了"丝绸之路经济带和 21 世纪海上丝绸之路"（简称"一带一路"）倡议，这是一种有利于提升经济全球化的新的国际区域经济合作模式。2014 年，李克强总理在博鳌亚洲论坛年会上特别强调中国在实施"一带一路"倡议的进程中，将推进与周边国家的跨境经济合作。显然，构建跨境经济合作区将是实施"一带一路"倡议的重要内容。

中国成为世界第二大经济体在很大程度上缘于 20 世纪 70 年代末的改革开放政策，吸引了大量外商到经济特区投资。与沿海经济特区作用相类似，边境经济区或跨境经济合作区的构建有望成为中国西部地区经济增长的催化剂。

促进我国西南地区的沿边开放具有良好的现实基础：第一，我国西南边疆省份，与周边国家长期保持和睦关系，且是我国通往东南亚、南亚的重要陆上通道；第二，西南省份拥有丰富的矿产、水能、生物等自然资源，发展潜力巨大；第三，改革开放特别是西部大开发战略实施以来，西南省份的自我发展能力得到了很大的提高；第四，我国西南边疆地区与 GMS 的其他国家在发展条件、资源结构、产业结构、市场消费水平等方面具有十分明显的区别与互补性。

促进我国西南沿边开放在与邻国的国际合作上具有深厚的基础，其中包括大湄公河次区域合作机制和中国 - 东盟自由贸易区平台的建立。

边境民族地区是我国经济相对落后的地区，但这些地区同时又是联系国内沿海和东部发达地区与周边国家乃至更大区域之间的纽带。本研究将为边境地区的经济发展探索新的路径，将在理论上为促进边境民族地区的发展和参与区域经济一体化提供新的思路；同时也将进一步丰富区域经济学和发展经济学理论。

对西南边疆地区的跨境经济合作研究始于 2009 年的亚洲开发银行金边计划，由云南大学发展研究院主持申报，由老挝国立大学和河内农业大学学者参与的 "Policies for Investment in China - GMS Cross - border Economic Zones：Incentive Effectives and Redesign"（编号：R - CDTA 6407）项目中标立项。通过多次参与调研和国际研究会，笔者深感跨境经济合作对区域经济发展的重要性，同时也为相关的学术问题所深深吸引。2011 年项目结束后，笔者从不同渠道申请了项目，对相关问题做了进一步的研究，并将相关研究成果整理成本书。

本书的基本思路和内容如下。

国家边疆地区多为经济不发达区域，且地理、民族和政治环境比内地经济区域更为复杂，已有的产业集群、制度经济学和不平衡增长理论不足以为边疆地区的发展提供指导，跨境经济合作理论及相关研究是一个新的突破口。

在本书之始，首先概述已有区域经济发展理论，并对跨境经济合作的相关理论进行梳理。

其次，边疆地区的工业基础较为薄弱，农业占据一定主导优势；边疆地区的少数民族聚落较多，他们多从事农业生产活动。推进跨境经济合作，有必要了解边疆区域的产业现状和边疆民族地区农户的生活水平。因此，本书将用两个章节来研究这两个问题：第二章主要分析我国西南边疆及邻国的产业发展概况，第三章则借助实证的方法分析边疆民族地区农户贫困的主要原因，并提出相应的政策启示。

跨境经济合作主要从贸易和投资两个方面来推进，在第四章首先梳理现行的边界两边投资和贸易政策，并比较中国与越南、老挝和缅甸在这两类政策上的异同。然后，基于引力模型量化近 20 年跨境贸易的边界效应阻力值并进行影响因素分析，为进一步深化跨境贸易提供指导。最后，基于非参数分析和参数分析两种工具，结合调研数据研究影响边境经济区吸引投资的因素，研究结论可为边境经济区吸引外来投资提供政策启示。同时，投资与区域内主导产业、融资环境密不可分，本书将以两个章节来探讨它们：第八章借助灰色关联度、显性比较优势等方法研究中国与老、缅、越三国在不同产业上的关联关系；第九章旨在分析融资环境对边境企业投资动机和绩效的影响。

推进跨境经济合作，有助于双边国家边境区域的经济发展。这种影响究竟什么样？在第十章中，利用情景模拟方法和云南省 42 部门的投入产出法研究跨境经济合作对边境区域的居民收入、总产出和增加值的影响。跨境经济合作区是跨境经济合作中的重要模式，推进跨境经济合作区的建设，将进一步加强跨境经济合作关系。第十一章，对跨境经济合作区的概念、原理以及发展历程进行说明，并讨论了影响合作区成功的因素。在第十二章中，从制度经济学分析框架探讨跨境经济合作区所需的制度体系。

最后，本书从如何促进沿边地区的对外合作、如何促进跨境贸易和如何吸引外来投资等六个方面对前述研究进行概述。同时，结合目前跨境经济合作区发展现状和所需条件，对建立跨境经济合作区所面临的主要挑战进行总结。

本书是作者所承担的多个研究项目的成果，其中包括亚洲开发银行（Asian Development Bank）"金边计划发展管理（Phnom Penh Plan for Development Management）"项目，国家民族事务委员会项目"民族地区对外合作平台建设研究——跨境经济合作区模式与机制"（项目批准号：2015 - GM -017），国家自然科学基金项目"不确定环境下我国沿边经济区的企业行为与企业集聚研究"（项目编号：71362026），云南省科学技术厅中青年学术和技术带头人后备人才及省技术创新人才培养项目和云南大学青年英才培育计划项目。

完成这些项目面对着巨大的挑战与压力，在此特别感谢丹麦哥本哈根商学院 Aradhna Aggarwal 教授、亚洲开发银行项目区域合作专家 Alfredo Perdiguero、云南大学发展研究院杨先明教授，他们为项目的构思、研究方法的设计与实施提供了极有价值的指导与建议。同时，也感谢云南大学罗美娟教授、陈瑛副研究员和袁帆博士，他们参与了亚洲开发银行项目的实施，为第六、七章的研究做出了重要贡献。感谢 Aradhna Aggarwal 教授和亚洲开发银行专家 Dinyar Lalkaka 先生为第十一章的撰写提供了建设性的思路及相关参考资料。云南大学发展研究院多名研究生也参与了部分研究工作，其中杨静丽参与了第一章撰写，李婕菲参与了第三、四、十章的研究，吴鹏参与了第八章的研究，黎晓旖参与了第九章的研究，在此对他们为本书所做的一切努力和奉献表示由衷的感谢。

本研究成果得以最终出版，感谢云南省社会科学界联合会通过"云南省哲学社会科学创新团队成果文库"项目为本书提供了出版资助。几年来，尽管为本研究费尽了心思，但由于客观条件限制和本人的学识局限，书中的纰漏甚至错误在所难免，希望读者不加掩饰地批评指正。您的批评不但能使本研究进一步完善，而且也是我的学术追求的动力之一。在此，我提前向您表示感谢。

王赞信

云南大学发展研究院

Foreword

One of the most remarkable recent developments associated with the current wave of regionalization is the growing recognition of the importance of cross border economic cooperation (CBEC) as an effective policy tool with a dual impact. On the one hand, it serves as a fertile ground for regional cooperation and hence is firmly rooted in regional integration initiatives. On the other hand, it can be a potential tool for the development of border areas, which are generally marginalised in the process of development. Yet to date, there has been far too little serious analysis of the status of border areas, and their development potential and challenges from the perspective of different forms of economic cooperation with neighbouring countries. This book fills that gap. It focuses on cross border cooperation between the PRC and its neighbouring countries in the Mekong region under the broad framework of Greater Mekong Subregion (GMS) Economic Cooperation Programme.

The GMS Economic Cooperation Program launched in 1992 by six countries that share the Mekong River with the support of the Asian Development Bank (ADB) set out to create a harmonious, integrated, and prosperous subregion through a " 3Cs " strategy of enhancing connectivity, improving competitiveness, and promoting a greater sense of community. In the initial phases, the programme focused on linking the GMS countries through the development of transport corridors, and reducing nonphysical barriers to movement. Subsequently, in 1998, a need was felt to broaden the scope of transport corridors by evolving them into economic corridors with the objective of attracting investment from within and outside the subregion, promoting synergy and enhancing the impact of GMS activities. In June 2008, the GMS members set up an Economic Corridors Forum to enhance collaboration among the countries in developing industrial nodes along these corridors. The choice of border areas and/or towns selected as potential nodes of industrial clusters is a critical component of this programme which aims at bringing about economic development in border areas. The PRC integrated these initiatives on cross border cooperation with its development strategy for the Western China in 2000. It set 'cross border economic cooperation' as the central pillar of its Western Development strategy with increasing border trade and investment, and encouraging economic and technical cooperation with neighbouring countries as the key objectives.

Border regions are typically the least efficient locations in terms of transport routes, markets and socio – political factors. This raises some pertinent questions in the context of the promotion of cross border trade and investment, two key elements of CBEC. What is the rationale of promoting these geographical peripheries as development nodes? What is the economics of border areas? How can these zones attract investment and other economic activities? What types of industries can be promoted in these areas? Can they bring about development in the region? This book addresses these questions drawing on both the qualitative and quantitative analyses. It provides compelling evidence using the secondary and primary databases on the factors driving cross border economic cooperation and charts the roadmap for policy makers for a successful strategy for its promotion. This is the first comprehensive assessment of cross border economic cooperation. While the key analysis covers Mekong Region with a focus on the PRC, the study has a much wider implication for such initiatives in general.

The first two chapters of the book set the tone for an ambitious quantitative analysis that follows, by offering an in – depth understanding of the rationale and theoretical approaches to CBEC. It explores the benefits of such economic cooperation in border areas and delves into the economic status of the border areas in detail in terms of economic development, industrial development, trade and industry association, and industrial linkage.

A major highlight of the book is the use of quantitative tools to assess various aspects of cross border economic cooperation, meticulously organised in the rest of the book. It begins by identifying the poverty – reducing factors in the border areas. The findings reveal the significance of human and social capital in achieving the goal of poverty reduction in these areas, and thereby establish the need to promote cross – border economic cooperation which fosters income generation, people – to – people contacts as well as networks between communities. This facilitates the generation of human capital on the one hand and social capital, trust and mutual understanding among local communities on both sides of the border, on the other.

In what follows, the study focuses on cross border trade and investment as two key forms of economic cooperation and explores the potential and challenges in promoting them. It draws on both the relevant secondary databases and a primary survey database, and uses relevant econometric techniques to produce evidence based wealth of information on the development of border areas. Cross border trade is found be constrained by distinct border effects, the barriers being most constraining in Vietnam, followed by Laos and Myanmar in that order. It reveals that removal of linguistic barriers, reduction in cultural and institutional differences, regional integration of currency, and improvement in macroeconomic control can help reduce the border effect and thus promote cross – border trade.

While dealing with investment, it turns its focus on the existing border economic zones on the PRC side and explores the potential, critical success factors and performance of these zones. The target under the GMS programme is to evolve them into cross border economic zones by integrating them with border economic zones on the other side of the borders. The study is optimistic about the prospects of cross border economic zones. It finds that private investors can leverage the abundance of resource and market potential in these areas by investing in resource intensive industries with market potential. However, they need to be made attractive for private investors by offering a package of incentives and services. One of the most contentious issues in the debate on SEZs is the role of investment incentives in attracting investment. Most studies however focus only on tax incentives. The study defines incentives broadly to include preferential tax policy, land use policy, financial support service policy, labour use policy, and investment facilitation. It provides evidence that preferential tax policy plays a critical role in influencing firms' investment decisions. In general, financial support and land use policies are also found to be important. But it finds heterogeneity in their effectiveness across regions. Overall, the analysis arrives at the conclusion that the construction of CBEZs would require better fiscal and financial services. It is desirable to introduce some strategic financial corporations and establish financial institutions specialized in providing financing, insurance, and currency clearing exclusively to these zones. It also highlights the need for reconciliation of customs policies to reduce the transaction costs of multinational economic activities. Overall, it emphasises how improved incentive packages and a favorable investment climate are indispensable for the promotion of border and cross border zones.

The asessment of the macroeconomic impacts of cross border cooperation in different scenarios using an Input – output model is an important contribution made by the study. The impacts are assessed in terms of output, GDP, household income, employment. It is discovered that cross – border trade has the greatest impact on the regional economy, followed by private investment and government investment in that order. The study concludes with an institutional analysis to discuss the dilemmas and opportunities for cross border investors. It is carried out at four levels: the embedded social background (informal institution), the formal institutional environment (law, regulation and policies), governance, and resource allocation; and is concluded with important policy implications.

Overall, the study highlights the criticality of cross border economic cooperation andpoints out that effective policies are needed to promote cross border trade and investment to encourage economic cooperation. It produces a set of evidence – based recommendations to help policy makers further improve and scale the programmes to fully capture their potential. This book is a valuable contribution to the literature on cross border economic cooperation. I congratulate the author and welcome the publication of this book. I believe that this evidence – based analysis would provide useful insights for policy makers in designing and implementing the complex policy of cross border economic cooperation.

Aradhna Aggarwal

Professor, Asia Research Centre

Department of International Economics and Management

Copenhagen Business School, Denmark

目 录

第一章

边境经济区的相关理论

国内外学者从不同视角出发，引入不同学科理论与研究方法，对经济特区的建立、集聚的产生和由此导致的新空间模式以及相应的发展政策与战略模式等问题进行了深入研究，为经济特区的发展提供了多方面的理论支持。

一 产业集群理论

一般来说，产业集群的理论基础主要源于马歇尔的外部经济理论、韦伯等人的集聚经济理论以及波特的新竞争优势理论。19 世纪末，新古典经济学家马歇尔在亚当·斯密的劳动分工理论的基础上，首次对产业集群的形成进行了论述。而后，1909 年韦伯的工业区位理论，1937 年科斯的交易费用理论，以及 1991 年克鲁格曼的规模收益递增理论，1998 年波特的新竞争理论等学说，从不同的侧面对产业集群的形成和内在机理进行了探讨和研究。

建立边境经济区具有将边境区转变成大尺度区域共同市场的中心区的倾向——至少是在经济一体化的高级阶段，通过企业有效的前向、后向关联，使得边界两侧市场区整合、边境区市场潜力大大提高，也使国家间跨边境贸易增多，吸引更多的企业、人口向边境区集聚。边境经济区的建立促进整个西南边疆地区在合作开发过程中实现整体上的集聚规模经济，企业向边境区移动的可能性增大，加快吸收效益高且与邻国相比又具有竞争优势的产业等集聚。这些都可以借鉴产业集群经济规律及其思路与方法。

（一）韦伯的集聚理论

韦伯认为，集聚的经济效益可通过两种类型来实现：一是生产或技术集聚——由工业集聚的内部原因引起的，又可分为生产规模的扩大和企业间协作的加强两种方式；二是社会集聚——由集聚的外部原因引起的（如集中布局共享有关设施获得的成本节约等）。集聚将引起三种地域集聚类型，即地方性集聚（有限地区同类生产单位组成的整体）、城市性经济（如城市形成后对企业成本下降而带来的利益等）和中心区工业（企业高度集中区域的工业整体）。韦伯所讨论的工业区位集聚问题，已经被后来的经济和地理学者发展和应用。

（二）马歇尔的产业区理论

马歇尔在 1890 年的经典著作《经济学原理》中提出了"产业区"的概念，将"产业区"界定为"一种历史和自然共同限定的区域，其内的中小企业积极地相互作用，企业群与社会趋于融合"。马歇尔更多的是从聚集性经济角度进行论述的，也就是从外部经济性等静态效率优势方面来解读这种企业空间集聚形态。马歇尔提出了外部性/聚集性经济的概念，他认为，区域专业化包括了偶然的因素；聚集性经济一旦建立起来，这些区域就受到外部规模经济的支撑。另外马歇尔提出一个有助于成员企业间的信息和知识流动的包括"产业氛围"、外部性和社会文化问题等要素在内的分析框架。这里的"产业氛围"指"商业秘密"和"思考和行动习惯"，外部性指外在于个体企业同时又限于集群边界内的影响，社会文化问题包括成员企业间的信任度等。总之，马歇尔对产业区的研究主要侧重于从规模经济外部性和交易费用节约等静态效率角度对产业空间集聚进行了分析，强调地域集聚的经济主体间既定知识和信息的流动。

（三）新经济地理学理论

克鲁格曼的经济地理学理论认为产业集群作为一种特殊的产业组织形式对产业经济的发展凸显出特殊的作用，从而引起了区域经济学理论的关注。他们侧重于分析区域内部区域网络组织的经济意义，并由此引起了经济学界对产业集群这种形式的研究兴趣。新古典主义经济地理学家克鲁格曼秉承了部分马歇尔的思想，认为促进外部规模经济的要素主要有三种：劳动力储备、专业供应商和技术知识溢出。但这与马歇尔产业区理论存在一定差异，而与新贸易理论有相似之处，克鲁格曼的研究是建立在不完全竞争市场假设基础上的。他认为，市场的不确定性和技术的快速变革导致了内部规模经济和范围经济的衰退。在此情况下，聚集性经济可以通过各种形式的垂直和水平生产活动外包来实现交易成本节约，由此他认为聚集性经济更具有外部规模和范围经济优势。克鲁格曼在 1991 年发表的《递增收益与经济地理》一文中将地理因素重新纳入经济学的分析中，通过一个简单的两区域模型说明了一个国家或地区为实现规模经济而使运输成本最小化，从而使制造业企业区位选择于市场需求大的地点，反过来大的市场需求又取决于制造业的分布，最终形成所谓中心－边缘模式。所以，中心－边缘模式依赖于运输成本、规模经济与国民收入的制造业份额。也就是说，企业和产业一般倾向于在特定的空间集聚，而不同的产业又倾向于集聚在不同地方，之所以大量相关或相同产业愿意集聚在某一特定区域，与产业专业化和市场需求有关，而事实上产业专业化与该产业的市场需求互相促进，呈正反馈效应。企业和产业在特定区域集聚，就能因节约运输和通信费用而获得要素报酬递增。

（四）竞争优势理论

波特的产业集群研究是结合其对国家竞争优势的研究而展开的。他主要根据不同国家和地区之间的产业集群竞争特点对国家竞争优势做具体的比较分析。他认为，国家只是企业的外在环境，政府的目标是为国内企业创造一个适宜的环境。

波特把产业集群和竞争优势关系总结如下。

第一，产业集群是某一特定领域内相互联系的企业以及机构在地理上的聚集体，该聚集体内部存在产业链上企业的纵向联系和竞争企业与互补企业之间的横向联系。其中纵向生产链联系包括一系列相关联的专业和其他一些与竞争有关的实体，比如零部件、机器设备和服务的供应商，专用性基础设施的供应商等。集群往往向下游拓展到销售渠道和客户，而横向联系扩展到互补产品地制造商和在技术、技能上相关或有着共同投入品的企业。同时还有集群外围支撑机构：政府、大学、标准化机构、智库、职业培训机构及商会等，这些机构提供专门化的培训、教育、信息、研究和技术支持。

第二，产业集群对产业竞争优势有重要影响，表现为以下三个方面。一是集群提高了企业的生产率。集群中的企业更容易招募到合适的雇员和选择各种供应商。集群内部往往积累了广泛的市场、技术和竞争信息，这些信息的迁移异常活跃，集群内部的企业容易获得专门的信息。集群还能提供互补优势，比如不同产品在满足顾客需求上的互补，以及不同企业之间的集体生产率协调。二是集群可以推动创新，为将来的生产率提高做好准备。集群不仅使创新的机会更为可视化，同时增强企业快速反应的能力。集群中的企业往往能够从当地获得它实施快速创新所需要的资源，当地的供应商和合作伙伴能够紧密地参与创新过程，这样能够更好地满足客户的需求。三是集群促进新企业和新商业的形成。集群内部创业的进入障碍较小，其中的资产、技术、投入品和人力资源都是直接具备的，并可以方便地被组合到新企业中去。当地的金融机构和其他投资者，对集群都是比较熟悉的，因此愿意索取较低的投资风险报酬。集群往往能够提供一个巨大的当地市场，企业家能够从业已建立的关系网中开拓业务而获益。所有这些因素都降低了新企业的进入风险，同样，如果企业经营不成功，退出障碍也不大。集群能够强化自身的发展活力，集群使得其成员在丝毫不削弱它们原有的灵活性的情况下能够获得只有大企业或者正式联盟才拥有的规模优势。

二　制度经济学理论

20 世纪 90 年代以后，在产业集聚经济规律理论的基础上引入了制度经济学的一些新概念与新理论，比如交易费用节约、创新网络、学习型区域与企业联盟等。

（一）集群交易成本论

从交易成本节约角度对集群进行分析的主要代表性学者有斯格特和斯

多普，他们在早期的研究中借用高斯和威廉姆森的交易费用概念来分析企业的垂直分离和本地化聚集过程和现象。他们认为企业集群作为介于层级制企业组织形式和市场形式两者之间的特殊形态，通过企业的地理集中和企业网络的形成，在市场和技术高速变动的情况下，企业集聚所形成的本地化生产协作网络可以降低交易成本并保护合作因素，有利于提高企业的创新能力和灵活适应性。本地企业间的频繁相互联系所产生的交易成本比那些在地理上分散分布的企业更低，这主要是由于当地很高的信息密集度和传输频率使得信息的提供和识别较为昂贵，而且在地理距离接近的情况下相互之间频繁合作能够以更低的成本来实现契约。他们认为交易费用是与地理距离有关的生产费用中最重要的费用，因此企业集聚可以使交易费用最小化。同时为了减少"技术锁定效应"和退出壁垒过高的问题，企业也必须进行外部化和垂直分离，从而可以实现单个企业生产的专业化以及产业综合体（产业集群）整体的灵活性——"弹性专精"的生产模式和生产网络。

他们基于交易成本理论对产业集群的分析受到了来自多方面的批评。斯多普等学者对此做出了回应，并且开始注意到知识和学习在集群创新和发展中所起的关键性作用。斯多普在交易费用分析基础上提出了"非交易性相互依赖"的概念。他们认为众多企业集聚一旦形成，就会形成产业社区，而且区内成员企业间存在着较强的非交易性相互依赖关系。主要包括在市场和技术不确定性不断增加的情况下，企业间相互协助来制定战略计划的习惯、规则、实践和制度等，从而为本地生产系统提供有关新产品市场、生产方式以及资源获取等方面的知识。这种相互协助关系常常发生在传统的交易市场之外，而且这种知识大多具有缄默性和较强的本地植根性，从而促进了本地生产系统或"知识社区"的建立，其中企业是"知识社区"的主要组成部分，直接参与知识的创造和扩散过程。而知识之于国家作用在"学习型经济"和"学习型区域"等概念中也进行了描述——知识是塑造竞争优势最为重要的资源，而当地特殊的制度安排对此起着重要的支撑作用，因此产业集群当地学习行为和制度安排的培养对建立地方生产系统作用最为关键。斯多普等认为，在聚集性经济中，企业/组织和技术学习之间首先是区域化的投入－产出关系，或者说是交易性关系，从而构成用户－生产者关系网络，这样的网络对信息流动、扩散起着关键性作用；更重要的一点就是企业间非交易性关系的重要作用（如劳务市场、区域惯例、标准以及价值观、公共或者半公共性质的机构）。

（二）社会网络关系理论

社会网络关系学派基本上是运用社会网络关系理论对产业集群进行分析，提出了"本地根植性"和"机构稠密性"等观点，他们提出"社会关系网络不同程度且无规律地渗入了经济活动的方方面面"的"根植性"观点，将其应用于对产业集群的研究中，强调企业是以不同的方式嵌入集群中并与各个不同的部分建立联系。格兰特维特强调新信息是通过"弱纽带"实现传递。格兰特维特提出新信息通过偶然交际（弱纽带联系）得到，而不是通过紧密的个人友好关系（强纽带）得到；"弱纽带的力量"观点是基于这样的前提：集群成员之间的频繁联系则是强纽带，由于内部联系频繁而产生的大量信息的总和是冗余的。相反弱联系是与群体内部不同变动的成员沟通联系，而非与中心企业联系。弱联系更能够发现机会，因为弱联系提供了接触新的不同信息中介的机会。因而集群内部成员企业如果可以通过保持这样的密集但无重叠的关系网络，就可以增加获取新的思想和知识以及与竞争力相关信息的机会。

因此，社会网络关系理论是从社会学的角度对集群创新和内部的关系结构进行揭示的。基于社会网络理论的分析，强调产业区内的紧密互动关系是以企业间高水平的信任为标志，这样可以促进这些不同知识的载体之间的共享，在这些社区中企业间的网络关系典型地表现为一张密集的网络或者层叠关系网，而知识可以通过这样的网络在地理集群中迅速扩散和共享。

（三）区域创新理论

以麦莱特为代表的欧洲 GREMI（European Research Group on Innovative Milieu）小组从创新环境理论角度对成员集群进行研究，结合对欧洲多个地区产业集群发展的实证分析，提出了区域创新环境理论（local innovative milieu）；从而将"创新环境"（innovative milieu）的概念延伸运用到成员集群层面，他们指出区域创新环境的核心机理和标志特征就是"群体学习行为"（collective learning）。

广义地讲，创新环境指的是产业集群所在地的社会文化环境，而一般特指在集群中当地促进创新的各种制度、法规、实践等所构成的总和系统。麦莱特根据创新环境方法对本地生产系统、创新环境和城市系统的关系——本地经济内生发展模式进行研究指出，区域内生性发展由三个过程构成：创新过程、文化整合过程、再生产过程。创新过程最终取决于当地的技术和市场环境，文化整合过程的主要作用在于促进集群内部的协调和防止本地资源的瓦解，再生产过程就是对昔日构成要素的复制（代理人、资源、诀窍、规则、关系资本等）。正如巴卡蒂尼强调："生产不仅仅意味着通过给定的技术过程和时间间隔来将投入转变成产成品，而且意味着从生产过程的开始就对有形和无形资产进行复制。"

GREMI 的创新环境理论展示了创新环境如何为本地生产系统掌舵，如何促进、激活和引导创新过程，文化整合以及再生产过程中的孵化、捕捉和扩散行为。因此创新环境并不是地方生产系统的一个特殊种类而是地方组织系统发展多依赖的认知框架，是作为一种认知基础作用于地方技术和关系等要素。他们认为，这种创新环境是面向外部的开放性生产综合体，也就是说，这种生产综合体是面向技术环境和市场环境开放的，对诀窍、规则、关系资本等要素进行重新整合和运用，因此创新环境构成了集群当地生产系统的基础结构。创新环境是不断调整和转变过程的综合体。这些过程主要由内部互动机制和学习机制所驱动，其中内部互动机制取决于集群内部创新主体——企业的合作能力和相互间的依赖关系，在创新网络中，则是依靠其在发展中所建立起来的关系资本。由于通过群体学习可以促进新诀窍和技术的创造，促进企业间竞争和合作关系的平衡，并且更容易找到解决问题的新方法等，因此学习机制主要通过影响和改变集群成员企业在技术和市场环境中行为方式来达到开发新项目和创造新资源的目的。

三　不均衡增长理论

针对区域的发展问题，一些经济学家和地理学家则提出了区域不均衡增长理论。不均衡增长理论认为，"只要总的发展水平低，市场力量的自然作用在任何时候都将增加国内和国际不平等"，要促进落后地区的发展，缩小区域发展差距，必须依赖于强有力的政府干预和周密的经济政策，如在落后地区建立"增长极"和"增长中心"以启动这些地区的发展，培养其自我发展的能力，然后利用市场力量实现这些地区的积累增长。在大湄公河次区域的西南边疆跨国区域的合作开发过程中，中国在 GMS 建立经济特区就是建立边境地区增长极的组织，通过经济特区的建立，发挥增长极的效应，带动周围地区经济的增长。

20 世纪 50 年代以来，发展中国家在取得经济发展的同时，与发达国家之间的差距却日益拉大，而发达国家以追求经济高速增长为目标，把大量的资源和要素集中投入经济发展条件较好的区域，加剧了发达区域与欠发达区域之间的两极分化。这种国家或区域之间差距拉大和两极分化的现实表明，仅仅依靠市场的力量已经很难解决所有的区域发展问题，区域经济增长并不像新古典经济学家设想的那样呈收敛之势，反而趋向于扩大。为了对这一现实问题进行解释，同时也为促进发展中国家和欠发达区域经济增长提供理论和政策的依据，经济学家提出了一些很有见地的区域经济不均衡增长理论。主要有法国经济学家佩鲁（Francois Perroux）的增长极理论、瑞典经济学家缪尔达尔（Gunnar Myradal）的循环累积因果关系理论、美国经济学者赫希曼（A. O. Hirschman）的核心 - 边缘理论等。

（一）佩鲁的增长极理论

与古典经济学家的均衡观点相反，佩鲁主张区域发展中不均衡的存在。他认为，某些主导部门或有创新能力的企业、行业集中于特定的区域，形成一种吸引力和排斥力交汇的增长极。也就是说，经济活动中存在靠自身增长和创新的优势经济单元。由于这类"经济单元"能够在技术上创新并对外牵动、在资本要素上集聚并对外扩散，使企业和行业走上规模化、集中化轨道，带动周边地区发展，从而形成以增长极为核心、周边地区不均衡增长的地区性经济综合体。

在增长极理论中，佩鲁把一些经济单元支配另一些经济单元的过程称为"支配效应"（dominance），把那些由于自身的成长与创新会诱导其他经济单元成长的优势经济单元称为"推进型产业"（propulsive industry）。通过推进型产业的成长，使前向、后向以及旁侧联系的产业从中受益，并且以推进型产业为中心进行集聚，形成产业综合体（industry complex），产业综合体的成长与创新速度要比其外界快得多。佩鲁的增长极理论在很大程度上受到熊彼特（J. A. Schumpeter）的创新与长波作用理论的影响。在他看来，企业家创新是经济进步最主要的因素，而最具创新性的经济活动总是发生在大的经济单元中，这种经济单元往往也是推进型产业。经济成长并不会同时在所有地方出现，而是以不同的强度首先出现在一些增长极上，并借助产业间的相互关联与相互依存，以不同的途径向外扩散，对整个经济产生不同的最终影响。

（二）缪尔达尔的循环累积因果关系理论

缪尔达尔的循环累积因果关系理论是不均衡发展理论中的区域发展模型，认为社会系统某些变量的变化并不会产生与之相抗衡的力量来使之恢复均衡，反而会使系统越来越偏离原始的均衡状态。因此，社会系统并不是以自动均衡为特征，而是遵循累积、循环因果的规律。

在繁荣地区，由于经济活动的集中会提高生产效率，因而市场力量将促使经济活动更加集聚，导致报酬递增。由于经济集聚，繁荣地区将会持续累积而快速成长，同时又带来两种效应：扩散效应（spread effect）和回流效应（backwash effect）。扩散效应指繁荣地区向落后地区购买原材料及农产品，促使落后地区收入水准提高、经济开始发达，再对其增加投资，输出技术而使落后地区受益，即资金和技术由中心向外围移动；回流效应指落后地区的资金、劳动力等生产要素遵循价格定律中生产要素向收入高的地方移动的规律，由增长缓慢地区流向增长迅速地区，即资金和劳动力由外围向中心移动。

在缪尔达尔看来，"回流效应"直接导致不同地区的"累积循环"发生，而这样循环往复的结果，就导致了发达地区的财富不断累积。此时，"扩散效应"就会发生，从而带动欠发达地区的发展，有可能缩小区域不均衡的差距。特别是在像中国这样的发展中国家，区域经济的发展同样也可以做到发达地区和欠发达地区双赢共进。也正因如此，缪尔达尔非常主张在经济发展中加强政府的干预：在区域经济发展初期，应集中力量发展具有较高投资效益潜力的地区，利用"扩散效应"带动整个区域。

（三）赫希曼的核心－边缘理论

赫希曼针对增长极理论在地理空间上的应用，用核心－边缘理论来解释增长在区际不均衡现象是不可避免的。他认为，经济进步并不会同时在每个地方出现，而是在一个或几个区域经济实力中心首先发展。然而，经济进步一旦出现，其巨大的经济推动力将会使经济成长围绕最初的增长极而发生集中。

因此，在发展过程中，增长极的出现意味着经济增长在国际或区域的不均衡，而这种不均衡会使增长的地区对落后的地区产生一系列有利影响，即"涓滴效应"（trickling－down effect）。涓滴效应主要是通过增长地区对落后地区购买力与投资的增加，并借此向落后地区扩散技术，增加落后地区的生产，提高其技术水准，带动其经济增长。在核心－边缘理论中，赫希曼把不均衡发展战略视为规划区域经济发展的最佳方式，要求政府加强对落后区域的公共投资，有组织地将资金与人才引向落后区域，并投入资金建设基础设施，改善投资环境，凭借政府力量来加强涓滴效应。

（四）梯度推移理论

梯度推移理论引进到区域经济研究之中，并主要运用在探讨我国开发重点的空间转移及调整空间结构等方面。

梯度推移理论是在工业生产生命循环阶段论（产品周期理论）的基础上建立起来的，其科学性也正在于此。工业生产生命循环阶段论认为，各工业部门、各种产品都处在不同的生命循环阶段上，其发展过程依次经历创新、发展、成熟和衰老等四个阶段，处于四个阶段之间的三类部门或产品分别为兴旺部门、停滞部门和衰退部门。其中，工业部门或产品从创新阶段至发展阶段为兴旺时期，由于部门或产品的创新厂商垄断着新产品生产的技术诀窍，同时新产品需求价格弹性低，生产成本差异对区位选择影响不大，产品宜在国内生产；发展阶段之后至产品成熟阶段就进入停滞时期，技术已经定型，此时需要大量的廉价且略有技术的劳动力，由于竞争者增加，价格需求弹性增大，降低成本成为竞争的关键，此时宜将生产基地转移到国外成本低的地方（需向低梯度地区转移），同时推出另一种新产品。

梯度推移理论，指在一个大区域范围内，由于地理环境、发展条件、自然资源、历史基础等原因，社会与经济技术的发展在区际总是不均衡的，客观地存在经济技术梯度。当然，有梯度就必然会有空间的梯度推移，使生产力从高梯度发达地区向低梯度落后地区转移，从而逐步缩小地区间差距，实现一地区的经济分布的相对均衡。在此过程中通常是首先扶持条件相对好的高梯度地区加快发展，然后再逐步依次向各级低梯度的地区推移。推移的速度随着经济科技实力的积累而逐步加快，地区间的差距也随之逐步缩小，其理想的目标是区域不均衡状况可最终消除。

在我国西南边疆跨国区域由于地理环境、发展条件、自然资源、历史基础等原因，社会与经济技术的发展在中、越、老、缅、泰各国的相关地区之间存在客观的"梯度差异"，这是在合作开发边境跨国区域组织垂直分工的客观基础。我国的广西、云南同越、老、缅、泰之间存在明显的梯度差异。中国在 GMS 建立经济特区，就是先把经济特区这个梯度地区的经济发展起来，发展成高梯度的地区，然后再依次向各级低梯度的地区推移，从而达到大湄公河次区域地区各国经济发展双赢的局面。

梯度推移论引起了理论界的持久讨论，并引申出了一些新的空间推移理论或观点。其中最主要的是"反梯度推移理论"。该理论认为，现有生产力水平的梯度格局，不一定就是引进先进技术和经济开发的顺序。不管一个区域处在哪个梯度，只要经济发展需要又有条件，就可以引进先进技术，进行大规模开发。反梯度推移理论还认为梯度推移理论不给相对落后地区发展机会，将会导致其永远落后。此外，还有"并存论"和"主导论"，其中前者认为梯度推移、反梯度（跳跃式）推移、混合式推移并存。后者则认为，从不同层次观察确有多种形式，但从总体看应以梯度推移为主导，其他形式应使用于少数领域、个别区域或特殊时期。梯度推移理论与反梯度推移理论并不矛盾，反梯度理论充分说明我国不仅可以在沿海发达地区建立经济特区，同样可以在我国西南边境区域建立经济特区。现在看来，选择梯度推移还是反梯度推移，只能由经济发展的需要和可能来决定。落后的低梯度地区，也可以直接引进世界最新技术，发展高技术产业，实行超常规发展，达到一定程度后可反过来向高梯度地区反推移。

（五）地缘经济学理论

对于我国与周边国家的地缘政治、地缘经济与地缘文化关系，一些学者认为，目前我国同周边国家出现了空前的友好合作局面，阻碍合作关系发展的因素正在逐步排除，我国与周边国家的良好政治关系将会进一步发展。当今世界总趋势是和平与发展，世界经济趋于区域化和集团化，中国经济的崛起促进了周边国家与我国进行卓有成效的经济合作和联合；我国沿边的东北、西北、西南三个地区，都与相邻国家有着很好的地缘文化关系，为沿边地区开放开发起到了润滑剂的作用。

从地缘经济学的角度，西南边疆是我国与东盟国家之间的唯一接壤地带，我国的西南地区在这里直接与越南、老挝、缅甸接壤，并与泰国近邻。这一地带是我国通向中南半岛的陆路通道及经贸联系与合作的枢纽地区，具有国际河流、国际铁路、国际公路以及相连的海岸线，边境两侧分布有越南首都河内、中国广西壮族自治区首府南宁和云南省会昆明等大城市，以及众多的中小城镇。边境地带现有国家一类口岸12对、地方二类口岸16对，还有一系列的边境互市点，经贸联系十分密切。这一边境地带地理位置重要，地缘关系特殊，有必要对这一边境跨国区域进行合作开发的研究与推动。同时，建立经济特区是中国与大湄公河次区域合作与开发的具体实践，对中国地缘经济安全具有积极意义。有些学者认为应通过推动东亚区域化，逐步促成开放式良性互动与合作的亚洲内部市场，从而减轻对欧美的依赖；有利于中国在经济加速发展过程中，对日益加大的生产资源需求的供给；有利于开拓东南亚市场赢得更多的国际市场份额，催化东亚地区的经济合作。

（六）区位优势理论

关于边境贸易发生与区位的关系，边境区位优势理论认为开放后边境地区的贸易成本可明显下降，在边境地区组织生产有利于出口，是边境出口企业的最佳区位；在边境地区设立关税优惠等措施的特色经济性区域（如边境经济合作区），能够增大"一线"的通透能力，有利于边境繁荣和放大"口岸效应"。通过建立经济特区可以克服边境地区由关税、过境手续等经济区位因子带来的空间距离的延伸和由政治、经济、文化、信仰、语言、民族、宗教等非经济区位因子带来的社会、心理距离的延伸，利用边境地区经济社会的梯度势能、过境需求、企业市场拓展等区位优势，加强边境地区经济合作，形成跨边界的区域经济联盟，促进"边境区域"经济与社会的协调发展。

经济特区是边境区位优势再造的体现。"边境区位"与"边境区位优势"是两个不同的概念，但又有关联性。在经济全球化和区域经济一体化的发展趋势下，随着各国间因贸易量增加而带来的过境需求增长，使边境地区由"边缘区"转变为"核心区"。在这一过程中，边境区位进行着"再创造"。经济特区的建立是边境区位优势再造的具体实践，边境区位优势的再造有利于边境区位地位与作用的提升，进而进一步推动边境区位的再造。随着外部环境与各种因素的变化，特别在经济一体化和开放发展等背景下，邻国间经济活动的关联性不断增强，也在动态中不断变化。提高边境地区的地位与作用，强化并融合两国互补性因素、带动边境地区发展等功能就显得十分重要。这需要通过有效的"再造"来实现，经济特区的建立将提高边境区位与边境区位优势再造的效果。

四　跨境经济合作的相关理论与实证

一般来讲，跨境经济合作区（CBEZ）是两国接壤边境地区间的一种紧密合作机制，根据边境地区对外开放的基础、特点和优势，在边境贸易和边境经济合作区发展的基础上，将海关特殊监管和营造良好产业合作政策环境结合起来，通过边境两边地区的对接，实现边境地区两边的充分互动和优势互补，进而带动边境地区经济的发展。它有别于经济特区（SEZs）。经济特区一般是指在国内划定一定范围，在对外经济活动中采取较国内其他地区更加开放和灵活的特殊政策的特定地区。相比之下，跨境经济合作区可以采取经济特区的运行模式，但是它结合了跨境地区的特殊优势，同时又涉及两个国家甚至多个国家的经济利益关系和政策合作关系，因此如何建立跨境经济合作区以及如何具体运作，是一个非常值得研究的课题。

袁晓慧等认为，跨境经济合作区是指在两国边境附近划定特定区域，赋予该区域特殊的财政税收、投资贸易以及配套的产业政策，并对区内部分地区进行跨境海关特殊监管，吸引人流、物流、资金流、技术流、信息流等各种生产要素在此聚集，加快该区域发展，进而通过辐射效应带动周边地区发展（袁晓慧和徐紫光，2009）。

（一）相关理论

关于跨境地区经济合作相关的理论研究主要是从区位理论研究开始的。1909 年，德国经济学家韦伯（Weber）首次系统地论述了工业区位理论（Industrial Location Theory）。他认为运输成本和工资是决定工业区位的主要因素，其中心思想是区位因子决定生产场所，将企业吸引到生产费用最小、节约费用最大的地点。Walter Christaller（1933）在韦伯等人研究的基础上，建立中心地学说（Central Place Theory），指出市场原则、交通原则及行政原则支配中心体系的建立，这个中心体系服务其周边地区；August Losch（1940）则从市场需求及供给出发，进一步发展了区位理论，认为工业区位应该选择在能获得最大利润的区域，他特别重视市场区对工业布局的关系，研究了不同等级的市场圈所辖消费地数量和最大供应距离等问题，开辟了从消费地角度研究工业布局理论的新途径。法国经济学家佩鲁在 1950 年首次提出增长极理论（Growth Pole The-ory），他认为，经济增长通常是从一个或数个"增长中心"逐渐向其他部门或地区传导，因此，应选择特定的地理空间作为增长极，以带动经济发展。增长极在形成与发展过程中，会产生两种效应——极化效应和扩散效应。极化效应促成各种生产要素向增长极的回流和聚集；扩散效应则促成各种生产要素从增长极向周围不发达地区的扩散。在发展的初级阶段，极化效应是主导的，当增长极发展到一定程度后，极化效应削弱，扩散效应增强。

20 世纪 50 年代以后，相关学者把主要研究对象为国内经济的区位理论应用到国际经济合作中，特别是应用到经济一体化研究以及次区域经济合作研究中。荷兰经济学家 Tinbergen（1954）第一次定义了经济一体化，并将经济一体化分为积极一体化和消极一体化，其中积极一体化是指运用强制的力量改变现状，建立新的自由化政策和制度，从而保障市场的有效运行和宏观政策目标的实现；消极一体化则产生相反效果。美国经济学家 J. 瓦伊纳（Jacob Viner）于 1950 年提出关税同盟理论（Customs Unions Theory），指出建立关税同盟，会取得贸易创造效应、贸易转移效应和贸易扩大效应，而贸易创造会引起一体化成员国福利的增加，而贸易转移会引起福利的减少（Viner, J., 1950）。斯巴克（1956）提出了共同市场理论（Common Market Theory），米德和伍顿发展了共同市场理论，分析在生产要素可以自由流动的条件下，对共同市场内部各成员生产要素价格及收益的影响，认为建立共同市场可以产生净收益，使成员总的国民收入水平上升，同时伴随着技术与管理水平的转移，会使劳动生产率提高，经济效应增加（田青，2005）。西托夫斯基和德纽（1958）在共同市场理论基础上，提出了大市场理论（Theory of Big Market），该理论主要论述了区域经济一体化的竞争效应，即在劳动生产率、经济效应分析的基础上，加入了区域经济一体化的竞争效应分析。他们认为，共同市场的形成将使厂商间的竞争更加激烈，规模较小、经营力较弱的企业将逐渐被淘汰，整个经济将进入规模经济主导的"大市场"经济，这种大市场经济得益于共同市场的竞争效应，因为竞争使得微观主体生产专业化、提升技术水平、使用先进设备，经济得以扩张（Scitovsky, T., 1958）。这些理论研究基本上集中在如何消除贸易壁垒，加快资本、劳动力等生产要素的流动，采取关税同盟、自由贸易区、共同市场等具体手段，实现产业在特定区域内的集聚，从而实现经济一体化。相对于传统区位理论，经济一体化理论把国家之间的经济利益考虑在内，对国际经济合作与发展做出了重要贡献，为本书有关中缅跨境经济合作的研究提供了理论支持。

20 世纪 70 年代以来，随着经济全球化的深入，面对新的经济发展状况，很多学者从 FDI 和产业转移角度对跨境经济合作进行了探索与研究。1966 年，哈佛大学经济学家弗农等人提出产品生命周期理论。产品生命周期理论认为，工业各部门及各种工业产品，都处于生命周期的不同发展阶段，即经历创新、发展、成熟、衰退等四个阶段；在此基础上，区域经济学家将这一理论引入区域经济学中，便产生了区域经济发展梯度推移理论。梯度推移理论认为，随着时间的推移及产品生命周期的变化，生产活动逐渐从高梯度地区向低梯度地区转移，主张发达地区应首先加快发展，然后将产业向较发达地区和欠发达地区转移，以带动整个经济的发展。20世纪70年代，日本学者赤松要与其学生小岛清提出并发展了雁行发展模式理论（Flying Geese Paradigm）。该理论认为，按照经济和科技发展水平，可将技术密集型产业、资金密集型产业、劳动密集型产业分布于不同发展阶段的国家或地区。例如，技术水平、资金雄厚的日本居于东亚经济发展的雁头地位，主要从事技术开发并进行产业转移；具有一定资金和技术积累的"四小龙"，重点发展资本密集型工业和部分技术密集型产业；东盟和中国具有丰富的劳动力资源，可利用日本和"四小龙"产业结构转移的机会，主要发展劳动密集型产业，作为雁尾。梯度推移理论和雁行发展模式理论从产品和产业本身出发，并考虑了时间因素，这对于国际经济合作的研究又是一次补充和推进。邓宁（1977）提出国际生产折中理论，指出企业对外投资取决于以下三个因素，一是企业的所有权优势，即企业具有外国企业所没有的资产及其所有权；二是内部化优势，即企业具有将所有权优势内部化的能力；三是东道国的区位优势，即东道国的资源禀赋、基础设施、市场潜力、技术壁垒、外资政策等具有一定优势。

　　跨境经济合作区需要考虑的还包括产业集聚，如何创造条件实现某指定地区的产业集聚，是当前我们急需研究的问题之一。Michael Porter（1991）认为工业集聚带来的主要优势是由规模经济与范围经济效应带来的成本优势，那么反过来，创造一个区域外部规模经济也应该能促进该区域的产业集聚。以克鲁格曼等人为代表的新经济地理学采用了收益递增－不完全竞争模型的建模技巧对空间经济结构与变化过程进行重新考察，将经济地理分析纳入主流经济学的范畴之中，它以收益递增作为理论基础，来研究经济活动的空间集聚，空间集聚是收益递增的外在表现形式，是各种产业和经济活动在空间集中后所产生的经济效应以及吸引经济活动向一定区域靠近的向心力；克鲁格曼（1991）认为，经济活动的空间集聚核心内容主要集中在三个方面：报酬递增、空间集聚和路径依赖。其中报酬递增指经济上互相联系的产业和经济活动，或由在空间位置上的相互接近性带来的成本节约，或由规模经济带来的产业成本节约；而空间集聚指产业或经济活动由于聚集所带来的成本节约而使产业或经济活动区域集中的现象；路径依赖指历史偶然性将使某一区位在产业集聚方面获得一定的先发优势，这将形成某种经济活动的长期聚集过程。藤田（Fujita，2004）根据新经济地理学，认为空间经济集聚力包括第一自然（自然条件）、第二自然（内生的集聚力量）和触媒（历史环境、公共政策、突发事件等），而分散力包括由经济活动集中而导致的要素价格上升（如土地价格、工资水平等）和拥挤成本（交通拥挤、空气污染）。参考上述理论，正是成本节约导致了空间经济集聚，而成本节约体现到中缅跨境地区的集聚力量上，有自然资源禀赋互补优势、地理优势等，而分散力则包括运输成本较高、技术和资金缺口较大等因素。

（二）相关实证研究

在理论研究的基础上，关于边境经济合作，相关学者也进行了大量实证研究，从更多角度对边境经济合作提出了不同看法和建议。

Joachim Blatter（2000）研究了欧洲康斯坦茨地区的边境经济合作后发现，政府间和非政府间的专业协会的建设非常重要，对于促进边境经济合作的作用很大；Christiane Krieger Boden 等（2002）从新经济地理学的观点出发研究了欧盟的一体化问题，他们认为欧洲一体化将导致区域收入的核心与外围的分异，一体化过程中区域内成员之间将会出现贫富分化，因此，需要有补偿性的区域政策来弥补一些成员国家的损失；Anna Iara, Iulia Traistaru（2003）研究了匈牙利 1994 年至 2000 年市场一体化对区域生产结构和区域增长差异的影响，结果表明，制造业逐渐转向边境区域，专业化更加明显；Christian Volpe Martincus, Andrea Molinari（2005）研究了阿根廷和巴西的贸易问题，结果表明，该地区贸易强度急剧上升，但是没有产生商业周期的一致性，于是他们认为该区域较高的贸易额是源于边境效应，边境地区能促进跨国地区的贸易额。关于如何推进边境地区的经济合作，相关学者认为可利用跨境地区某一国家的廉价劳动力优势，但日本学者 Fujimura, Manabu（2006）通过对大湄公河次区域国家的研究发现，不发达国家的基础设施条件很差，即便是其较低的劳动力成本有一定的吸引力，也不能抵消新投资在交通运输、新厂建设等方面的支出，因此，这些国家和地区很难吸引到高质量的投资；而 Kudo Toshihiro（2009）指出，在不发达国家和发展中国家的跨境地区，不发达国家可以利用发达或发展中国家的较好的基础设施优势，发挥自身在劳动力方面的比较优势，以挖掘跨境地区的区位优势，为跨境地区的经济发展做出贡献。为此，他建议设立经济特区（SEZs）来促进跨境经济合作。

很多国内学者对跨境经济合作也做了较为详细的研究，特别是对东北亚地区、东南亚地区、大湄公河次区域的跨境经济合作问题，他们从模式选择、区位特征、合作条件等方面进行了探讨与研究。汤建中、张兵等（2002）在《边界效应与跨国界经济合作的地域模式——以东亚地区为例》一文中指出，次区域经济合作应从优惠贸易、政府间的协议分工、多边合作的项目开发、开发银行主持的财政转移四个方面开展；杜群阳（2004）从 FDI 效应分析了中国 - 东盟自由贸易区形成的影响，他认为自由贸易区区位优势可产生投资创造效应和投资转移效应，这两个效应都促进区内的投资增加；李铁立、姜环宇（2005）以墨西哥 - 美国边境地区的马魁拉多工业园区为例进行了基于企业集聚的实证研究，他们认为，如果相邻国家间产业关联性较强，那么在水平型的发达国家间边境区也可成为中心区，相反，如果两个相邻的发展中国家边境地区间的产业联系较弱，那么这类边境区发展成为企业集聚的中心边境区的难度则较大；吴森、杨兆萍等（2008）对中国新疆与俄罗斯西西伯利亚地区的经济合作模式做了研究，他们认为该区域应选择以经济互补为基础的开放性和扩展性的次区域合作发展模式，通过区位再造，减少和消除影响合作的基础设施、政策等方面的不利因素，做出具有一定约束力的制度安排；雷著宁（2008）研究了印缅的贸易现状，指出印度在与缅甸发展经贸关系的过程中，特别是开展边境贸易时，首先考虑的是国家安全空间和赢得地缘政治利益，因此，印缅贸易难以向纵深发展。

在本章中，从产业集群、制度经济学、不均衡增长和跨境经济合作四个方面对本书所涉及的文献进行综述；这些研究的涉及面很广，但较为宽泛，未能系统且具体地对跨境经济合作区进行分析。因此，为填补这一空白，结合笔者已有研究，形成一本系统的关于跨境经济合作区构建的书籍。下一章中，将分析跨境经济合作区的原理、模式，并结合前人研究，总结主要影响因素。

第二章

中国西南边境与邻国的边境经济及产业发展概况

一 边境经济区

经济特区在促进经济发展中扮演着重要角色，经济特区的基本目的是通过优惠措施吸引外资对各种行业进行投资（Ota，2003）。随着1980年以来的经济体制改革，经济特区给中国带来了巨大的变化，包括强劲的经济增长、特区总体就业率的快速增长、生产力的进步以及国家外贸方面的快速扩张（Ge，1999）。总而言之，在促进中国经济发展方面，经济特区已经成为主要的驱动力。

然而，尽管中国2.2万多公里的边界线接壤14个国家，但边境贸易只占中国总贸易额的5%。特别是中国大多数的对外贸易发生在沿海地区。为应对这种形势，中国政府已与其亚洲伙伴签订合约，其中之一是区域经济合作。在这种情况下，跨境经济区被公认为特殊的经济功能特区。中方认为新的跨境特区会带来潜在的收益。贸易自由化和经济增长会带来这种收益，中方所追求的就是收益在国内的相关地区乃至全国范围内，具有更好的地理与社会经济方面的分布。为促进跨境经济区发展而制定的政策，主要集中在对边境的关注和投资。因此，这些政策能够刺激中国和邻国之间的投资和通商关系，也有利于刺激国内相关地区如云南和广西的发展，并促进邻国地区的社会经济发展和人类进步。跨境经济区在促进中国和其他大湄公河次区域国家间投资、贸易、生产和旅游以及这一地区的外向型经济向更深层次发展具有重要的潜在优势（Wang & Nandy，2007）。

为促进边疆地区的发展，中国于1992年在边疆地区建立了国家边境经济区。到目前为止，中国在东北、西北以及西南已经建立了14个边境经济区。边境经济区实行的是一揽子的特殊政策，其一线开放城市的发展重点是边境贸易以及出口加工业。正因此，边境经济区在促进睦邻贸易、友好关系以及少数民族地区经济繁荣发展等方面扮演着积极的角色。

在近20年中，中国中央和地方政府在这14个边境经济区一共投资了140亿元人民币用于基础设施建设。一些主要的经济指标保持了年均20%~30%的增长率。按平均每平方公里的投入产出计算，每1.5亿元人民币投到基础设施上，其在税收、GDP、工业以及总出口方面的产出分别是投入的2倍、15倍、10倍和32倍。相比1992年人均可支配收入而言，它已增长了5~8倍。因此边境经济区的基础设施建设已成为主要的增长点，并且有利于当地经济和社会的快速发展。

为促进中国和大湄公河次区域及其他国家之间的贸易往来，边境地区建立了5个边境经济区。为促进中越间经济发展建立了河口边境经济区，2015年越南边贸总额为275.6亿美元，其中，中越边贸额占比85%，位居第一。为促进中国和缅甸之间贸易的往来建立了瑞丽边境贸易区，2015年，缅甸与邻国的边境贸易额为63.69亿美元。其中，与中国的边贸额最多，达到了52.94亿美元，其次是泰国10.04亿美元，印度6050万美元，孟加拉国1049万美元。在老挝边境建立了磨憨经济开发区。这一区域的公司属于外贸和商业领域，2013年，对外贸易总额达到了25亿美元。为促进与越南间的经贸合作，已在广西壮族自治区建立了凭祥和东兴边境经济合作区。众所周知，凭祥是中国的南大门。一条国际公路及铁路通过这7.2平方公里的地区，这里有海关、杰出的出口专家和转运公司。最新数据显示，凭祥每年都见证了其与邻国间40多亿元人民币的贸易额，占到中越贸易总额的1/10。1992年9月，另一座城市东兴由国务院批准也与越南发展了边境贸易。从那时起，政府便一贯地鼓励这一领域的投资，并最终看到了这一动力的结果。

尽管有以上的业绩，边境经济区却由于种种原因并没有成功地成为边境地区刺激经济发展的引擎。2008年，14个边境经济区的GDP总量仅达到国家经济技术开发区的1.3%和西部开发区的15%。边境经济区的国际直接投资量少于国家经济技术开发区的1%，累计的基础设施投资量少于东部经济技术开发区的10%。因此，加速边境地区发展，加强同邻国经济合作变得至关重要。将边境经济区提升为跨境经济区是一条公认的好路子。

（一）中越边境经济区概况

中越跨境经济区将以红河（中国）-老街（越南）一线为中心。此经济区将覆盖65平方公里的面积，其中心位于红河州府蒙自及越南的老街。

2005年，云南省红河州和越南老街省政府签订了合作文件"建立红河（中国）-老街（越南）跨境经济区计划"，沿着昆明-河内经济走廊建立经济区。城市经济，特别是中国昆明、红河、玉溪、文山和越南河内、海防、广宁、海阳、富寿、老街的工业园区，将作为经济区的支撑框架。

1. 中国红河边境经济区概况

云南省红河州拥有相对发达的工业。两个重要的边境经济区是：红河工业园区和河口经济技术开发区。红河工业园区位于云南省红河州境内，跨越个旧、开原和蒙自，预计占地面积为65平方公里，昆河路和云越铁路也穿行其间。其总体目标是将此园区发展成为大规模工业发展的综合性工业基地，成为云南南部经济发展支柱，并作为面向东南亚开放的前哨。此园区包含众多功能区，包括冶金材料加工园区、化学工业加工园区、生物资源加工区、高科技工业园区和出口加工园区等。

河口经济技术开发区设置在河口县。它是边境大门，一条云越铁路由此穿过。1992年中国国务院将河口设计为边境大门之一。1993年河口到老街的边境大门开通，紧接着1996年昆明到河内铁路线开通，它成为中越陆路运输的桥梁。

1992年，国务院批准了河口边境经济区的建设，用地面积为4.02平方公里。之后，园区的规划面积又扩大到24.1平方公里。云南省各级政府（省政府、红河州政府和河口县政府）一直致力于河口边境经济区的建设。如图 2 - 1 所示，河口县固定资产投资呈逐渐上升趋势，规模以上工业总产值逐年增加（除 2006 年以外，其规模以上工业总产值大幅度提升）。

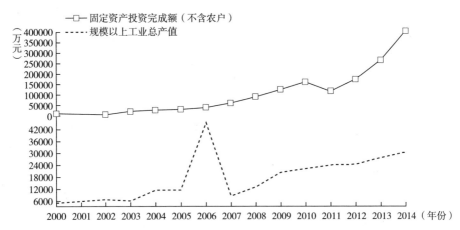

图 2 - 1 2000 ～ 2014 年河口县固定资产投资和规模以上工业总产值

资料来源：Wind 资讯。

依据河口县人民政府网站的最新信息统计，2016 年已招标或正招标的基础设施建设项目共计 5 项，包括河口槟榔北路至山腰火车站公路、中越河口 - 老街跨境经济合作区自来水厂和供水管网等项目，预计总投资 11.5 亿元；已招标或正招标工业生产项目共计 11 项，包括天然橡胶深加工、10 万吨/年燃料乙醇生产和年产 10 万台摩托车组装等项目，预计总投资 17.35 亿元。总体而言，中国红河边境区的工业发展平台正逐渐完善，一些支柱产业的发展得到积极的推进。

2. 越南老街边境经济区概况

越南老街市是老街省的政治经济文化中心，老街被设定为越南北部重要的经济中心。正如针对老街边境经济区操作规程的总理 No. 44/2008/Qd - TTg 号决议（颁布于 2008 年 3 月 26 日），根据到 2020 年越南 - 中国边境地区建设方案，老街边境经济区的主要目标是充当主要经济区域，促进海防 - 河内 - 老街经济走廊内城镇、工业、贸易和服务的发展。老街边境经济区由如下功能型特区组成：商业 - 工业区、工业园区、城市居民区和边境管理控制区。

老街边境经济区由许多的工业集群组成，包括金清商业－工业园区、沿海（Duyen Hai，越南地名）产业集群（80 公顷）、东河粉莫伊产业集群（100 公顷），以及汤龙产业集群（2000 公顷），进驻这里的国内外公司约100 家，注册投资金额 2 万亿越南盾。汤龙工业区是国家级工业区，其建设延伸至 2015 年。2001～2015 年，老街的工业产值年均增长率为 10% 左右。到 2007 年底，老街一共有 38 个国际直接投资项目，其中 18 个项目来自中国云南省。2009 年共创收 4500 亿美元，创造了 3000 多个工作机会。2016 年"越南老街省投资和旅游促进会议"指出老街省将投资建设一系列潜力项目，包括老街航空港、老街—河内标准轨高速铁路线、红河内航线、打造 Sapa 为国家重点旅游区、内排—老街高速公路线二期项目、老街市中心口岸经济区等。

（二）中老边境经济区概况

1. 中国磨憨边境经济区概况

1992 年，磨憨经核准成为中国政府的第一批边境门户。自那时起，共投入 1.2 亿元用于该区的基础设施建设。特别是磨憨的出口加工园区，共吸引投资 5.3 亿元人民币。2001 年，磨憨边境贸易区建立。2006 年，政府批准了磨憨经济区，现已开始运行。

2004～2008 年，磨憨经济区的固定资本投资分别为：3690 万元、7730 万元、8000 万元、8660 万元和 14410 万元。2013 年磨憨经济区经济社会发展良好，财政收入突破 2 亿元，对外贸易总额达到 25 亿美元，农民人均纯收入达到 5350 元，各项主要经济指标增长迅速。2016 年西双版纳州已招标或正招标项目共计 4 项，包括生物药材加工及生物制药工程、中老国际会展及文化交流中心等项目，预计总投资为 16 亿元。

2. 老挝磨丁边境经济区概况

磨丁边境通道（位于老挝琅南塔省）位于琅南塔市东北部，距琅南塔市中心 57 公里。而磨丁边境贸易区也已开始设计。在老挝，来自中国的投资持续增长，进入琅南塔省、Thon Pheung 以及博胶省的怀赛。琅南塔省位于中泰之间，预计成为陆路交通的中心。

虽然在磨丁有特区名为"金磨丁特区"，但磨丁至今仍没有官方经济特区建立。另外，除一些宾馆和娱乐业以外，这里缺乏成熟的制造业和加工装配工业，农业是主要部门。总理的第 89 号法令（2010 年 4 月 2 日）为磨丁经济特区的发展设定了重要的法律框架，讨论其原则、制定组织规则及磨丁经济特区管理和投资支持政策。

老挝有一些经济和工业园区。比较有名的是 Savan - Seno 经济区，这个经济特区鼓励发展的商业活动包括出口加工、自由贸易区和物流服务。此外，万象工业园区沿国道到首都万象有 18 公里的路程，距湄公河国际大桥仅 15 公里。

据老挝官方统计，2014 财年老挝吸引国内外投资项目 2073 个，金额 97.23 亿美元，同比增长 216.7%。其中特许经营项目 29 个，金额 9.4 亿美元；一般投资项目 2011 个，金额 84.3 亿美元；经济特区和经济专区类项目 33 个，金额 3.49 亿美元。全年政府投资项目 5169 个，金额 7.8 亿美元。

（三）中缅边境经济区概况

中缅跨境经济区将以瑞丽（中国）- 木姐（缅甸）为中心。随着中缅边境贸易的稳步发展，1988 年两国达成边境贸易协议。从缅甸商务部贸易与消费司获悉，2014 ~ 2015 财年（2014 年 4 月 1 日至 2015 年 3 月 31 日），中缅边境贸易额突破 50 亿美元，达 56.69 亿美元，同比上财年（2013 年 4 月 1 日至 2014 年 3 月 31 日）的 37.55 亿美元，增加 19.14 亿美元，增幅达 51%。

1. 中国德宏边境经济区概况

在云南德宏州，有两个关键的工业园区：潞西工业园区和瑞丽工业园区，以及一个贸易区：姐告边境贸易区。

（1）潞西工业园区

此园区的主要产业为农产品深加工业、生物资源加工业和加工产品外销业；辅助产业有新型建材行业和纸浆造纸工业。另外，采掘和物流业也开始发展。园区由 4 个区组成：帕底区，专营生物资源加工、绿色农产品处理和创新工业；遮放区，专营机械、出口加工和物流；坝托区，专营硅加工；龙江区，专营纸浆、造纸、食品加工和生产旅游产品。

工业园区的总计划用地为 26.75 平方公里，已开发面积为 0.87 平方公里。2015 年，潞西工业园区预计完成工业总产值 63 亿元，同比增长 11.3%；工业增加值 18 亿元，同比增长 19%；主营业务收入 58 亿元，同比增长 11.12%，实现利税 3.81 亿元，同比增长 6.1%；完成固定资产投资 9 亿元，园区各项经济指标较上年明显回升。

（2）瑞丽工业园区

瑞丽市有两个国家级边境口岸，分别为 1987 年开放的瑞丽和 1952 年开放的畹町。1992 年，畹町边境经济区和瑞丽边境经济区建立。按照瑞丽国家重点开发开放试验区总体发展要求，瑞丽工业园区正在进行总体规划调整，调整后的园区按"一园三区"布局，分别为畹町新型工业片区、勐卯片区（分东、西区）、弄岛片区。调整后园区面积由原来的 20.53 平方公里增加到 60 平方公里。据瑞丽市工业园区管委会统计：2016 年第一季度园区入驻企业达到 45 户，完成工业总产值 2.04 亿元，其中规模以上企业总产值 1.79 亿元。完成固定资产投资 6.48 亿元，其中工业投资 1.8 亿元，基础设施建设投资 4.68 亿元。

（3）姐告边境贸易区

姐告边境贸易区建立于 2000 年。到 2007 年年底，该区域已进驻了 109 家公司，其中 79 家私企、10 家外商独资、20 家国有或集体企业。到目前为止，姐告成为中国和缅甸之间最大的边境门户。

贸易区与缅甸木姐接壤，占地 1.92 平方公里。按计划，它将执行贸易、加工、仓储及旅游的功能。根据总体计划，它包括 4 个功能区：①商务区，面积 1065 亩；②加工区域，面积 990 亩；③存储区，以姐告边境展览会为中心，占地 885 亩；④观光园区，集中于瑞丽江的月亮岛，面积 660 亩。

姐告边境贸易区的基础设施相对健全。公共道路的陆地区域、市政设施和行政机关的占地面积大约 1106.21 亩，可转让土地共计 1810.06 亩（包括 187.3 亩的月亮岛和 23 亩的南巴河），其中 127.41 亩到目前为止仍可使用。到 2007 年年底，无论规模大小，该贸易区共注册 1400 家公司，其总资产达 298.23 亿元。

2000～2007 年的年均进出口总额为 27.1 亿元，年均增长率为 22%。

通过姐告关口的贸易总额分别占云南－缅甸和中缅间贸易额的 64% 和 26%。年均通关人员达到 524 万人次，车辆达到 85 万辆次。

以上 3 个边境经济区，除姐告边境贸易区外，其他两个工业园区投资的规模还很小，土地远远未得到充分利用。今后应加强投资，合适的和更优惠的投资激励政策将有望促进经济开发区的发展。

除上述之外，中国－缅甸合作也将覆盖附近的经济区和工业园区，包括潞西和盈江工业园区等。2009 年 1～6 月，约 17.8 亿元的产业资本投资在这个地区，高于上年同期的 32.13%。

2. 缅甸木姐边境经济区概况

木姐是第一个边境贸易关口，是随着木姐工业园区和白象街的商贸园区的建立而于 1988 年开放的。与仰光关口一样重要，木姐边境关口成为缅甸在 2004 年批准的第一批边境关口之一，为 300 平方公里的经济贸易特区。自 1997 年以来，中国和缅甸的货币，以及一些国际货币都能用于进出口结算。自 2000 年起，"中缅边境经贸洽谈会"在云南瑞丽和木姐定期举行。仿效中国的姐告模式，2004 年缅甸政府开设了 150 公顷"木姐经济贸易区"，自 2005 年初同中国的边境贸易向一般贸易的转型已开启。这也称为木姐边境贸易区。木姐现在是缅甸拥有最好的基础设施、最大型的建筑物、最优惠的政策和增长速度最快的陆地边境大门。

木姐边境贸易区的主要出口商品是农产品、海洋产品、林业产品、矿产品、工业制成品和其他产品。主要进口商品是资本货物、原材料、日用产品。仅中缅（木姐与瑞丽）之间的主要边境贸易就占云南与缅甸总贸易成交量的 70%。2001 年以来，每年都举行中国－缅甸边境贸易展览会，交替在各自的边界城镇举行，最近的一次是 2015 年 12 月 15 日至 21 日在缅甸木姐举办的。

2000～2005 年，中国在缅甸的投资以 174.1% 的速度迅速发展，尽管某些年份存在较大波动，2006～2015 年逐渐衰弱，2000～2015 年年均增长率为 10%。自缅甸 1988 年开放外资以来，截至 2015 年 12 月底，中国在缅甸共投资项目 115 个，投资额为 154.18 亿美元，占缅甸外资总额的 26.07%，继续保持缅甸最大投资来源国地位。据悉，新加坡和泰国分居

二、三位，投资额分别为 110 亿美元和 100 亿美元。

二 产业发展概况

（一）中国云南省产业概况

2015 年云南省地区生产总值完成 1.37 万亿元，比上年增长 7.1%，第四季度增速比前三季度提高 0.4 个百分点，比全国高 1.8 个百分点，在全国排第 9 位，较上年提升 11 位，较前三季度提升 3 位。其中，第一产业增加值完成 2055.71 亿元，增长 5.9%；第二产业增加值完成 5492.76 亿元，增长 8.6%；第三产业增加值完成 6169.41 亿元，增长 9.6%。从主要行业看，全部工业实现增加值 3925.18 亿元，增长 6.7%；建筑业实现增加值 1574.48 亿元，增长 14.8%；批发和零售业实现增加值 1334.62 亿元，增长 6.2%；金融业实现增加值 981.86 亿元，增长 13.5%。人均地区生产总值（GDP）达 29015 元，比上年提高 1751 元，增长 8.1%，增速较上年提高 0.6 个百分点。2015 年云南三次产业结构比重为 15.0：40.0：45.0，较 2014 年的三次产业结构 15.5：41.2：43.3 有所优化，第三产业比重比 2014 年提升 1.7 个百分点。

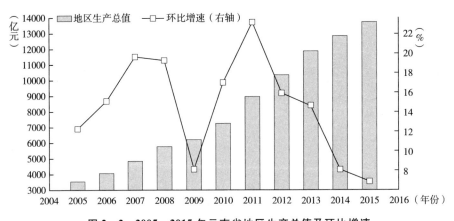

图 2-2　2005～2015 年云南省地区生产总值及环比增速

资料来源：Wind 资讯。

2006 年以来，云南发展了五大支柱产业，分别是烟草、旅游、电力、生物资源和矿产工业。这些支柱产业占云南地区生产总值的大部分份额，成为云南经济的主要驱动力。2015 年，烟草行业的销售额 14223.06 亿元，同比增长 4.7%，烟草制品业增加值 1300.17 亿元，比上年增长 4.4%；重点品牌（云烟、红塔山、白沙和利群）销售量 4168.57 万箱，占总量比重为 83.72%，高端卷烟销量 296.53 万箱，同比增长 3.1%。10 多种香烟品牌已出口到 20 多个国家和地区。云南水电资源丰富且具有集中性的特点，能够为中国中原和南部提供具有竞争力的低价电能。此外，云南电网股份有限公司已开始与毗邻国家如越南、缅甸、泰国、老挝等展开电力部门的积极合作。2015 年，云南产出电力已达 2352.4 亿千瓦时，其中水电为 1978.9 亿千瓦时，火电 264.84 亿千瓦时，电力热力生产和供应业增加值 535.76 亿元，增长 7.9%。依托丰富的生物资源，云南省已形成了一个庞大的生态产业，涵盖绿色食品、药品、特殊森林产品、生物和生化能、家禽、天然橡胶和麻、鲜花和园艺产品等生产行业。以生物医药产业为例，2015 年其经济总量已超过 1000 亿元。云南有着丰富的矿产资源，包括有色金属、黑色金属和非金属矿物质。2015 年生产 10 种有色金属 333 万吨，同比增长 3.87%，较"十一五"末增长 38.5%。其中，铜 54.5 万吨，增长 6.9%，占全国总产量 6.8%；原铝 120 万吨，增长 20%，占全国总产量 3.8%；锌 114 万吨，增长 2.7%，占全国总产量 18.5%；铅 34.6 万吨，下降 23.5%，占全国总产量 8.96%；锡 8.5 万吨，下降 13%，占全国总产量 54%；锑 1.14 万吨，下降 63%，占全国总产量 10.1%。

此外，在贵金属材料领域的新技术成果也十分突出，如铜基体材质、锡基质材料、半导体材料、非金属无机材料、有机材料和复合材料加工正推动新材料产业的快速产业化。

1. 红河州

云南省红河州与越南老街接壤，河口老街跨境经济区正在中越两国政府的共同努力下蓬勃发展。2015 年，全州实现地区生产总值 1222.28 亿元，按可比价格计算，比上年增长 10.2%，其中，第一产业增加值 201.99 亿元，同比增长 6.4%；第二产业增加值 553.79 亿元，同比增长 12.0%；第三产业增加值 466.50 亿元，同比增长 9.2%。全部工业增加值 427.83 亿元，同比增长 10.1%；建筑业增加值 126.15 亿元，同比增长 19.7%。三次产业的比重为 16.5：45.3：38.2。

该州的主导产业包括能源、化学、冶金、生物资源、旅游和烟草制品业。能源和化学工业以全面发展为本。根据当地条件，红河州努力发展磷化工和煤炭化工工业，加速发展化学工业如甲醇、OME、乙烯和肥料的建设。冶金行业也蓬勃发展，该州及周边地区的铁矿石已为钢铁部门的发展提供支撑，并为进一步健全和完善锡、铅、锌、铜以及铝土矿的生产加工能力铺平了道路。该州结合矿山开采以开发铁合金、工业硅、钛、金，发展深加工和锡加工，进一步扩大产业链，冶金工业年均增长率保持较高水平。为使生物资源产业成为绿色经济下的支柱产业和增长引擎，红河州以市场为导向做出了很大的努力，改进和加强传统的支柱产业并加强与世界各国的合作，以便引进企业、资金和技术来培育生物资源产业，生物资源开发稳步发展。总体而言，2015 年完成规模以上工业增加值 363.36 亿元，比上年增长 10.2%，其中，规模以上轻工业增加值 177.13 亿元，同比增长 7.1%；规模以上重工业增加值 186.23 亿元，同比增长 13.1%。烟草制品业增加值 148.32 亿元，同比增长 4.4%。

2. 德宏州

德宏州与缅甸接壤，跨境经济区在德宏的瑞丽、缅甸的木姐建立。2005～2014 年，云南德宏州第三产业对 GDP 的最大贡献整体上呈现出"先降后升"的趋势（见图 2-3）。然而，第二产业增长速度要远快于第一和第三产业。2005 年以来，第二产业发展迅速，2014 年，其总产值达到71.62 亿元，占德宏州地区生产总值的 26%。第三产业的增长率基本上与该州地区生产总值的增长速度保持一致，而第一产业的增长率则略微下降。显然，德宏州的总体产业需要调整。

德宏州的产业有 4 个类别：第一类是基于德宏的自然资源和外向型产品，包括糖、香料、胡椒、茶、地方的特色食物、橡胶、锡、电、冶金产品；第二类也立足于本地资源，但其产品主要由德宏自给自销（如水泥）；第三类是贸易导向的加工行业，包括木材生产、珠宝、玉、药品等；第四类是基础产业，为地方产业发展提供基础产品和服务，包括水电、机械和煤。

水电、有色金属冶炼和制糖产业则是德宏州的支柱产业。2015 年工业

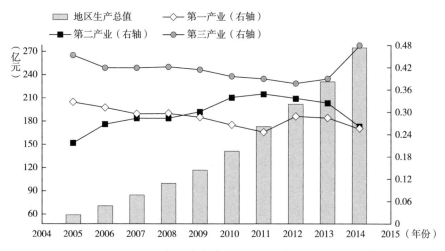

图2-3 2005~2014年云南省德宏州地区生产总值及三次产业结构

资料来源：Wind资讯。

增加值49.37亿元（环比增长2.5%），其中，电力生产和供应业完成增加值21.56亿元，占比43.7%；制糖业完成增加值6.53亿元，占比13.2%；黑色金属冶炼业完成增加值2.76亿元，占比5.6%。表明德宏州产业规模在不断增加，但缺乏多样化。目前，缺乏多样化是德宏州工业健康和稳定发展的制约因素。

3. 西双版纳州

云南省西双版纳接壤老挝，磨憨-磨丁跨境经济区建立在此边境地区上。2015年全州生产总值335.91亿元，比上年增长10%。其中，第一产业增加值85.54亿元，增长5.40%；第二产业增加值94.63亿元，增长13.8%；第三产业增加值155.75亿元，增长9.3%。第一产业增加值占地区生产总值的比重为25.5%，第二产业增加值比重为28.2%，第三产业增加值比重为46.4%。该州的支柱产业包括森林产品、水电、茶、大麻和传统中药等产业。例如，2015年茶叶种植面积为35.7万亩，总产值2.67亿元。

（二）越南老街省工业概况

在越南，大多数重工业和中间产业都集中于北部，包括国有煤炭、锡、铬和其他矿山企业。工业包括机械设备、汽车、空调、电力引擎、摩托车和自行车、洗衣机、啤酒、鞋、电风扇、变压器、瓷砖、牛皮纸、糖、电力、化肥、建筑材料、钢材、轮胎、冰箱、海鲜、玻璃、炼乳、服装、电视机、香烟、味精、柴油发动机、原油等产品的生产。越南的主导产业与以下产业相关：食品加工、服装、鞋类、机械制造、采掘、水泥、化肥、玻璃、轮胎、石油、煤炭、钢铁和纸张。

越南的商品出口已从 2006 年的 396 亿美元增加到 2015 年的 1621.1 亿美元。主要的出口商品包括原油、海洋产品、大米、咖啡、橡胶、茶、服装、鞋等，产品主要销往美国、德国、韩国、日本、新加坡，以及中国大陆、香港和台湾。商品进口从 2006 年的 444 亿美元增加到 2015 年的 1656.5 亿美元。主要的进口商品为机械设备、石油产品、肥料、钢材、原棉、粮食、水泥、摩托车，这些产品主要来自法国、印度、韩国、新加坡以及中国大陆、香港和台湾。

在老街边境经济区，每个集群都被指定了不同的功能。汤龙是一个生产冶金、化学产品和相关产品的产业集群区，到目前为止，生产纯铜、磷、钢铁和化肥的工厂占相当大比例。例如，铜的生产能力为每年 1 万吨，磷肥料为 20 万吨。东河粉莫伊工业集群邻近老街火车站，主要负责仓储物流的任务。设在这个集群的公司主要经营各类电器及电子设备的安装、打包和其他生产性服务，一些重要的企业包括铁路和航海的母公司、橡胶公司与石油公司。沿海产业集群位于老街沿海地区，它是连接老街和金清贸易工业园区的桥梁。进驻这个集群的企业主要生产高质量的建筑材料、美术和手工艺品，以及机器的安装和修理。到目前为止，此集群有 31 个公司，其中 6 个来自中国，1 个为中老合资企业。

老街边境经济区的其他工厂主要应归入基础部门，其中包括蔬菜加工，花卉、水果、茶和其他经济作物的生产。除正在运行的工厂之外，一些诸如硫酸厂的项目正在建设，它们是为生产高锰酸钾而被批准的，由中国投资建设。

老街政府也鼓励向其他部门投资，包括新型材料制造和新能源生产，高科技产品生产，生物技术、信息技术和机械制造，农业、林业和水产业的繁殖、饲养、种植和加工，盐的生产，新植物和动物品种的创新，高新技术和先进技术的运用，生态环境的保护，科研、高新技术的开发和创造以及劳动密集型行业。

（三）老挝工业概况

老挝经济的大部分领域都对外国投资者开放，老挝政府特别鼓励外商投资如下部门：能源、矿山、农业和制造业等。

具体地说，当地政府鼓励如下主要活动：①产品出口；②农业、林业活动，农业－林业和工艺品的加工贸易；③运用现代科学技术进行的工业加工、工业活动，科学研究和分析活动，保护环境和生物多样性的活动；④基础设施建设；⑤提供给重点产业的原材料和设备的生产活动；⑥旅游业和交通运输服务业的发展。

同时，老挝政府禁止外国投资者和外籍人员在其境内从事一些商业活动：①森林和木材开发；②零售；③会计服务；④旅游服务；⑤汽车和机械设备的营运；⑥水稻种植。在中国－老挝边境地区，在老挝国境内从事工业生产活动的公司较少。

（四）缅甸工业概况

缅甸是东南亚第二大国家。依据世界银行数据，2014 年缅甸国民生产总值为 643 亿美元，其中第二产业占总额的 16.2%。缅甸的产业涵盖农业和森林产品、海洋产品、艺术、工艺、汽车、建筑材料、化工、电脑、通信、电力、燃料、橡胶、饮料、烟草、皮革、茶、纸浆和造纸、纺织和服装以及其他产品的生产。缅甸的大型工业与橡胶、茶、椰子、烟草、服装、纺织品、水泥和石油精炼等的生产过程紧密相连。缅甸的商品出口额从 2006 年的 45 亿美元增加到 2014 年的 110.3 亿美元。主要的出口商品包括煤气、农产品、矿产、森林产品、水产品等，产品主要出口到泰国、印度、新加坡和中国内地及香港等国家和地区。货物的进口额由 2006 年的 26 亿美元增加到 2014 年的 162.3 亿美元，主要进口产品是消费品、资本货物，进口来源国主要包括中国、新加坡、日本、马来西亚和泰国。

据缅甸官方统计，2014 年 1~7 月进出口总额 148.44 亿美元，同比增长 31.4%。其中进口 91.63 亿美元，出口 56.81 亿美元，贸易逆差 34.82 亿美元。排名前三的贸易伙伴为：中国（45.66 亿美元）、泰国（28.8 亿美元)、新加坡（23.95 亿美元)。

在外商投资法的范围内，缅甸允许整个经济中几乎所有部门的经济活动。缅甸投资委员会（MIC）鼓励投资农业、畜牧业和渔业、林业、采掘、制造、建筑工业、运输、通信和贸易等行业。任何不在通告内的经济活动会单独予以考虑。

第三章

边境地区农户贫困影响因素分析

进入 21 世纪以来，我国的贫困人口越来越集中于西部少数民族地区，且这些地区的能力贫困甚于物质贫困，反贫困战略应更多地关注民族地区。为了推动区域经济的平衡发展，实现全国人民共同富裕的目标，针对云南、广西、西藏、甘肃、新疆等 9 个省、自治区的 136 个陆地边境县、旗、市、市辖区，新疆生产建设兵团的 58 个边境团场，中央政府于 2011 年 6 月发布了《兴边富民行动规划（2011—2015 年）》，提出了明显提高边民生活质量，明显减少贫困人口，大幅提高城乡居民收入和社会就业更加充分的发展目标。

《兴边富民行动规划（2011—2015 年）》实施以来，中央和边境省区在边境地区实施了一大批民生项目、基础设施项目、特色产业培育项目和加强民族团结进步的示范项目，这些项目的实施对边境地区的农村改善起到了比较强的促进和示范作用。为 2020 年全面建成小康社会加快进度和步伐，国家民委牵头又编制了《兴边富民行动规划（2016—2020 年）》，进一步加大对边境地区的民生项目的建设力度。实施民生项目原则是坚持项目直接扶持到户、群众直接受益，终极目标是增加农民收入。显然，为了实现这个目标，需要清楚地了解农户贫困的影响因素。

一 文献综述

以家庭为单位研究农户禀赋对其贫困状况的影响，以及对收入差距、收入分配作用的问题是近年来学术界关注的热点之一。不少学者分别从社会资本、物质资本、人力资本三个方面进行实证研究，分析农户禀赋对其收入或者贫困状态的直接或间接影响。

传统的研究认为人力资本的匮乏是农户绝对贫困和长期贫困的决定性因素，而提高农户所占有的人力资本能显著提高农户整体的收入水平（白菊红和袁飞，2003）。人力资本的分配不均，基础教育的差异是导致农村地区收入差距以及经济不稳定的重要原因（程名望和史清华，2016）。但随着相关研究的深入，许多学者根据民族、区域方面等对贫困家庭进行结构性划分后发现，人力资本的提高对农户的影响存在结构性差异，这也是对收入分配差距产生显著影响的因素之一。目前学界普遍认为基础性教育的提高对城镇减贫的效果优于偏远地区（李雪，2014）。然而，在少数民族区域内部，人力资本的提高对中高收入农户生活水平的提高更有利，对于低收入农户脱贫的影响不显著（刘林等，2016）。具体而言，将农户收入划分为劳动性收入和工资性收入后进行统计性描述和计量研究发现，人力资本对工资性收入的贡献率最高，对劳动性收入的影响则呈现出阶段性变化（程名望等，2016）。

社会资本对农户贫困状态以及生活水平的影响分为直接和间接两个层次。在直接影响方面，大部分学者认为贫困家庭占有和使用社会资本的能力与其贫困程度负相关（张望，2016），无论是家庭的社会资本，还是社区或者村级的社会资本都能显著降低农户的贫困程度，并且相对于家庭的其他资本有明显的重要作用（周晔馨，2013）。不过也有学者认为社会资本在一定条件下才能显著提高农户的收入。从量上来看，社会资本量对农户收入增加存在门槛效应，当农户所拥有的社会资本高于某一值时才有显著正效应（刘彬彬等，2014）。从质上来看，只有获得新的异质性社会资本才会对农户的生活条件有正效应（叶静怡，2010）。在间接影响方面，社会资本的作用机制又可以分为两个方面。一方面，社会资本是农户规避风险的重要支柱，而是否具备抵御各种风险的能力才是农户贫困代际传递的决定因素（张望，2016）。另一方面，社会资本能够促使农户与农户、农户与企业之间实现信息交流、技术传递、技术进步等，从而促进个体资本的积累，提高收入水平（卫龙宝和李静，2014）。对直接和间接两个层级的影响比较后发现，农户生活水平受社会资本影响的直接效应要远大于间接效应（路慧玲，2014）。与人力资本相类似，不同社会资本针对不同的群体影响效果存在差异。

物质资本主要包括自然资本（耕地、山林）和人造资本（生产性投入）两部分。不同地区的农户根据其所处区域的资源禀赋状况选择不同的生计策略，物质资本也表现出空间异质性（伍艳，2016）。但对于物质资本是否能够有效促进农民家庭脱贫、提高生活水平，学界仍然存在争议。一般来说，大部分针对一个省或一个省内部分区域的农村情况进行研究的学者普遍发现，人均耕地面积的增加对农村居民脱贫有显著的推动作用（陈贻娟等，2011；霍增辉等，2016），而且物质资本比其他资本对贫困居民生活状况的影响更大（赵雪雁，2011）。但将研究范围扩大到多个省份甚至全国的农村贫困地区后发现，物质资本对农户收入水平提高的影响随着农村经济制度的改革逐渐减弱（杨娟和张绘，2013），甚至存在负效应（刘婧和郭圣乾，2012）。

社会资本、人力资本、物质资本之间也存在联系，如自然资本所带来的部分收益需要通过其他家庭禀赋才能实现（丰军辉，2014），社会资本显著促进农民收入水平提高需要与人力资本相契合（刘彬彬等，2014）。特别是，区域性差异会影响家庭资本所起的作用，民族地区农户收入更容易受自然资本的影响（王瑜和汪三贵，2016）；非少数民族地区，以农业为主的区域其农村居民生活水平的提高对物质资本依赖较强，而以非农单一化为主的区域则更倾向于依赖社会资本（伍艳，2016）。

从现有研究可以看出，农户的不同资源禀赋会影响其获得家庭收入。综合而言，家庭资源禀赋体现为家庭创收的能力，家庭贫困的实质是家庭能力贫困。

二　能力贫困及其经济学解释

贫困是一种与低生活水平相关的复杂人类现象，具有多维、多表象与多起因等特征。从历史上看，不同的学者对贫困现象从不同的角度进行了分析，都试图找到导致贫困的因素并了解其形成环境，从而为制定扶贫政策和指导扶贫工作提供依据。

贫困的程度和贫困线的定义紧密相关。贫困线是一个界限，低于此线为贫困，高于此线为非贫困。在参照贫困线测定贫困水平时，应考虑多方面的因素，每个因素都代表贫困的一个方面。然而，因为有些方面难以估量，所以通常用开支、财富和收入等货币指标作为参照。有两种使用货币指标作为参照测度的方法。一种是绝对贫困线，即对家庭最基本生存需要的测度，可根据一组必需品的价格来考虑。然而，由于难以对这一组必需品进行选择，在假设一个人的最低总需要与其基本食物需求成比例的前提下，通常根据一组营养品的价格来确定。另一种是相对贫困线，即对与社会标准（平均值）的偏差的测度。更恰当地说，它所测量的是不公平性，即货币贫困的分布。

在众多关于贫困成因的解释中，能力贫困被广泛接受。能力贫困由联合国开发计划署（UNDP）在 1996 年的《人类发展报告》中首次提出，报告指出，贫困不仅仅是缺少收入，更重要的是基本生存与发展能力的匮乏与不足。UNDP 在 1997 年的《人类发展报告》中将能力贫困作为一个新的度量贫困的指标，它包括基本生存能力、健康生育能力和接受与获取知识的能力这三方面的内容。类似的，1998 年诺贝尔经济学奖获得者阿玛蒂亚·森认为，贫困意味着贫困人口缺少获取和享受正常生活的能力。能力贫困仍是现阶段中国农村贫困的重要影响因素，是我国城乡居民收入差距扩大的现实原因。

虽然不同的学者从不同的角度对能力进行了解释，但是还缺乏一个统一的认识。有的强调个人技能，因而强调人力资本投资或积累应是反贫困的重要路径；有的认为基本生产能力的缺乏是导致我国农业弱质性的根源，因而强调农业基础设施的建设；也有学者认为社会资源的匮乏是穷人丧失发展能力的原因，因而强调通过社区能力建设帮助农村贫困社区发展社会资本是建立农村福利制度的重要途径。

能力贫困可以用现代经济学中的生产理论和资本理论进行统一解释。基本原理是：由于收入的多少取决于产出量，产出量是资本投入的函数，因而经济资本的总量是生产的基础，也是生产能力的测度；经济资本包括自然资本、人造资本、人力资本和社会资本，它们对家庭产出量的边际贡献量可能不同。自然资本包括不可再生资源（例如矿产和土壤）和可再生资源（例如动物植物、水和生态系统等），它们是生产的前提条件或基础，没有自然资本的支持，就不可能生产出人造资本；人造资本是生产过程中除自然资本外的实物投入；人力资本是人们实现一定目标的能力；社会资本是存在于人们中间、能促使人们参加集体活动的规范、关系网络以及社会制度。社会资本是使社会行动得以实现的能力，它可以通过降低交易成本促进经济发展。因此，能力贫困实质上就是家庭生产能力的不足。

贫困的一个重要表象是收入低，而收入低与穷人拥有的资本量少和所拥有资本的生产力低下紧密相关。因此，可以通过分析农户的资本禀赋来分析贫困的影响因素。

三　研究方法

为了确定不同资本对贫困的影响，通常可用两种方法进行分析。一种是利用家庭人均消费额作为从变量，对其他潜在解释变量进行回归。例如，Arneberg 和 Pederson（1996）利用这种方法研究了影响埃塞俄比亚厄立特里亚地区生活水平的主要因素。另一种方法是利用离散选择模型直接建立贫困概率模型。与消费法相比，离散选择模型明显更具有吸引力。消费法不能对样本中不同贫困类别的人群处于贫困的概率进行估计。消费法假定在不同的消费水平下，消费开支与绝对贫困为负相关关系。根据这个逻辑，导致开支增加的因素将降低贫困。然而，这种关系未必总是存在。例如，处于贫困线以上的个人消费开支的增加将对贫困水平没影响。离散选择模型则允许自变量的影响在不同的贫困类别中发生变化，因而在实践中的应用更加广泛。

现有关于贫困影响因素的文献较多。概括而言，贫困的因素除了包括人力资本短缺、物质资源不足、初值结构制约和社会排斥等经济因素外，在边疆多民族地区，影响贫困的因素还包括非经济因素，例如重农轻商和安于现状的传统价值观、盲目消费等不良生活习惯。然而，还没有见到基于经济学理论对能力进行解释，并基于农户的资本禀赋分析贫困影响因素的文献。

本书根据 Piachaud 提出的基于资本理论对避免贫困和社会排斥的概念

框架，通过构建 Logit 模型分析了资本对贫困的影响，分析了影响边境地区农户贫困的影响因素。与 Piachaud 不同的是，笔者参照 Krantz 对资本进行分类，即所考虑的资本类型包括自然资本、经济资本（主要为农具等物质资本）、人力资本和社会资本。

在分析资本对贫困的影响前，必须确定分析的范围。首先，由于缺乏时间序列数据，不能分析某一个因素对贫困的动态影响。例如，经济增长带来的影响可能对贫困程度有重要影响，但不能用静态模型来对它进行评估。其次，尽管在理论上有些变量是加剧或减轻贫困的决定因素，但在统计上，只解释为影响因素，而非决定因素，这是因为在一些情况下，因果关系可能是双向的。另外，"兴边富民行动规划"在云南省的实施范围为保山、红河和文山等 8 个地州的腾冲、河口、金平等 25 个边境县（市），本研究从中选择若干个国家级贫困县进行调研。

通过问卷访谈获得数据，根据农户的自然资本、物质资本、人力资本和社会资本等家庭特征和所从事的经济活动，通过构建离散选择模型分析了农户贫困的影响因素。分析的单元为家庭，贫困指标为人均收入。在 2011 年 11 月 29 日召开的中央扶贫开发工作会议上，确定的新的国家贫困线为人均 2300 元/年。按此标准对农户是否属于贫困户进行分类。

数据通过实地调研获得，调查点为云南省国家级贫困县绿春、马关、江城、勐腊、贡山。2015 年，五县的农民年人均纯收入分别为 6475 元、7644 元、6685 元、8209 元和 6573 元。调查的对象为农户，所调查的收入、开支和经济活动等变量的参考期以上一年（2015 年）为准。调查以问卷的形式按随机抽样的方法进行，每县调查了 200 户农户，共 1000 份问卷，最后确定有效问卷 829 份。

本书仅考虑家庭层面的变量：（1）家庭成员特征，包括户主的学历、民族、家中的病人数、上学人数、老年人数（男 60 岁及以上，女 55 岁及以上）和打工人数；（2）家庭生产资本（除劳动力外），包括耕地面积（等于水田面积和旱地面积的总和），生产性固定资产（包括耕牛、锄头、镰刀、打谷机等）；（3）家庭收入，包括粮食收入，养殖业收入，除粮食外的其他种植业收入，打工收入和其他收入（包括转移性收入、财产收入、服务业收入等）；（4）家庭开支，包括饮食、衣着、家用品、医疗保健、人情往来以及其他消费（包括交通和通信、文化娱乐、非借贷性支出等）。

四　模型的构建

本研究通过建立离散选择模型来分析贫困的影响因素。建立模型的目的是分析家庭的福利状况，即贫困或非贫困。假设一个家庭处于贫困或非贫困是由一个反应变量（隐变量）所决定，该反应变量由个人、家庭和社区特征等变量所决定，能描述一个家庭的真实经济状况，则该反应变量可根据以下回归关系定义：

$$z_i = \sum x'_i\beta + \mu_i \qquad (3-1)$$

其中，矢量 $\beta' = [\beta_1, \beta_2, \cdots, \beta_k]$，矢量 $x'_i = [x_{i1}, x_{i2}, \cdots, x_{ik}]$，$\mu_i$ 是随机误差项，i 表示第 i 个家庭，k 表示变量数。

在方程（3-1）中，z 不可观测，是一个隐变量。可观测的是由虚拟变量 y 所代表的事件。虚拟变量 y 定义如下：

$$y = \begin{cases} 1, \text{如果 } z > 0 (\text{表示贫困}) \\ 0, \text{如果 } z < 0 (\text{表示非贫困}) \end{cases} \qquad (3-2)$$

根据方程（3-1）和（3-2），我们可以获得家庭处于贫困或非贫困的概率表达式：

$$pr(y_i = 1) = pr(\mu_i > -\sum x'_i\beta) = 1 - F(-\sum x'_i\beta) \qquad (3-3)$$

其中 F 是 μ_i 的累积分布方程，且

$$pr(y_i = 0 | \beta, x_i) = F(-\sum x'_i\beta) \qquad (3-4)$$

二元变量 y 的观测值由方程（3-3）所得的概率决定，而该概率随 x_i 而变化。于是，概率方程表达为：

$$L = \prod_{y_i=1} [F(-\sum x'_i\beta)]^{1-y_i} [1 - F(-\sum x'_i\beta)]^{y_i} \qquad (3-5)$$

方程（3-5）中 F 的形式依赖于对方程（3-1）中 μ_i 的分布所做的假设。因为累积性正态分布（Normal）和逻辑斯蒂克（Logistic）分布彼此相

近，所以使用其中任何一个所得结果将基本相同。本研究中，假设方程 F 中 μ_i 成逻辑斯蒂克分布，使用如下 Logit 模型表示：

$$1 - F(-\sum x'_i\beta) = \frac{e^{\sum x'_i\beta}}{1 + e^{\sum x'_i\beta}} \tag{3-6a}$$

$$F(-\sum x'_i\beta) = \frac{1}{1 + e^{\sum x'_i\beta}} \tag{3-6b}$$

如前所述，x_i 为由家庭特征变量所组成的矢量，β_i 为 Logit 表达式中各变量的系数。利用最大似然法对方程（3-5）进行估计，方程（3-6a）代表家庭处于贫困的概率（Prob（$y_i = 1$）），方程（3-6b）代表家庭处于非贫困的概率（Prob（$y_i = 0$））。

五 结果与分析

利用 SPSS 软件对贫困概率模型进行了估计与检验，结果见表 3-1。表 3-1 中变量包括家庭资本变量和经济活动变量。虽然家庭资本还可包括其他多种表现形式或内容，受数据获得性的限制，在此只考虑了部分资本形式，即用耕地面积代表自然资本量，生产设备代表人造资本量，人力资本变量包括户主受教育程度、打工人数、上学人数和病人数，社会资本的表现形式为人情往来开支。其中，上学人数代表人力资本的投资，病人数相当于负的人力资本；人情往来开支越大，表明社会网络越宽广，社会资本量越大。所属民族变量与人力资本和社会资本相关。经济活动变量分为打工、粮食生产、养殖业和除粮食外的种植业。

从自然资本和人造资本变量看，耕地面积变量与是否购买生产设备变量对家庭贫困的概率均有负影响，即这些资本的增加有助于减少贫困，但是这两个变量的系数不显著。这与当地生态条件差，农业生产的技术含量低，农业投资回报率低，生产设备简单落后的现状有关。因此，为了提升自然资本和人造资本对降低贫困的作用，需要培育当地生态系统和加强农田灌溉水利设施的建设，但是这将是一个长期的过程，特别是前者。

民族变量的估计系数显著且为负，表明少数民族农户比汉族农户受贫困影响的概率更大。一方面，这是由于所属民族的不同可能体现在语言、文化、消费习惯、价值观念及社会关系等方面的差异，因而影响到人力资本和社会资本。由于我国的人口是以汉族为主，语言文化也是以汉语和汉文化为主导，因此少数民族人口在适应社会经济环境中稍微受到不利的影响。另一方面，由于历史的原因，在同一贫困县中，多数少数民族人口居住在交通和通信等基础设施较不发达的地区。

表 3 – 1　模型的估计结果

变　量	变量描述	系　数	标准偏差	Wald – 统计量	P 值	估计特征
hzxl	户主学历	– 0.431	0.198	4.747	0.029	
mz	民族（汉族 = 0，少数民族 = 1）	– 0.176	0.524	2.235	0.058	
lrs	老人数	0.399	0.194	4.215	0.040	Cox & Snell $R^2 = 0.248$
dgrs	打工人数	– 0.846	0.210	16.150	0.000	
gdmj	耕地面积	– 0.173	0.109	2.491	0.114	Nagelkerke $R^2 = 0.383$
lssr	粮食收入	0.001	0.000	3.151	0.076	
qtzzy	是否从事其他种植业（是 = 1，否 = 0）	– 0.010	0.314	0.001	0.975	Omnibus test $\chi^2 = 106.063$
yzy	是否从事养殖业（是 = 1，否 = 0）	0.192	0.387	0.245	0.621	– 2LL = 473.732
scsb	是否买生产设备（是 = 1，否 = 0）	– 0.830	0.712	1.358	0.244	$N = 829$
lqlwkz	人情往来开支	– 0.001	0.000	7.129	0.008	
sxrs	上学人数	0.358	0.228	2.461	0.117	
brs	病人数	0.414	0.213	3.772	0.052	
constant	截距	0.217	0.457	0.227	0.634	

　　家庭人力资本的不同方面对贫困概率有不同的影响。户主学历和打工人数变量的系数均为显著，表示户主学历的提高和打工人数的增加，能降低贫困的概率。学历主要从两方面影响家庭的贫困概率：一方面，受教育水平影响着个人运用农业科技（例如粮食种植技术，家禽、水产类的养殖技术）的能力；另一方面，受教育水平是影响个人获取非农就业机会的一个重要的因素，而且其重要性越来越大。此外，户主的学历不可避免地影响着家庭决策的多个方面，例如，更高的受教育水平可通过提高农户农业

劳动生产率来改变农户的劳动配置模式，或是通过影响家庭联合决策的方式来影响非农劳动供给的水平。因此，学历对增加收入的重要性明显，加强人力资本投资是反贫困的重要路径。

病人数变量与贫困的概率具有正相关关系，且所估计系数显著。病人对家庭收入的影响为：一方面，若病人是家庭劳动力，那么会因生病而不能从事家庭创收劳动；另一方面，病人需要治疗及其他家庭成员对其的照料，从而增加家庭开支，并影响着其他家庭成员的创收。虽然我国的农村合作医疗已经很普及，但是由于该制度重点是放在医疗费用的减免上，家庭成员生病对家庭的影响仍值得社会的关注。

上学人数变量与家庭的贫困概率成正相关关系，但是所估计的系数不是很显著。家庭的上学人数表示对人力资本的投资，因而与家庭当前的贫困概率成正相关关系。由于我国已经实行九年义务制教育，小学与初中学生对家庭可支配收入影响不明显；虽然高中以上不再是义务教育，但是在调研地的家庭中，在高中、中专甚至大学求学的人数较少。因此，所估计的结果与根据实际情况所预计的结果相符。

家庭的老人数变量对贫困概率有正向影响，且其系数显著。老人数变量会在家庭开支和收入两方面影响到家庭贫困的概率。在家庭开支方面，老人得疾病的概率比其他家庭成员的概率大，因而相应的开支也大。在家庭收入方面，由于老人需要家庭成员的照料，从而影响家庭劳动力从事正常的经济活动，并最终导致收入的减少。可见，妥善解决农村养老问题，对反贫困具有重要的意义。

由于家庭人情往来开支是以维持和发展家庭社会网络为目的，因而被用来代表家庭的社会资本。结果显示，家庭的贫困概率均与该变量成负相关，且所估计系数的显著性都很高。虽然人情往来开支会减少用于家庭消费的可支配收入，但是它对降低家庭贫困概率具有积极作用。究其原因，一方面，人情往来能通过强化家庭的社会网络增加家庭成员的创收机会，这主要体现在更易获得创收信息和降低相应交易成本上；另一方面，人情往来能加强家庭间在面临困境时的互助。在扶贫工作中，除了加强人力资本投资外，培育贫困地区的社会资本是反贫困的另一重要路径。

从家庭经济活动看，打工人数和粮食收入变量与家庭贫困的概率都成负相关，打工人数变量系数的显著性很高，粮食收入变量系数不是十分显著。这说明家庭收入的主要来源为打工和粮食生产。从这两个变量的系数值来看，也说明打工和粮食生产对降低家庭贫困概率的贡献最大。虽然从事其他种植业和养殖业对家庭贫困的概率也有一定的影响，但是这两个变量的估计系数均不显著。从生产投入看，家庭经济活动对贫困的影响在本质上也是家庭资本对贫困的影响。打工人数实质就是人力资本的多少；粮食收入是自然资本、人力资本和人造资本投入的结果。另外，对农村农副产品和牲畜产品市场进行治理（包括价格干预和销售网络建设等）实质上是增强社会资本，也将有利于减少贫困。

六　结论与政策含义

能力贫困的本质是家庭生产能力的不足，而生产能力的大小由家庭的资本禀赋所决定。现有文献对不同贫困原因的分析实质上是关注不同资本形式对贫困的影响。基于经济学中生产与资本理论的能力贫困视角对促进扶贫工作具有重要的意义。

根据 2011 年的国家绝对贫困线，利用在云南省边境县调研所获得的数据，通过建立离散选择模型，分析了不同资本对贫困的影响。结果表明，虽然增加自然资本、人力资本、人造资本和社会资本都有利于降低贫困的概率，但是增加人力资本和社会资本对降低贫困的概率具有更明显的积极作用；打工和粮食生产是农户收入的主要来源，其他种植业和养殖业对家庭收入的影响不明显；特别是，少数民族农户比汉族农户受贫困影响的概率更大。因此，在制定扶贫政策时，重点应该放在增加农户的人力资本和社会资本上，其中包括增加对农村地区的科技培训，建立机制解决农村养老问题，进一步推进新农村合作医疗，对农村农副产品和牲畜产品市场进行治理，以及通过建立农村互助组或其他健康的社团增加农村社区的社会资本等。从长期看，加强对生态环境等自然资本的培育对脱离贫困也将起到重要作用。

以上结果具有明显的政策含义，即为了增强贫困农户的生产能力，需要根据实际情况，增加农户的资本禀赋，包括通过改善生态系统管理（包括修复或更新退化生态系统）增加自然资本；通过建造道路、桥梁和学校，以及修建农田灌溉设施等增加人造资本；通过为贫困农户提供教育和培训增加他们的人力资本；社会资本可以通过发展新的伙伴关系（如农村互助组）和构建贫困者的社会支持网络（如就业信息网络和农副产品市场信息网络）得到增强。

特别是，在实施《兴边富民行动规划（2011—2015 年）》中的提升沿边开放水平以及促进特色优势产业发展等其他主要任务时，应重视贫困农户资本禀赋的提升。一方面，边境经济合作区的建设可以提升当地贫困人口的基础设施与市场平台等物质资本；另一方面，当地农户通过在边境经济区就业或从事商贸活动，可以提升劳动技能和建立新的社会网络，从而增加人力资本与社会资本。

第四章

边界两边贸易与投资政策比较分析

一 引言

随着经济全球化在全球经济体系中的影响逐渐深化，生产要素在全球范围内的自由流动和优化配置既带来了全球经济的繁荣，也加剧了各国之间经济发展的不均衡。发达国家与发展中国家根据自身的发展期望，并在当前世界格局和经济秩序中保证本国的政治和经济地位，催生出多种合作模式。欧盟、东盟、北美自由贸易区等区域经济一体化形式都是各国基于对本国经济地位、全球话语权等政治经济各方面考虑而形成的区域、次区域合作模式。

在东盟和 GMS 框架下中国以与东亚、东南亚、南亚等发展中国家的合作为主，各国之间的经济依存度逐渐提高，在全球经济体系中经济总量增加，而老挝、越南和缅甸与中国云南和广西直接接壤也与泰国、印度相邻，这部分区域是中国打通东南亚贸易市场的枢纽，也是中国与东南亚各国合作全面深化的重要基础。2001 年以来，中国为了更好地融入东南亚市场，云南和广西先后展开中越凭祥 - 同登跨境经济合作区、龙邦 - 茶岭跨境经济合作区、东兴 - 芒街跨境经济合作区的各项工作，开启中越河口 - 老街跨境经济合作区、中老磨憨 - 磨丁跨境经济合作区、中缅瑞丽 - 木姐跨境经济合作区的建设。

尽管中国与老挝、越南、缅甸等东盟各国之间的贸易互补性越来越强（陈建军、肖晨明，2004），但贸易的互补性仅仅是合作的基础，跨境市场的建立需要一系列的制度安排。然而目前在制度安排上却面临许多挑战。一方面各国经济发展差距大，中国作为最大的发展中国家，GDP 为 10.53 万亿美元，而老挝、越南、缅甸均为中低收入国家，平均 GDP 为 875.1 亿美元；另一方面边境多为社会经济条件落后的地区，在市场的建立上仍存在困难。我国内陆地区受地理位置、国家政策影响，其发展速度远低于沿海地区。以 2014 年的数据为例，东部地区人均可支配收入是西部地区人均可支配收入的 1.7 倍，西部地区的基础设施建设人均水平仅为全国人均水平的 23.80%，从开放程度来看，西部地区进出口贸易量仅占全国进出口总量的 7.77%。尤其对内陆边境省份来说，沿海地区经济发展的辐射效应小，基础设施建设不健全，其发展无法依靠沿海城市带动。而老越缅的地势多为山区，尽管有丰富的自然资源，但劳动力资源匮乏，人均受教育水平低，政策制度仍不健全，缺乏吸引各种要素进入的条件。

目前中国和老挝、越南、缅甸根据本国国情出台了一系列跨境经济合作区内的政策，但各国政策是否能够有效地促进跨境市场的建立，以及增加要素资源的自由流动性，尚不明确。

二　文献回顾

在新古典经济学假设下，全球经济一体化能够保证要素在国家间自由流动，最终实现资源的最优配置和经济的帕累托效率，各国根据自身的比较优势进行国际分工会带来经济的繁荣发展。18 世纪第一次工业革命之后，自由贸易的思想在全球范围内发展，全球各国之间的联系变得更为紧密，英国的经济增长效应辐射到美国、德国以及法国，从而形成了新的世界格局。尽管全球一体化程度的提高加大了各国在金融、贸易等方面的联系，给各国带来了不同程度的经济增长，但在实际经济运行的过程中边境地区之间贸易量远远小于无边界下的预期贸易量（McCallum，1995），而各国之间的进出口结构也不符合赫克歇尔－俄林理论，相反富裕国家的要素资源相对稀缺，而贫穷的国家具有要素资源优势（Trefler，1995）。

经济一体化是各国在文化、经济、政治、语言等社会经济各个方面的合作逐渐深化的动态过程。在一个国家内部经济环境、社会环境具有同质性，要素能够实现自由流动，而在两个甚至两个国家以上地区的贸易由于环境的异质性而存在边界效应。这种效应阻碍了跨境市场的形成，减少了工业化国家之间 20% ~ 50% 的贸易量（Anderson & Wincoop，2003）。而跨境经济合作区作为次区域经济合作的衍生形式，以拉动地区经济发展，促进两国经济交流为目的，在区域内形成一系列合作制度安排，区域内主体享有特殊的产业政策、财政税收政策等，可以有效地突破边境障碍，推动两国资源和技术的自由流动，实现区域内的经济迅速发展，并给周边地区带来辐射效应（Medeiros，2015）。

目前，多数研究从政治经济的角度来分析跨境经济合作的深化主要原因。第一，释放国内经济发展的活力。国家边境多为经济发展相对落后，人力资源缺乏，无法支撑当地产业发展的地区，需要大量的资金以及政策扶持。跨境经济合作不仅仅是疏通跨境贸易的渠道，更重要的是可以从边境国家吸收经济动力，推动边境甚至国内的发展（Kudo，2007）。第二，在其他国家推动经济一体化的过程中保持自身的竞争优势。一体化国家之间经济的互惠推动产业的发展以及生活水平的提高，从而使经济一体化之外的国家处于相对劣势地位，加大竞争的压力，如欧盟成员国成功申请合作基金 Interreg Ⅱ 可以迅速改变欧盟内部的市场格局（Church & Reid，2010）。第三，地方政府为寻求自身的利益最大与中央政府博弈，推动跨境合作的进程。由于边境的政府远离权力中心，国家的经济发展优势也难以辐射至边远地区，因此期望通过跨境合作拉动当地的经济发展，从而更全面地融入权力中心（Church & Reid，1996）。

由于跨境经济合作是在两个或者两个以上的国家之间形成的促进各种要素自由流动，推动经济发展的经济机制，因此跨境合作的深化是政治和经济两个方面共同作用的结果。从经济方面来看，国家之间的资源、产业互补，基础设施的便利，有助于要素跨区域自由流动，通过市场机制自发地形成有效的市场格局（Toshihiro，2007）。但由于跨境区域涉及多个利益主体，除市场参与者之外还有各国边境政府、各国中央政府之间的合作，若没有相关的制度约束，疏通跨境贸易渠道的同时也为跨境腐败、走私、疾病的蔓延等提供了条件（Pham，2007）。因此，跨境市场需要一系列非市场化的制度来保障市场的正常运行（Rodrik，2002）。目前，对跨境经济合作效率影响因素的研究也集中在制度方面，主要有以下几种观点。

（一）跨境合作中的政治权力寻租导致腐败

多数学者认为在跨境合作中它是难以避免的因素，但腐败对各个利益主体的影响不同。对当地投资者来说，腐败会导致他们的资产贬值，而对外国投资者来说不存在市场壁垒（Weitzel & Berns, 2006）；对政府来说，国内的制度腐败会深化边境腐败的影响，使政府在政策制定、市场规制等方面无效率，但政治竞争中产生的腐败对经济具有促进作用（Johnston, 2000）。另外，本国的跨境合作区中腐败与地下经济之间存在互补关系，而这种关系也明显存在于相邻两国之间（Goel & Saunoris, 2013）。

（二）跨境经济合作区内相关利益主体合作基础的差距对制度效率的影响

制度的安排是各个利益主体、政府以及非政府机构在追寻共同目标的过程中实现利益平衡的结果（Church & Reid, 1996）。从宏观层面来看，由于跨境经济合作涉及多个利益主体，在合作过程中真实的合作倾向会直接影响跨境合作的效率。两个或两个以上的国家在合作过程中，由于各国经济水平不同，对制度安排的影响力不同，最终导致的利益分配不均以及经济发展不均衡，如果没有相对应的规制措施会带来更高的非法贸易份额，同时拓宽非法贸易的渠道，会抵消跨境合作带来的红利（Thuzar & Mishra, 2014）；地方政府存在寻求额外资金支持的动机而并非为了长期的合作，缺乏约束（约束的目的是实现地方发展以及跨境合作的共同目标）会导致资金滥用，政策安排的冲突，从而阻碍合作的畅通（Church & Reid, 2010；Medeiros, 2010），而地方自治也倾向于采取管制的政策优先保障本地区的经济增长，弱化中央政府宏观调控的效果（Perkmann, 2003）。从微观层面来看，由于涉及的利益主体结构简单，追求自身利益最大化的目标较为单纯，因此微观层面的合作效果好于宏观层面。面对跨境区域内制度、文化、语言等各方面差异，微观主体作为经济环境的接受者经常会利用宏观层面的政策做出最优选择以最小化制度差异带来的成本，另外，参与跨境市场的机构在当前制度下做出的选择对制度的调整具有反作用，会通过自身的行为影响政策的制定和市场的格局（Broek & Smulders，2013）。

根据当前制度影响分析框架，本章通过具体分析目前中国与老越缅在跨境经济合作区的投资政策与贸易政策，比较各国在政策上的相斥性与相容性。

三 中国与越南、老挝和缅甸的政策比较分析

从中国的角度来看，中国与老挝、越南和缅甸之间的跨境经济合作相互依赖，其效率受双方政策的影响。贸易政策的影响体现在两国对市场的规制、准入以及进出口壁垒等是否相容。投资政策的影响体现在引入外资的条件，吸引外资的领域是否存在冲突等。

从老挝、越南以及缅甸的角度来看，它们的经济利益互惠对象主要为中国，在吸引人力要素、资金要素等各项资源建立合作市场时存在竞争关系。各国合作区内的社会经济条件以及激励制度会影响要素分配格局，这种地区之间的关系也存在弱化各国制度红利的潜在可能。

（一）中越政策问题分析

越南对外贸易政策的实施目标体现在三个方面：通过各项进口保护政策扶持国内制造业发展；吸引外资进行偏远地区基础设施建设；提高偏远地区的福利水平，扩大当地居民就业率。越南为国际合作提供了极大的优惠，但以保护国内就业、优先国内产业发展为前提，越南的相关审查及限制措施较为严格。

1. 进出口政策结构错配

中国进口政策主要鼓励在三个领域：资源型产品进口，一般消费品进口，技术密集型服务与技术进口。从资源型产品来说，越南以森林资源、水资源以及矿产资源（磷灰石、铁、铜、玻璃及制陶的原材料）为主，但森林资源的出口受管制，对矿产、原油、木制品等征收较高的出口税，而出口补贴则集中在蔬菜、水果、咖啡、大米以及猪肉行业内。越南目前产

业结构有待调整，生产集中在低附加值领域，尽管越南鼓励加工品及制造品的出口，但无法满足中国对一般消费品的需求。同样的，在技术密集型服务与技术进口方面越南产业基础薄弱，与中国无法形成有效的对接，从而使中越的进口贸易有较大的局限性。

从中国出口越南方面来看，越南为了保护国内的产业发展，刺激消费者对国内商品的需求，对进口实行较为严格的管制措施。尽管在最惠国待遇下越南的平均税率相对于 2007 年下降了将近 50%，但在进口限制的其他方面越南仍存在较大的进口壁垒。对外国投资商来说，进口许可和进口分配许可分开意味着外国投资商必须与越南政府指定的企业合作才能实现商品的出售环节；再者越南的进口审批程序复杂，整个审批流程需要 27 天，对中国出口越南的企业来说存在较高的时间成本、资金运转成本；若进口过剩对本地企业产生威胁，越南为保护当地企业的发展会采取一系列的规制措施。

因此从中越要素禀赋结构来看，尽管存在较大的跨境贸易市场，但中越跨境贸易政策结构的错配增加了跨境企业的进入成本，阻碍要素的流动。

2. **投资门槛高**

越南吸引投资的领域在基础设施（教育、医疗、健康、交通）、大型制造业项目（高新技术、纺织、服装、IT、国内短缺产品），中国吸引投资的领域在机械制造业以及公共设施项目，从投资领域来看，中越吸引外资结构互补。另外，在地理位置上中越边境属于偏远地区，60% 居民生活在贫困线以下，而越南根据区位加大了边境地区投资优惠力度，相对于中国的投资激励政策来说，越南在土地使用、人才激励以及税收减免方面有更大的优惠，如土地使用权延长到 70 年、开发区内土地使用可减免 11 年的租金、经济区内个人所得税减免 50% 和提高外国雇员最低工资水平。

尽管各种激励政策暗示着中越投资具有较大的发展前景，但越南对于外资引入以及人才引入的审核都有较为严格的要求。中国鼓励地区之间的人才交流机制，而为了解决当地居民就业问题，一方面越南在国内取消了劳动力从偏远地区向发达地区的转移限制，另一方面对外国劳动力的引入进行管制。如优先雇用当地居民，禁止一般劳动力的引入，仅允许管理人员、执行经理、专家或技术工可以被雇用，而且要求在两年内培养越南劳动力替代相关技术等。这最终导致人力资本的外流以及当地人力资本效率提升缓慢，不利于跨境市场的长期建设。在外资引入方面，越南受限制和禁止的领域较多，外资引入需要投资证明和投资登记证，也需要经过严格的审查程序，在中越地区之间的投资合作尽管机会较大，但在各项审查制度上存在较大的隐形成本，阻碍了部分中小企业的进入并降低了跨境市场的运作效率。

（二）中老政策问题分析

老挝的政策导向主要是扶持偏远地区发展（教育、医疗、基础设施建设），扩大农业出口以及加工业的发展，日用品鼓励进口替代。老挝地处内陆，边境地区多为山区平原，经济发展落后，城市化水平只有10％～20％，并且老挝北部多为村庄，它们的贫困水平远高于全国平均水平。老挝国内经济发展有限，缺乏资金技术等各方面的支持，因此对老挝来说亟须扩展边境地区的贸易，释放经济发展的活力，在跨境贸易方面老挝相对于越南的保护政策来说开放许多，限制较少，中老之间合作的互补性较大。

根据目前老挝的经济发展水平，中国鼓励三个方面的进口：资源型产品进口，一般消费品进口，技术密集型服务与技术进口。老挝仅满足资源型产品进口，但与越南不同，老挝以森林资源居多，并且鼓励发展林产工业，将森林产品的半成品出口税率定得很低，木制产品和林产成品的出口税率不超过3％，中老进口结构互补的趋势较大。从中国出口老挝进口来看，老挝对于农副产品、原木树苗、书籍课本等25类产品进口需要许可证，但其他进口限制相对较少，对中国来说与老挝在贸易结构上相对顺畅。

老挝根据区位和投资领域的不同实行差异化的投资激励优惠，在边境地区、医疗健康领域、农业手工制造业领域优惠力度最大。土地租期延长到75年，一般外国投资者仅能租用土地使用权，但在老挝至少50万美元投资允许拥有土地使用权（具体实施规则不明确）；边境地区所得税减免至少为 10 年，在减免年限后所得税为 0～20% 的征收方法（一般为 35%）；外国人 10% 所得税（老挝当地 0～25% 累进税率）。尽管老挝在人才引入方面同样允许引入国内所缺乏的技术劳动力等，但老挝当地人员相对技术能力较低，并且没有劳动力聘用时间限制，相对来说老挝的人才流动较为自由。从外资引入、各项要素流动来看，中老的投资环节都较为顺畅，矛盾较小。

（三）中缅政策问题分析

缅甸外贸政策基本导向主要为：加大对本地自然资源的利用率，发展民族经济，提高当地居民的生活福利水平。

同老挝一样，缅甸具有丰富的森林资源和矿产资源，但由于森林资源近年来开采过多，缅甸开始限制木制品的出口，既有出口配额也有出口税，其中出口税扩大到 50%，对外资进入也有严格审查制度。相反，在矿产资源开采方面，缅甸缺乏技术，所以矿产资源开采机会大，目前缅甸鼓励对地下资源的开采，对矿产开采的投资者有税收、土地租期延长等各方面的激励措施，在矿产资源的贸易方面也不存在进出口壁垒，与中国的贸易具有较好的互补性。

缅甸的投资激励没有区分偏远地区与发达地区，鼓励的投资领域主要集中在基础设施、石油天然气、制造业、矿产、不动产、旅馆和旅游行业，与中国的投资激励领域形成互补的格局；并且在跨境经济合作区内，缅甸简化了各项审核手续，延长了土地使用期限，通过贷款申请许可的放松以及金融机构的发展，鼓励中小企业以及新兴资本进入经济合作区。从这些激励方向以及合作的程序来看，中缅的合作具有极大的互补性。

四 结论

中国与老挝、越南、缅甸在资源禀赋与技术禀赋方面互补，具备跨境贸易增长的条件。但由于跨境经济合作涉及多个利益主体，有效的跨境市场的建立需要以一系列制度安排为保障，要素自由流动也需要相应渠道。尽管目前中国与老挝、越南及缅甸有较强的合作倾向，但各国在制度设计上优先考虑自身利益最大，最终导致在制度政策安排的博弈过程中增加了制度成本，阻碍了企业的进入和要素的跨境流动。这种制度成本在越南的投资贸易保护政策下最为明显。

（一）中缅贸易政策与贸易结构相容性相对较高

越南、老挝以及缅甸都鼓励进口替代，在吸引外资方面各项措施的激励力度较大。其中，越南从土地使用到人才引入以及企业的各项税收都有优惠政策覆盖，相对全面也有明确的政策目标，但在外资准入以及人才引进方面把控较为严格，对国内进口许可管制力度大，这些制度上的壁垒增加了中越贸易的交易成本。缅甸有相对宽松的审查制度，但激励力度远远小于越南。从老挝的角度来看各项政策方向与中国的互补性最好，并且在审查等方面也最为宽松，但老挝本身经济发展阶段最低，除拥有自然资源之外缺乏大量的资金、技术与人力资源。尽管老挝的投资激励有极大的吸引力，但投资环境相对越南、缅甸来说阻力最大，需要的投入也最大。综合这几方面来看，中缅的经济合作相对来说政策融合性最好。

（二）老挝、越南及缅甸之间的竞争关系弱化投资政策激励效果

中国对老越缅的进口结构以资源型为主，近年来老挝、越南、缅甸开始逐渐注重环境保护，在自然资源开采方面，尤其是森林资源方面加大限制力度，这种资源型的贸易扩张是不可持续的，而老越缅的进口替代政策也在不断完善，中国与老越缅的贸易结构处于动态变化过程。从目前的越南、缅甸、老挝三国投资激励政策来看，越南和老挝鼓励发展的领域互补，越南主要是服装纺织业，老挝主要是农业、手工制造业、加工业，而缅甸对所有的制造业项目都提供较大的外资激励措施。同时缅甸具有劳动力结构的优势，劳动力素质相对高于老挝，人力资本及外国资本的引入政策壁垒小于越南，建设跨境合作区的过程中对要素资源的争夺会弱化越南、老挝的政策效果。

第五章

跨境贸易的边界效应阻力及其影响因素分析

一 引言

在当今全球经济一体化的时代，跨境的经济发展与政治关系显得日益重要。为了推动区域经济的平衡发展，实现全国人民共同富裕的目标，我国政府越来越重视跨境经济合作的作用。2012 年 5 月，中央政府发布了《兴边富民行动规划（2011—2015 年）》（以下简称《行动规划》），提出了提升沿边开发开放水平，提高跨境经济合作水平的发展战略。2013 年 11 月，中共十八届三中全会通过了《中共中央关于全面深化改革若干重大问题的决定》（以下简称《决定》），明确提出："扩大内陆沿边开放，抓住全球产业重新布局的机遇，推动内陆贸易、投资、技术创新协调发展。"

改革开放以来，中国与周边国家之间的跨境经济合作越来越频繁，最突出的特征是跨境贸易总量在不断增加。然而，在面对国内外同类产品时，本国（本地区）国民往往对本国（本地区）产品有更强的消费偏好，这导致了双边利益分配不合理，增加贸易摩擦，因此削弱国别差异导致的边界效应[①]是促进跨境贸易的核心内容。

边界效应是跨境贸易的主要阻力，它的存在增加了跨境贸易的交易成本，制约了边界两侧的要素流动。跨境贸易的发展不仅要求双边贸易量增

---

① 边界效应：在国际贸易中，由于受两国间边界的影响，一国（地区）的国内贸易量要大于跟邻国之间的贸易量。

长，更要求双边经济体弱化边界效应的影响，减少贸易摩擦，从而推进跨境贸易深化和跨境经济合作。

边界效应这一概念最初由 Mccallum 于 1995 年提出，然后 Shang - Jin Wei 于 1996 年从微观层面出发，基于替代弹性（CES）效用函数，在国民收入约束的条件下，推导出了引力模型。此后，国内外学者对边界效应又做了一些拓展性研究，主要可概括为以下两个方面。

一方面，边界效应的存在性及其地域与产业差异。在国家或区域经济联盟研究方面，学者们分别对美国与加拿大，中国与周边国家，日本与周边国家，欧盟、东盟、南南国家等做了实证分析。研究发现，经济越发达的国家或联盟，边界效应越弱。在产业方面，学者们研究了农业与畜牧业，资源开采业与制造业等产业的边界效应，结果表明制造业的边界效应弱于农业和资源开采业。

另一方面，弱化边界效应的途径。新区域主义认为，边界效应源于文化、安全、历史、制度和社会差异等非经济障碍的综合影响。一些研究表明，在区域内使用相同的语言，增加贸易开放程度及提升合作区的开放程度，确立最优通货区，改善交通条件均可以弱化区域内的边界效应。建立边境经济区特别是跨境经济合作区，能弱化边界效应和降低交易成本；也可增强边境地区的生产要素集聚效应，促进专业化分工的发展，并通过强化企业之间的贸易关系，促进跨境产业链的形成。此外，加强民间交流、促进跨境区域内的文化融合，也对边界效应弱化产生正效应。

在《行动规划》、《决定》及"一带一路"等背景下，本研究以中国云南省与老挝、缅甸和越南（以下简称"老缅越"）三个经济体之间的跨境贸易为研究对象，对边界效应进行量化分析并研究其主要影响因素。研究对象的选择主要基于两方面的考虑：首先，亚洲开发银行于 1992 年发起了大湄公河次区域（GMS）经济合作计划，目的是通过加强各成员国间的经济联系，促进经济和社会发展，建立一个包括柬埔寨、中国（滇和桂）、老挝、缅甸、泰国和越南在内的综合的、协调的、繁荣的次区域，这为跨境经济合作提供了良好的机制；其次，国务院于 2011 年颁布了《国务院关于支持云南省加快建设面向西南开放重要桥头堡的意见》，明确提出要发展沿边开放经济带，加快云南与其他 GMS 国家之间经济走廊的建设，并通过强化基础设施建设和促进产业（尤其是产业集群）的发展，增强云南对内经济走廊的纽带作用，这为云南省在跨境经济合作上确立了发展目标。因此，研究边界效应及其影响因素不仅对我国相关政策的实施和促进我国与周边国家的跨境经济合作具有重要意义，而且能为其他沿边地区的相关研究提供方法借鉴和政策启示。

二 模型的构建

首先，利用引力模型分析跨境贸易是否会受到老缅越三国边界效应的影响，并利用阻力函数估算这三个经济体因边界效应对跨境贸易所产生的阻力；其次，通过构建计量经济学模型分析影响边界效应的关键因素，探索弱化边界效应的途径。

（一）模型的构建

在不受边界效应影响的情况下，两个经济体之间的最大贸易量可根据贸易引力模型估算。贸易引力模型如式（5-1）所示。

$$Q_{ij} = A_0 \frac{Y_i \times Y_j}{D_{ij}} \qquad\qquad (5-1)$$

其中，Q_{ij}表示第 i 个经济体对第 j 个经济体的潜在出口量，A_0 为修正系数，Y_i 表示第 i 个经济体的国内生产总值（GDP），Y_j 表示第 j 个经济体的GDP，D_{ij} 表示两个经济体之间的空间直线距离。

在现实中，跨境贸易会受到边界效应（Border Effect，BE）的影响。也就是，边界效应会削减两个经济体之间的贸易量。受 BE 影响后的引力模型可修正为：

$$q_{ij} = Q_{ij} \times e^{\alpha_i BE_{ij}} \qquad\qquad (5-2)$$

其中，q_{ij} 表示第 i 个经济体对第 j 个经济体的实际出口量；α_i 为边界效应参数；BE_{ij} 为第 i 个经济体对第 j 个经济体的边界效应变量。

由于实际的双边贸易量小于潜在的最大贸易量，式（5-2）中 α_i 小于零。结合（5-1）（5-2）式，对等式两边同时取对数，可以得到待估模型：

$$\ln q_{ijt} = \alpha_i BE_{ij} + \beta_1 \log Y_{it} + \beta_2 \log Y_{jt} + \beta_3 \log D_{ij} \qquad (5-3)$$

式（5-3）中，BE_{ij} 为哑变量，表示是否存在边界效应；Y_{it} 和 Y_{jt} 分别为第 t 年第 i 经济体和第 j 经济体的 GDP。

边界效应的影响可通过构建边界效应阻力（BER）变量来估算，它表示边界效应对两国间贸易潜力的影响率。基于式（5-1）、（5-2）和（5-3），其推导如下：

$$\ln q_{ijt} - \log q_{iit} = \alpha_i + \beta_2 \log \frac{Y_{jt}}{Y_{it}} + \beta_3 \log D_{ij} \qquad (5-4)$$

$$BER_{ij} = 1 - \frac{q_{ijt}}{q_{iit}} = 1 - \exp\left(\alpha_i + \beta_2 \log \frac{Y_{jt}}{Y_{it}} + \beta_3 \log D_{ij}\right) \qquad (5-5)$$

其中，BER_{ij} 表示第 j 个经济体对第 i 个经济体的阻力值；q_{iit} 为第 t 年第 i 个经济体总产值中自身消费和再投资部分。

（二）影响边界效应阻力的因素分析

边界效应除了受语言（L）和结算货币币种（M）差异的影响外，还受国家之间的传统文化差异（TC）、政治体制差异（IS）、一国（地区）的私人投资与消费能力（CIA）、宏观调控能力（PB）等因素的影响。将这些变量作为解释变量，以阻力值作为被解释变量，可构建出阻力模型（式（5-6））。

$$BER_{ij} = \gamma_1 L_{ij} + \gamma_2 M_{ij} + \gamma_3 TC_{ij} + \gamma_4 IS_{ij} + \gamma_5 CIA_{ij} + \gamma_6 PB_{ij} \qquad (5-6)$$

式（5-6）中，语言变量定义为"是否使用汉语"，结算货币币种定义为"是否使用人民币结算"。参数 $\gamma_1 \sim \gamma_4$ 预计为正，因为语言、结算货币币种、文化和政治体制差异越小，边界效应对跨境贸易的影响越弱。参数 γ_5 可正可负，一国（地区）的私人投资与消费能力越强，它可能消费更多本国（本地区）商品（加强边界效应的影响），也可能消费更多邻国商品（弱化边界效应的影响）。参数 γ_6 同样可正可负，一国（地区）的宏观调控能力越强，当它排斥跨境经济活动时，边界效应会得到加强；反之则会弱化边界效应影响。

三　数据来源及处理

（一）数据来源

所用数据源于云南省统计年鉴，世界银行（World Bank）数据库和世界贸易组织（WTO）数据库。所考虑的贸易关系包括云南 - 云南、云南 - 缅甸、云南 - 老挝、云南 - 越南、缅甸 - 缅甸、缅甸 - 云南、老挝 - 老挝、老挝 - 云南、越南 - 越南和越南 - 云南 10 个组合。时间跨度为 1998 ~ 2012 年，t 取值为 1 ~ 15，共计 15 年。选取 1998 年为基准年，对所有的经济数据进行了不变价处理，进而剔除物价变动的影响。

距离变量 D_{ij} 的数据来源于"中国各县市及世界城市经纬度查询两地距离查询系统"[①]。为了保证 D_{ij} 能够有效地代表各个经济体之间的距离，首先测量各经济体内主要经济城市间的直线距离，进而采用加权平均算出综合反映各城市经济的地理中心，然后计算出各个经济体之间的距离。其他变量的取值规则如下。

边界效应变量的取值规则为：$BE = 0(i = j)$ 或 $BE = 1(i \neq j)$。

受历史文化的影响，云南省与毗邻国家的语言体系存在较强的相似性，为方便分析，假定在合作区内他们拥有学习通用语（汉语）的基础，L_{ij} 变量的取值为：当 $i \neq j$ 时，取值为 1；当 $i = j$ 时，取值为 0。

中国于 2009 年 7 月开始施行跨境贸易人民币结算，因而，M_{ij} 变量的取值为：2009 年之后且 $i \neq j$ 时，取值为 1；其他情况取值为 0。

传统文化差异（TC）以所构建的传统节日差异度为替代变量，本章选取云南省的传统节日（春节、元宵节、清明节等 17 个主要节日）为基准，标准化云南省的 TC 变量值为 1，进而得到老挝、缅甸和越南的 TC 变量值分别为 0.235、0.353 和 0.706。[②]

[①]　数据查询：http://www.hjqing.com/find/jingwei/。

[②]　云南省拥有所有 17 个主要节日，即总值为 17；对其他三个国家而言（以越南为例），越南也过春节，故而越南在春节这一项与云南相似，取值为 1，最终越南加总值为 12。通过标准化处理，最终得到文中所展示的结论。

私人部门的投资与消费能力（CIA）以私人部门负债率（PD）作为替代变量，两者呈负相关关系。首先，通过计算私人部门负债总额和国民收入的比例，得到 4 个经济体 1998 ~ 2012 年的私人部门负债率。[①] 然后，根据二者之间的负相关关系，得到私人部门投资与消费能力的年度数据。

宏观调控能力（PB）用世界银行每年公布的经济管理簇（the economic management cluster）指标表示。该指标分为 6 个等级，以评价一个经济体的宏观经济管理和政策制定的能力（1 = 最弱，6 = 最强）。

（二）数据处理

1. 因变量的数据处理

当 $i \neq j$ 时，因变量 q_{ij} 为 i 经济体对 j 经济体的出口额；当 $i = j$ 时，因变量 q_{ij} 为 i 国 GDP 减去服务业产值，再减去净出口值。

2. 单位根检验

由于所用数据为面板数据，可能存在非平稳性，需要进行单位根检验，从而降低估计偏差。对单位根进行检验的方法有很多，这里主要使用 LLC 检验（Levin – Lin – Chu Test）和 HT 检验（Harris – Tzavalis Test）两种方法。LLC 检验和 HT 检验适用于强平衡面板数据，本书数据结构符合它们的基本要求。

表 5 - 1　数据的单位根检验结果

LLC 检验				HT 检验			
变　量	t 值	P 值	平稳性	变　量	Z 值	P 值	平稳性
C_{ij}	- 3. 73	0. 0000	平　稳	C_{ij}	3. 52	0. 0007	平　稳
Y_i	- 3. 09	0. 0010	平　稳	Y_i	3. 91	0. 0000	平　稳
Y_j	- 3. 09	0. 0010	平　稳	Y_j	3. 91	0. 0000	平　稳

对时间序列数据而言，单位根的存在会导致"谬误回归"。检验结果（见表 5 - 1）表明，基于 LLC 检验量，C_{ij}、Y_i 和 Y_j 3 个变量的 P 值均较小，在 1% 显著水平下拒绝原假设（原假设：数据内包含单位根）；同理，HT

---

① 整体而言，中国（云南）、越南和缅甸的私人部门平均负债率依次为 2.4%、1.1% 和 4.9%；老挝的私人部门负债率较高，平均值为 25.7%。

检验下 3 个变量的 P 值也很小，在 1% 显著水平下也拒绝原假设。综合 LLC 和 HT 检验结果可知，本书的时间序列数据在 1% 显著水平下通过单位根检验。

四　结果与分析

1988 ~ 2012 年（考虑物价因素），中国云南省对老缅越三国的贸易量分别增加 12.14 倍、4.33 倍和 13.09 倍，老缅越三国对云南省的贸易量分别增加 25.83 倍、16.52 倍和 26.61 倍，云南省与这三个国家之间的贸易量在 15 年中出现大幅度增加；但在 2012 年，老缅越三国对本国输送商品量比对云南省输送商品量高 6.67 倍、5.89 倍和 5.33 倍，而云南省对本省要比对老缅越三国分别多 67.30 倍、6.39 倍和 5.02 倍[①]（云南省统计局，1988 ~ 2012；WB，1988 ~ 2012）。

（一）　边界效应阻力的估算

假设误差的影响为随机效应，应用最小二乘法对式（5 - 3）进行了估计。估计结果（见表 5 - 2）表明，每一个自变量的估计系数的 Z 值都较大，在 1% 的置信水平下均显著；且 Wald chi2（6）= 147.70，意味着 HB_i、Y_i 和 Y_j 等 6 个自变量通过联合显著检验。

表 5 - 2　引力模型的计量经济学结果

自变量	因变量：export		
	回归系数	标准差	Z 值
BE_2	- 2.997 ***	（0.532）	- 5.63
BE_3	- 1.222 ***	（0.356）	- 3.43
BE_4	- 2.818 ***	（0.275）	- 10.24
Y_i	0.222 **	（0.111）	2.00
Y_j	0.538 ***	（0.087）	6.18

---

① 云南省之所以对老挝的歧视性消费这么大，主要原因在于云南省比老挝经济总量大，居民消费能力强于老挝国民，且云南与老挝之间的贸易流量小。

续表

自变量	因变量：export		
	回归系数	标准差	Z 值
D_{ij}	− 0. 498 ***	(0. 039)	− 12. 78
Constant	4. 299 ***	(1. 734)	2. 48
R − sq	组内	组间	全部
	0. 8729	0. 9882	0. 8675
Obs：15 * 10 = 150			
Wald χ² （6） = 147. 70　P = 0. 0000			

注：显著性水平　***P < 0. 01，**P < 0. 05，* P < 0. 1。

结果表明，本国（本地区）的 GDP 总量每增加 1%，本国（本地区）的出口量会增加 0. 222%；他国（他地区）GDP 总量每增加 1%，本国（本地区）的出口量会增加 0. 538%；本国（本地区）与他国（他地区）距离每增加 1%，本国（本地区）的出口量会减少 0. 498%。

老缅越三个经济体的 BE 变量的系数均显著，意味着云南省与它们之间的跨境贸易受到了边界效应的影响。基于表 5 - 2 中自变量的估计系数，根据式（5 - 5）可以算得 1998 ~ 2012 年老挝、缅甸和越南的边界效应对云南省跨境贸易所产生的阻力值，结果见表 5 - 3。

结果表明，老挝、缅甸和越南对云南省的边界效应阻力都很大，但老挝和缅甸的阻力在时序上均呈现"递减"特征；源于缅甸的边界效应平均阻力较小，源于老挝的平均阻力居中，而源于越南的平均阻力最大。阻力值越大，意味着本国（本地区）消费者更多地消费本国（本地区）产品，即本国（本地区）所生产的商品趋于流向本国（本地区）消费市场。

越南对云南的阻力值最大，主要原因在于：越南的优势产业为纺织业、食品加工业、有色金属冶炼及压延加工业和运输设备制造业，工业基础与云南省相当，越南消费者的大部分需求可通过本国（本地区）生产来满足，这也导致本国（本地区）所生产的商品多流入本国（本地区）市场，通过跨境贸易流入云南市场的商品比重偏低。老挝和缅甸对云南的阻力值较低，主要原因是：老挝和缅甸的优势产业多为资源型的，如农业、采掘业，它们的工业基础较为薄弱，本国（本地区）所生产的产品除了满足国内市场的基本需求外，较大比重的产品将流入国外市场以换取工业产品；相对而言，需要进口更多的工业制成品以弥补国内该类产品的不足。

从阻力值的变化趋势看，源于缅甸的阻力值的下降趋势最明显，源于越南的阻力值变化最小。这说明云南与缅甸和老挝之间的经贸关系在逐渐加强，而与越南的关系变化不大。

表 5 - 3　老缅越三国对中国云南跨境贸易边界效应的阻力值

年　份	老　挝	缅　甸	越　南
1998	0.9117	0.8701	0.9790
1999	0.9031	0.8619	0.9786
2000	0.8953	0.8645	0.9795
2001	0.8881	0.8527	0.9793
2002	0.8762	0.8155	0.9788
2003	0.8700	0.7866	0.9788
2004	0.8649	0.7813	0.9781
2005	0.8622	0.7723	0.9776
2006	0.8634	0.7452	0.9767
2007	0.8625	0.6913	0.9754
2008	0.8602	0.6143	0.9730
2009	0.8584	0.6020	0.9716
2010	0.8596	0.5672	0.9696
2011	0.8486	0.5161	0.9657
2012	0.8440	0.4900	0.9641
均　值	0.8712	0.7221	0.9751

（二）边界效应的影响因素分析

运用最小二乘法对（5 - 6）式进行回归，得到影响因素分析结果（见表 5 - 4）。从模型估计结果看，L 和 M 等 5 个自变量的系数均具有统计显著性且符号符合预期，但 CIA 的系数不显著；F 检验值为 7130.73，P 值为 0.0000，说明本模型中不存在多余解释变量；可决系数为 0.9792，模型的拟合度较好，即 97.92% 的样本能够被自变量所解释。

对边界效应阻力影响最强的因素是语言（L），在两个经济体的语言相同的情形下，它几乎可以削减 0.7857 的阻力值。当然，这是一种理想状态，两个不同国家的语言很难完全相同，但语言趋同对边界效应阻力的强影响给出一个很强的启示：在边境贸易集中区域设置语言培训机构（如汉语培训机构），有助于弱化边界效应对贸易的影响。

文化差异（TC）和政治体制差异（IS）的影响也较强。在两个经济体的文化和体制相同的情形下，它们可分别削减 0.2327 和 0.1767 的阻力值。文化的差异会影响消费者消费倾向，致使他们更偏好于消费本国（本地区）商品；政治体制差异会为跨境贸易增加交易成本。结算货币币种（M）和宏观调控能力（PB）的影响较弱。当结算币种相同和宏观调控能力最强时（$PB=6$），它们分别可削减 0.0955 和 0.0083 的阻力值。类似于政治体制差异，结算币种相同（如人民币在 GMS 国家区域化）可减少交易成本；而增强宏观调控能力，能够为跨境贸易营造一个较为稳定的市场环境，降低风险，减少交易成本。

表 5 – 4　阻力模型的计量经济学结果

自变量名	因变量名：BER		
	系　　数	标准差（Robust）	t 值
L	− 0.7857 ***	(0.04060)	− 19.35
M	− 0.0955 **	(0.03616)	− 2.64
TC	− 0.2327 ***	(0.03582)	− 6.50
IS	− 0.1767 ***	(0.02749)	− 6.43
CIA	− 0.0007	(0.05566)	− 0.01
PB	− 0.0083 *	(0.00493)	− 1.69
Constant	0.8662 ***	(0.01685)	51.40
$F_{(6, 53)} = 7130.73$ （$P = 0.0000$）			
R − squared $= 0.9792$			
Observations：60			

注：显著性水平 ***$P < 0.01$，**$P < 0.05$，* $P < 0.1$。

五　结论与政策含义

促进我国跨境贸易政策的实施需要明确跨境贸易中存在的阻力及其影

响因素。本章首先基于云南省与老缅越三个经济体的贸易面板数据，利用引力模型分析了边界效应对跨境贸易的影响，结果表明边界效应会导致区域内消费的歧视性，且边界效应的系数越大，这种歧视性越强。其次，借助阻力函数，估算出 1998～2012 年老缅越三国对云南的边界效应的阻力，发现在跨境贸易中三国对云南的阻力相差不大，相对而言越南最大、老挝次之、缅甸最小。最后，基于因素分析模型探讨了影响边界效应的因素，结果表明，语言趋同，弱化文化和政治体制差异，结算币种统一化和增强宏观调控能力都有助于弱化边界效应的影响，降低阻力值。

以上结论对促进中国云南省与老缅越三个经济体之间的跨境贸易具有以下政策启示。

首先，云南省在推进与老缅越三个经济体跨境贸易深化过程中，老缅越三国对云南的边界效应阻力均很高，相比而言，越南的阻力最大、缅甸的阻力最小。因此在跨境贸易深化过程中，可结合当前国家沿边开放等相关政策，以及边境地区的经济现状，在考虑阻力大小的基础上，分层次推进。

其次，双边经济体的语言趋同对边界效应的影响最强。虽然现实情形下，统一双边语言非常困难，但是在我国西南实施沿边开放战略的过程中，可在跨境贸易集中区设置语言（特别是汉语）培训机构，充分发挥语言趋同的正效应，深化跨境贸易。

再次，文化差异和政治体制差异的缩小，也能够削减边界效应阻力。政府通过一系列手段以引导边界两边的文化交流，如官方举办的交流活动、为民间社会团体往来提供优惠便利的条件和场所等。由于政治体制趋同会弱化边界效应，因而高层政府可在边境地区设置"经济特区"，在特区内营造一个适合彼此企业发展的制度环境。

最后，结算币种统一化和宏观调控能力增强会弱化边界效应。因此，可在边境贸易集中地区推行人民币区域化，它将降低交易成本，减小跨境贸易阻力；政府提高治理或管理效率，可为跨境贸易营造一个良好的市场环境。

第六章

影响边境经济区吸引投资的
因素——非参数分析[*]

一 引言

建立各种形式的边境经济区是增强与邻国经济交流的重要举措。在特定条件下，外资可以直接或间接地创造就业，促进竞争，提高东道国劳动力的工作效率，并促进技术在不同国家之间传播（Goldin & Reinert，2007）。外资往往通过创造新的就业机会和技术转移来促进东道国经济的整体增长（Chowdhury & Mavrotas，2006）。国家鼓励国内外的企业到边境经济区投资，从而促进边境地区的资源利用和工业加工，并创造就业机会和增加地方财政收入。政府承担了基础设施的改善工作，并在边境经济区采取了一些投资政策来吸引国内和外国直接投资，以促进制造业发展和扩大贸易。然而，从目前的情况看，跨境经济合作区未能有效地吸引投资，这有必要研究其中的原因，从而为实施国家的沿边开放与桥头堡战略提供决策依据。

文献表明，企业投资的决定受三个关键因素的影响：所有权优势、区位优势和内部化优势。其中区位因素值得重点研究，因为它对于东道国制定吸引 FDI 政策具有重要的意义（Dunning，2001）。

＊ 本章发表于《Journal of Greater Mekong Subregion Development Studies》2010 年第 5 期，第 1 ~ 32 页。

一些学者研究了企业区位选择的影响因素。Dunning（1993）和UNCTAD（1998）从投资的四个方面讨论了与区位相关的不同影响因素的重要性，即（1）投资动机（资源寻求型、市场寻求型、效率寻求型）、投资类型（新投资或追加的投资）、投资部门（服务业或制造业）和投资规模。影响外商直接投资区位选择的其他因素还包括：市场规模和增长情况、宏观经济条件、基础设施建设、政府政策、投资激励措施、自然资源、廉价且熟练的劳动力和适当的体制框架（Amiramahdi and Wu，1994；de Mello，1997；Kening，1997）。在中国境内，影响外商直接投资的重要因素包括市场规模、经济发展、劳动力市场状况、基础设施建设和税收优惠（Cheng and Kwan，2000；Wei and Liu，2001；Fu，2000）。

经济特区对吸引外商直接投资、促进贸易发展、基础设施建设、扩大就业、创汇、提高出口竞争力和促进技术转移具有重要的作用（Lakshmanan，2009）。为了吸引外国直接投资，经济特区提供一系列灵活的、创新的激励政策，包括：免税特权；优惠税率，减免税和豁免税；优惠的土地或设施使用费；关于项目持续时间、规模、部门投资、区位和所有权形式的有利安排；以及关于企业管理、招聘和工资制度的灵活管理（Ge，1999）。经济特区的成败与一个国家的投资政策和激励框架相联系，与经济特区建立的位置和该特区的发展及管理方法相关。显然，作为一种经济特区，边境经济区也受到这些因素的影响。

在20世纪80年代早期，中国没有比较明显的外资流入，因为当时的投资环境较差（OECD，2000）。但1983～1991年，中国的经济特区从4个城市扩大到14个，吸引对外直接投资的激励政策也于1986年出台，中国的外资流入量开始实现稳步增长（Ali和Guo，2005）。外资在1992年以后大规模流入中国，自2002年起，年流入额均超过500亿美元（Yin，2008）。从世界银行的研究（Broadman & Sun，1997）中可以发现，市场规模和外资优惠政策是外资流入中国的两个最重要的原因（Hu & Wang，1999）。也有部分研究提出其他决定因素，如外国投资者的税收优惠地位、关税减免、投资环境改善、更为自由的劳动力市场和更少的政府干预（Panagariya，1993）。

Sun（2002）提出 FDI 在中国各省份的分布有 8 个潜在的重要决定因素，分别为市场需求与规模、由城市扩大和经济活动集聚而产生的规模效应与正的外部性、劳动力素质、劳动力成本、科研水平、开放程度、政治风险和对外直接投资的可替代性。Wang 和 Swain（1995），Liu 等（1997），Zhang（2000），Wei 和 Liu（2001），Zhang（2002）等学者认为决定外资流入中国的因素可分成三类：微观因素、宏观因素和战略因素。微观因素主要是指企业的所有权优势，如差异化的产品和企业规模。宏观因素强调市场规模与东道国的经济增长，主要由国内生产总值、人均国内生产总值等参数来衡量，因为快速增长的经济有可能创造出巨大的国内市场和大量的商业机会。其他宏观因素还包括税收、政治风险、汇率等。战略因素是指企业发展的长期战略，如保持目前的国际市场份额、企业经营多样化、获得或保住在东道国已经取得的市场地位，以及补充其他类型的投资，等等。

东道国为吸引对外直接投资而采取的激励政策也是一项十分重要的因素，特别是在发展中国家（Sun 等，2002）。吸引对外直接投资的优惠政策包括税收及其他财政工具、财政补贴和放松监管等几个方面。具体的激励措施有：免税；优惠税率，税收减免；土地使用或工厂设备购置费用优惠；在投资项目期限、规模、投资部门、投资区位及所有制类型等方面均给予良好安排；商业管理、就业和工资制度方面的灵活待遇；等等。这些激励政策的目标在于必须为投资者提供一个良好的获利环境并减少不必要的风险。

本研究通过对我国西南边境地区及越南老街省企业的投资行为调查，通过非参数分析法，确定影响边境经济区投资的关键因素，从而为提高边境经济吸引投资的能力找到切入点。

二　研究方法

（一）数据资料收集

1. 专题小组讨论（FGD）

我们用专题小组讨论来了解边境经济区的背景信息和边境经济区企业

的基本信息，如所有权、投资额及投资的产业、边境经济区的一揽子政策、边境经济区政策执行的困难及企业对边境经济区一揽子政策的反应。FGD 的参与者包括企业管理者、政府官员、大学教授及其他。

2. 问卷设计

为了研究激励政策对企业投资的影响及企业对政策改善或制定新政策的期望，调查边境经济区的企业，在现有文献及先前研究经验的基础上，我们设计了一份问卷调查。

这份问卷调查的主要内容包括：企业的基本信息，激励政策对企业投资决策及企业效益的影响，边境经济区对当地企业及区域一体化的影响，对生产要素禀赋、基础设施和政府管理的反应，企业对政策一致性和政策改进建议的看法。

3. 预调研

在调查问卷中用基于文献综述和先前研究的预调研方式来评定测量项目的质量和正确性。这份问卷首先由一些有相应知识背景或有在经济特区工作经验的专家来完成。他们要完成这份问卷并指出其模糊或难以回答的地方。根据专家意见进行修订后，再将此问卷发给不同经济特区的 15 ~ 20 个企业以保证调查对象理解这份问卷。根据先前测验的结果，进一步修订和改进问卷。

4. 调查研究

调查地区覆盖了中国云南边境，包括红河、西双版纳和德宏的主要经济开发区和加工贸易区。除此之外还包括边境经济区和越南、老挝、缅甸边境的企业。调查的目的是收集这些区域投资的基本信息，包括经济发展、由投资带来的经济增长、投资政策和经济体系、基础设施建设和投资者对政策的评价，并对双边地区激励政策的不同给予特殊的关注。

依据以下条件抽取所调研经济特区的样本：（1）规模。样本主要集中于那些大规模、相对发达的经济特区，这里的企业数目一般较大。（2）部门或产业。所抽取的经济特区的企业属于拥有指定优先发展的部门或产业。（3）位置。调查主要在红河、西双版纳、德宏和老街进行。（4）初始投资。样本分布如表 6 - 1 所示。

表 6-1　有效问卷的样本分布

地　区	样本容量	比例（%）
红　河	51	38.1
西双版纳	17	12.7
德　宏	35	26.1
老　街	31	23.1
总　计	134	100.00

　　实地考察是通过对经济特区样本的现状和发展情况来收集数据执行的，这些数据通过小组讨论的形式对管理人员以及企业家进行调查来取得。实地调查集中于投资激励政策、投资流入情况、经济区的管理和企业家对投资政策的认知与看法。

（二）数据分析方法

　　调查结束后，筛选出有效的调查问卷。有效性的评定主要依据两个原则：完全性和一致性。有效的问卷是那些有限制答案的问题的完成度在 80% 以上并且没有明显逻辑矛盾的问卷。

　　调查问卷包括了封闭式问题和开放式问题。对封闭式问题的数据采用编码、排序、归类和列表的方式处理，开放式问题的答案则可以进行人工总结。

　　对数据的分析采用定性和定量两种分析方法。除去对边境经济区和企业的样本变量相关关系以及方差分析的解释说明外，本研究还关注以下几个方面。

　　1. 分析企业在边境经济区进行投资的决策

　　假定企业会向可以取得预期最大利润的特定经济区域进行投资。利润取决于进入公司生产函数的可得收入以及吸引对方在经济特区进行投资的激励政策，同时也取决于边境经济区的特性。假定前提是激励政策对投资者在边境经济区的投资决策有显著的决定性影响。因此，我们可以利用调查中取得的数据，用多项对数模型分析现有政策在投资中所扮演的角色。

　　2. 定性分析激励政策对企业效益的影响

　　整理在企业和边境经济区所取得的调查数据，应用描述性统计分析激励政策对投资额与投资质量的影响。激励政策对企业效益的影响通过以下几个问题进行调查：激励结果是否增大了交易量，是否增加了出口量，是否提升了劳动力效率与机器的使用水平。采用非参数分析法确定影响企业投资的关系因素。

非参数分析可以鉴别出重要影响因素并且检测变量的影响。以 5 点数据为基础，应用变量系数评价方法（I_{ij}）确定重要因素，应用交叉表格和 χ^2 统计方法测试变量的影响。

变量的评分原则由下列公式构成：

$$I_{ij} = 10 \times \frac{1}{n} \sum_{i=1}^{n} \frac{V_{ij} - V_{\min}}{V_{\max} - V_{\min}} \qquad (6-1)$$

I_{ij} 是企业 i 在 j 项的评分；n 是 j 项下的企业数目；$V_{\min}$ 和 $V_{\max}$ 是 j 项下 5 点中的最小值和最大值。用 10 乘是为了加强比例。显然，较高的得分意味着较好的评估。

一般而言，得分高意味着较好的评估。不过也有例外，比如这个问题：在行政程序中，除去正常开支外，还有没有额外的花费？在分析这类数据之前，我们首先对其去倒数以便于分析。

交叉列表是检验两个离散变量关系的常用方法，而其独立性的检验则可采用 χ^2 检验。零假说认为两个变量具有统计上的独立性，而交替假说则认为变量间是有关联的。其基础是比较观测值和预期值。列表中单个值被称为频率，单个值的预期值可由以下公式推导：

$$f_e = \frac{f_i \times f_j}{n} \qquad (6-2)$$

f_i 和 f_j 分别是行和列的边际分布；n 是样品总量。

χ^2 检验由下列公式计算：

$$\chi_{calculated} = \sum \left(\frac{(f_o - f_e)^2}{f_e} \right) \qquad (6-3)$$

f_o 是每一小单元中的观察次数，f_e 是两个观测量互不干涉为假设的预期次数。

自由度由下列公式计算得出：

$$df = (r-1)(c-1) \qquad (6-4)$$

其中：r 是总行数；c 为总列数。如果计算得出的 χ^2 值大于临界值，则拒绝零假设，反之则接受。

三　研究结果

（一）企业概况

在边境地区，FDI 严重不足；大多数投资来自国内企业。83.6% 的投资来自非国有企业，10.4% 的投资来自国有企业，只有 3.7% 的投资额来自跨国公司。

表 6-2 所示的公司行业分布情况显示，该地区的企业主要是以资源为基础或与资源相关的。与自然资源相关的企业占受调查企业总数的 48.09%，从事服务行业的公司则占总数的 22.91%。显然，这些地区的产业严重依赖于自然资源，资本和技术密集型产业很少。

表 6-2　企业的行业分布

单位：%

部　门		占比
农　业		5.34
采掘业	金属开采和加工	3.82
	非金属开采和加工	1.53
制造业	初级农产品加工	6.11
	食品和饮料制造业	4.58
	木材和家具加工业	12.21
	服装制造业	2.29
	化工产品制造业	3.05
	塑料及橡胶制品	1.53
	非金属矿物制品	2.29
	金属冶炼及压延加工业	7.63
	金属制品业	3.05
	机械设备	3.05
	其他	6.11

部　门		占比
服务业	零售及批发业	15.27
	住宿及餐饮业	3.82
	旅游业	0.76
	汽车配件服务	1.53
	交通运输和物流	1.53
其　他		14.50

约 41.5% 的受访企业有出口活动。出口原材料、零部件、机械、最终产品和其他产品的出口企业分别占总数的 14.35%、3.5%、69.6% 和 12.3%。在出口市场方面，中国大陆、缅甸、越南、老挝和其他国家分别占总数的 29%、24.4%、5.8%、2.3% 和 38.37%。

约 48.5% 的受访企业有进口活动，超过 70.7% 的进口企业和农产品有关。在进口货物的来源地方面，缅甸、中国大陆、越南、老挝和其他国家分别占总数的 29%、24.4%、5.8%、2.3% 和 38.37%。

由于进出口企业数量未超过受访企业总数的 50%，所以在这些边境地区投资的企业都不具有明显的出口导向性，主要的进口产品是原材料，而主要的出口产品是制成品。

表6-3　企业与国内外市场的关联性

类　别	占出口企业的百分比（%）	类　别	占进口企业的百分比（%）
出口至外国生产商	14.90	从外国生产者进口原料	37.00
出口至外国消费者	26.90	从外国生产者进口产品	17.00
出售至国内生产者	32.10	从国内生产者采购原料	41.80
出售至国内消费者	55.20	从国内生产者采购产品	19.40

表6-3 表示企业间的经济联系，该表说明了制成品主要销往国外以满足外国消费者的需求，而进口产品主要是来自外国生产商的原材料。国内市场的情况（和国际市场）也是一样的。大多数企业与国内市场的联系要强于国际市场。企业间的商业联系主要是原材料的购买和最终制成品的销售。由于缺乏中间产品的交易，企业间的关联性较弱，产业链不发达。因

此，这些地区工业发展水平相对低下并且产业链短。尤其是跨境产业链薄弱，对外贸易成为主要的跨境经济活动。

（二）企业的投资动机

通过区域交叉统计表，我们测试了 7 种投资动机。如 χ^2 检验所显示的，"确保或维持一个区域性的生产基地以服务周边的外国市场"和"确保或维持在区域性市场上原材料、零部件、元器件的销售"这两个投资动机反映在不同地区间并不具有统计上的独立性。χ^2 检验的结果分别是 6.874 和 4.218，都低于 $\chi^2_{(0.05,3)}$，检验的临界值 7.815。

然而，如表 6－4 所示，情况刚好相反，厂商动机表现为"维护在本国生产所需的原材料、零部件、元器件"和"确保国内市场的低成本生产基地"。

表 6－4　投资动机－区域对照表

地　区	维护在本国生产所需的原材料、零部件、元器件		
	是	否	总　计
中国－西双版纳	1	16	17
中国－红河	4	47	51
中国－德宏	3	32	35
越南－老街	10	21	31
总　计	18	116	134
统计的显著性	$\chi^2 = 12.363$ 　 $\chi^2_{(0.05,3)} = 7.815$		
	确保国内市场的低成本生产基地		
中国－西双版纳	1	16	17
中国－红河	3	48	51
中国－德宏	2	33	35
越南－老街	23	8	31
总　计	29	105	134
统计的显著性	$\chi^2 = 65.679$ 　 $\chi^2_{(0.05,3)} = 7.815$		

运用类似的分析来验证其他动机。对于"确保或维持原材料、零部件、

元器件在其他市场的销售"、"保护区域市场的低成本生产"和"利用技能"的动机，它们的 χ^2 检验结果分别是 9.292、69.254 和 16.359。显然，这些数值都高于 $\chi^2_{(0.05, 3)}$ 检验的临界值 7.815。这些动机和企业进行投资的地区是紧密相连的。

根据每一个动机的出现频率，在老街的企业更倾向于为维护在本国生产所需的原材料、零部件、元器件和保护向区域性市场出口的低成本生产基地，而在红河的企业趋于保护或维持原材料、零部件、元器件在其他市场的销售。在该区域，"使用技能"不是一个主要的投资动机。

（三）影响企业投资的因素

1. 边境经济区的区位优势

根据来自汇总数据评价指数的计算，我们发现，企业看好区域内的经济增长潜力，而且对当地的自然资源给予高度评价（见表 6 - 5）。总体来讲，激励政策、社会稳定、地产成本和市场潜力不如前面的要素重要。最不重要的要素是劳动力。

表 6 - 5 影响投资决策的因素的重要性

因素	分 数							
	汇 总	按地区划分				按行业划分		
		中国 - 红河	中国 - 西双版纳	中国 - 德宏	越南 - 老街	资源型产业	其他产业	服务业
$F1$	6.16	6.48	6.07	5.00	6.94	5.95	6.50	5.91
$F2$	5.89	5.77	5.69	5.40	6.70	6.65	5.27	5.34
$F3$	3.91	3.98	4.60	4.13	4.56	4.40	3.10	4.29
$F4$	4.48	2.81	5.58	4.69	6.45	5.05	3.85	4.52
$F5$	4.50	3.24	6.39	5.04	5.93	4.66	4.30	6.07
$F6$	4.70	4.41	6.35	5.27	5.24	5.27	4.18	4.40
$F7$	4.96	5.41	5.50	4.32	6.21	4.68	5.60	4.20

注：$F1$ = 经济增长潜力；$F2$ = 资源的可得性；$F3$ = 劳动力；$F4$ = 激励政策；$F5$ = 政治和法律的稳定性；$F6$ = 地产成本；$F7$ = 市场潜力。

劳动力和激励政策的低重要性表明，激励政策和廉价的劳动力不是这些区域中吸引投资的重要因素。此外，廉价的劳动力并不一定意味着比较优势。劳动力的比较优势是由劳动力素质、技能和工资相结合而确定的。

在区域比较分析中，红河的激励政策、政治和法律的稳定性的得分相对较低，而越南的激励政策的得分非常高。

就不同的产业主导因素而言，对于资源导向型产业最重要的是资源的可得性，服务业看重的是政治和法律的稳定性，其他产业则是经济的增长潜力。

表6-6显示了区位优势对投资决策的影响。根据汇总数据计算，相对于非常重要的地理位置，区位优势的得分是相对较低的。这表明该区域作为中国与其他大湄公河国家的陆路交界处，在贸易路径上有显著的区位优势。

表6-6　区位因素对投资决策的重要性

因素	分　数							
	汇　总	按地区划分				按产业划分		
		中国-红河	中国-西双版纳	中国-德宏	越南-老街	资源型产业	其他产业	服务业
$f1$	3.79	1.11	4.72	3.87	6.25	3.86	3.04	3.68
$f2$	5.80	3.18	5.74	6.88	7.33	5.15	5.00	7.33
$f3$	3.89	2.14	2.71	3.33	9.00	2.08	2.93	5.00
$f4$	4.57	0.87	5.28	4.62	7.22	5.27	4.38	4.38
$f5$	4.43	1.25	6.11	6.17	4.56	3.70	2.71	6.50
$f6$	4.67	5.01	5.00	3.67	4.67	4.68	4.95	4.70
$f7$	3.62	0.91	6.67	4.24	2.99	2.71	2.97	4.85
$f8$	3.63	3.40	4.62	5.00	2.76	3.40	2.91	3.33
$f9$	3.18	3.95	4.38	3.84	2.93	2.29	1.90	2.95
$f10$	3.76	4.79	3.64	3.96	3.21	2.55	3.19	5.00

注：$f1$ = 临近大城市；$f2$ = 运输和贸易路线的地理位置；$f3$ = 到最近机场的距离；$f4$ = 与火车站的距离；$f5$ = 较高的生活标准；$f6$ = 现有的产业集群；$f7$ = 低文盲率；$f8$ = 娱乐设施；$f9$ = 教育设施；$f10$ = 低生活成本。

虽然在汇总数据中有相对较低的得分，但各地区的区位优势是不同的。每个地区的得分都表明该地区的区位优势情况。红河的产业集群得分最高，这一结果与红河作为云南相对发达的工业地带的现状是一致的。作为旅游胜地，西双版纳有着良好的生活环境。尽管也是旅游胜地，德宏的优势则体现在其为通往南亚的重要途径。由于有着良好的运输条件，老街的交通状况的得分最高。

根据产业因素分析，资源型产业和其他产业没有明显的区别。而在服务业方面，最重要的是运输和贸易路线的地理位置、生活的高标准和低成本。

表6-7显示了企业通过跨境经济合作区的优势所获得的收益。一般情况下，企业会将地理上接近投资者母国、连接重要的出口市场、政府激励措施、跨境原材料的可得性、项目建立期间政府提供的援助等视为边境经济区相对其他地区的重要优势加以考虑。这表明由于缺乏大型跨国公司，当今企业表现出对东道国提供的资源的严重依赖性，同时也表明企业非常看重原材料供给的便利性。此外，边境经济区的倡议也来自政府的激励和援助。对不同地区的比较表明边境经济区在红河的竞争力低于其他地区，其原因是在红河抽取了大比例样本而使得其总体数值不显著。然而，就三个地区的整体得分而言，边境经济区相对于其他地区仍然具有一些明显的优势，而企业也通常更易得到这些优势。

表6-7 从边境经济区获得的收益

| 收益 | 分　数 | | | | | | | |
| | 汇　总 | 以地区划分 | | | | 以产业划分 | | |
		中国－红河	中国－西双版纳	中国－德宏	越南－老街	资源型产业	其他产业	服务业
Q1	5.63	4.01	7.17	5.59	7.42	6.03	5.36	6.96
Q2	5.52	5.14	7.94	5.83	6.33	6.03	4.79	5.80
Q3	4.15	3.70	5.94	6.87	7.42	5.49	3.70	6.97
Q4	4.86	3.59	7.66	6.47	7.20	4.82	4.80	5.11
Q5	5.47	5.87	5.96	5.63	5.33	5.71	5.54	5.95
Q6	4.13	2.45	7.86	6.36	6.99	4.17	5.24	5.94
Q7	3.61	3.05	7.56	4.29	5.40	3.73	4.35	5.45
Q8	3.11	4.36	5.58	5.15	2.90	2.43	3.96	5.30
Q9	6.07	5.94	5.89	6.46	7.00	6.01	6.33	5.38
Q10	6.28	6.84	5.25	8.33	7.89	5.75	6.90	7.67

注：Q1=更好的政府激励；Q2=项目建立期间政府提供的帮助；Q3=良好的基础设施；Q4=简明的政府条例；Q5=方便的跨境原材料可得性；Q6=完善的法律法规；Q7=宽松的政府规则；Q8=宽松的劳动法；Q9=较好的连接重要出口市场；Q10=临近投资者母国的地理位置。

2. 投资激励政策

虽然前面提到区位、资源和经济增长潜力都在投资决策中发挥着重要作用，政府的激励政策同样也是影响外资流入的重要因素，这对于边境经济区而言尤为真实。这里我们将首先分析不同类型激励政策的影响，然后分析每种类型下的细分政策。

我们用交叉统计表来检验区域差异是否存在于政策的重要性中。如表6-8所示，χ^2检验表明"投资服务"的重要性在各区域间不具有数据上的独立性（表6-8中，1=根本不重要，2=不重要，3=重要，4=非常重要，5=最重要，6=不确定）。

表6-8 政策-区域交叉统计表

地 区	投资服务						
	1	2	3	4	5	9	总计
中国-西双版纳	0	0	7	7	0	3	17
中国-红河	3	6	31	7	0	4	51
中国-德宏	0	5	17	9	1	3	35
越南-老街	0	1	24	5	0	1	31
总 计	3	12	79	28	1	11	134
统计的显著性	$\chi^2 = 23.308$ $\chi^2_{(15,0.05)} = 24.996$ $\alpha = 0.078$						
	税收政策						
中国-西双版纳	0	1	9	3	1	3	17
中国-红河	5	6	18	3	2	17	51
中国-德宏	0	9	11	10	1	4	35
越南-老街	1	3	15	9	2	1	31
总 计	6	19	53	25	6	25	134
统计的显著性	$\chi^2 = 32.153$ $\chi^2_{(15,0.05)} = 24.996$						

然而，值得注意的是税收政策的重要性是和地区相关的。除此之外，其他政策在统计上是显著的，对于政策"金融支持服务""土地使用政策""劳动力使用政策"，χ^2检验得出的结果分别是27.8、35.513和28.929，均高于$\chi^2_{(15,0.05)}$检验的临界值24.996。因此，大多数政策的重要程度是和地区相关的。

因此，不同地区的企业对于政策的重要性有不同的评定。根据每个政策的使用频率，西双版纳的企业看重所有政策的重要性。红河的企业突出强调投资服务政策，而较少考虑其他政策。德宏的企业不注重劳动力政策。老街的企业看重所有的政策，它们对政策的平均关注度是最高的。

（1）税收政策

在表 6 - 9 中，$Q1$ 至 $Q5$ 代表不同的税收类型，$Q6$ 至 $Q9$ 表示不同类型的税收政策。通常情况下，税收政策的重要性是相对突出的。在税收类型方面，关税、增值税和营业税是最重要的税种。地区间的比较表明，在中国的三个地区中不存在明显的差异，它们有相似的税收政策。来自老街的数据表明，税率和税收优惠政策是相当显著的。行业比较表明，关税和出口退税很重要，因为从事进出口贸易的企业占有相对高的比例。

此外，调查问卷显示，税收政策在企业生产和管理上的影响主要体现在投资初始成本的下降和日常管理上，而对于再投资成本下降没有显著的影响。

表 6 - 9　税收政策的重要性

税收政策	分　数							
	合计	按区域划分				按产业划分		
		中国－红河	中国－西双版纳	中国－德宏	越南－老街	资源型产业	其他产业	服务业
$P1$	6.52	7.23	4.75	6.61	6.21	6.01	7.18	8.18
$P2$	5.99	5.53	7.17	6.85	6.67	5.82	5.93	6.58
$P3$	5.95	6.13	6.91	6.52	5.93	6.09	5.92	5.63
$P4$	5.22	4.70	5.89	4.73	6.05	5.25	6.29	6.19
$P5$	5.78	5.49	6.25	5.58	6.13	6.10	5.28	6.02
$P6$	6.23	6.76	6.35	5.75	7.85	5.80	6.91	5.71
$P7$	6.56	7.39	7.05	5.69	8.00	6.09	7.39	5.75
$P8$	6.01	7.20	5.00	7.08	4.92	5.38	6.71	7.41
$P9$	6.36	6.39	7.73	6.60	5.60	6.25	6.56	6.25

注：$P1$ = 关税；$P2$ = 增值税；$P3$ = 营业税；$P4$ = 土地使用税；$P5$ = 企业所得税；$P6$ = 税率；$P7$ = 税率优惠规定；$P8$ = 出口退税；$P9$ = 免税。

（2）土地使用政策

在土地使用政策方面，总体而言，土地使用率、政策稳定性和土地使用周期是影响公司决定的最重要的因素。土地使用权审批为第二重要因素，成本和土地使用年限是企业最关注的问题。地区差异或行业差异在土地使用政策方面并不显著，企业认为两者同样重要。然而，应该注意的是，土地使用申请过程中的非正常馈赠或支付在西双版纳和老街具有同样的重要性，这样表明一些寻租行为会在政策实施过程中发生。

表 6 - 10　土地使用政策的重要性

土地使用政策	分　数							
	合计	按地区划分				按产业划分		
		中国－红河	中国－西双版纳	中国－德宏	越南－老街	资源型产业	其他产业	服务业
Q1	7.07	8.99	6.47	7.58	7.31	6.75	7.84	6.25
Q2	6.64	7.50	7.06	6.67	8.28	6.51	7.33	7.19
Q3	6.77	7.34	7.35	6.97	6.69	6.70	7.33	7.67
Q4	5.86	5.81	8.44	6.02	7.42	5.78	5.94	7.83
Q5	3.77	3.41	6.15	3.30	6.34	4.90	3.72	4.13

注：$Q1$ = 土地使用率；$Q2$ = 土地使用周期；$Q3$ = 土地政策的稳定性；$Q4$ = 土地审批程序；$Q5$ = 申请过程中的非正常馈赠或支付。

（3）投资服务政策

在投资服务方面，企业最看重的是投资服务效率，得分相对较高的部分都与政府服务效率相关，其他得分较高的部分也是如此。一般情况下，涉及投资服务政策的得分是至关重要的，而在整体得分方面没有显著的差异。区域比较方面，在红河，管理者决策延误和政府官员的态度问题；在西双版纳，企业进入园区前的服务，进入时政府提供一站式注册服务的效率，以及项目建立后当地政府的支持服务；在德宏，政府提供一站式结算服务的效率，以及投资进入时政府提供一站式注册服务的效率；在老街，行政决策的延误，以及政府提供一站式结算服务的效率，这些都是显著受关注的。各个产业不存在对投资服务意见的显著差异，也没有一个固定模式，这表明需要将企业遇到的具体的某个投资服务问题结合起来分析。

表6-11　投资服务政策的重要性

投资服务	分　数							
	合计	按地区划分				按产业划分		
		中国-红河	中国-西双版纳	中国-德宏	越南-老街	资源型产业	其他产业	服务业
Q1	5.69	5.58	6.04	6.10	6.99	5.75	8.00	6.67
Q2	5.67	5.63	6.59	5.91	6.88	6.18	7.17	6.67
Q3	5.41	4.76	6.14	5.66	5.73	5.75	5.30	4.78
Q4	5.99	7.50	5.91	6.59	7.85	6.25	7.35	6.30
Q5	5.21	7.78	5.91	6.67	5.32	5.24	4.83	5.87
Q6	5.86	5.76	6.56	6.83	5.32	6.10	6.04	5.76
Q7	4.31	4.58	6.07	6.94	5.78	5.68	4.08	6.49
Q8	5.26	5.41	6.39	7.14	6.24	5.42	5.06	7.04
Q9	4.55	5.14	7.62	6.67	5.33	4.57	4.57	5.93
Q10	5.29	6.13	7.22	7.35	8.50	5.06	5.59	6.94
Q11	5.38	5.97	7.05	6.56	4.84	5.34	5.30	5.65

注：$Q1$＝规章制度和程序的复杂性；$Q2$＝规章制度和程序的便利性；$Q3$＝规章制度实施中的透明度；$Q4$＝管理者的决策延迟；$Q5$＝政府官员的态度；$Q6$＝当地政府在提供海关相关设施及简化出口程序方面的效率；$Q7$＝边境经济区当局处理劳工关系的效率；$Q8$＝当局提供一站式结算服务的效率；$Q9$＝投资进入前服务；$Q10$＝投资进入时政府提供一站式注册服务的效率；$Q11$＝当地政府在项目建立后的支持服务。

（4）金融支持政策

虽然国内的金融监管和简捷的金融审批流程是相对重要的，但金融支持政策的总体得分仍然偏低。而地区间的对比又表明简捷的金融审批流程是很重要的。这导致了当地企业在贷款审批上存在一定的困难，它们希望边境经济区可以简化贷款流程，但不同产业间并没有明显的差异。然而，资源型产业是唯一的看重简捷金融审批流程的产业。

（5）劳动力使用政策

大多数企业认为劳动力使用政策并不是很重要。实际上，这些地区的劳动力使用政策一点也不严格，真正的问题在于劳动力的素质。对于劳动力的培训，政府没有提供充分的帮助。

表 6 - 12　金融支持政策的重要性

金融扶持服务	分　数							
	全部	按地区划分				按产业划分		
		中国－红河	中国－西双版纳	中国－德宏	越南－老街	资源型产业	其他产业	服务业
Q1	5.44	6.83	5.19	6.11	6.77	5.77	5.30	6.50
Q2	5.51	7.30	6.15	7.63	6.77	7.32	5.68	5.23
Q3	3.28	2.75	5.21	6.25	6.77	3.42	4.19	4.29
Q4	4.79	8.33	6.25	5.13	5.86	5.28	4.35	4.63
Q5	2.67	3.75	6.50	4.62	3.88	2.67	3.33	4.04

注：Q1 = 东道国的金融制度；Q2 = 简捷的金融审批流程；Q3 = 周边地区的金融体系；Q4 = 边境经济区行政的便利化；Q5 = 申请过程中的非正常馈赠或支付。

3. 基础设施

我们用区域交叉统计表来检验基础设施状况，如表 6 - 13 所示。地区间的"水或天然气"以及"交通设施"的基础设施建设的 χ^2 检验不具备统计数据上的独立性（表 6 - 13 中，1 = 根本不重要，2 = 不重要，3 = 重要，

表 6 - 13　基础设施－地区交叉统计表

地　区	水或天然气						
	1	2	3	4	5	9	总计
中国－西双版纳	0	0	8	7	2	0	17
中国－红河	3	11	25	7	2	3	51
中国－德宏	2	5	14	8	2	4	35
越南－老街	2	4	16	7	1	1	31
总　计	7	20	63	29	7	8	134
统计的显著性	$\chi^2 = 15.853$　　$\chi^2_{(0.05,15)} = 24.996$						

地　区	交通设施						
	1	2	3	4	5	9	总计
中国－西双版纳	0	0	5	8	2	2	17
中国－红河	1	2	16	28	2	2	51
中国－德宏	0	2	20	12	1	0	35
越南－老街	0	1	17	12	1	0	31
总　计	1	5	58	60	6	4	134
统计的显著性	$\chi^2 = 15.908$　　$\chi^2_{(0.05,15)} = 24.996$						

4 = 非常重要，5 = 最重要，9 = 不知道或不确定）。

然而，其他基础设施的重要性是和地区紧密相关的（见表 6 - 14）。这里所指的其他基础设施包括电力、仓储设施、金融机构、高质量的电信设施、住宅小区和社会福利事业。它们的 χ^2 结果分别为 39.441、30.712、29.006、34.687、45.567 和 30.649，均高于 $\chi^2_{(0.05,15)}$ 检验的临界值 24.996。

表 6 - 14　边境经济区基础设施评价

投资服务	分数							
	合计	按地区划分				按产业划分		
		中国－红河	中国－西双版纳	中国－德宏	越南－老街	资源型产业	其他产业	服务业
Q1	8.11	9.20	7.50	7.33	6.77	7.73	8.90	7.27
Q2	7.17	9.00	8.54	7.42	3.06	6.13	9.15	5.95
Q3	5.92	6.35	10.00	6.36	4.63	5.57	6.49	5.59
Q4	6.17	5.52	9.00	6.30	6.94	5.89	6.75	5.56
Q5	5.57	5.41	8.23	5.91	5.32	5.00	6.83	4.55
Q6	5.94	5.00	10.00	6.85	6.45	5.74	6.15	6.00
Q7	6.06	7.14	6.76	5.37	5.16	6.04	6.38	5.50
Q8	6.25	6.94	0.00	6.11	5.32	5.63	7.13	6.00
Q9	6.71	7.14	7.56	6.92	1.29	6.15	7.32	3.68
Q10	6.57	6.73	6.73	7.04	1.61	6.43	6.88	6.32
Q11	6.26	6.63	7.56	8.33	3.55	5.59	6.75	7.00
Q12	8.36	6.73	6.73	8.59	8.06	8.27	8.38	8.57
Q13	8.17	8.37	9.00	8.23	7.74	7.69	8.63	8.50

注：Q1 = 水利设施；Q2 = 电力；Q3 = 仓储容量；Q4 = 仓库集装箱装卸设备；Q5 = 运输设施；Q6 = 物流；Q7 = 娱乐设施；Q8 = 卫生保健；Q9 = 住宿和餐饮；Q10 = 住房；Q11 = 环境质量；Q12 = 网络通畅性；Q13 = 通信通畅性。

根据每个基础设施的使用频率，大部分公司认为"水或天然气"和"交通设施"是重要的。西双版纳的企业注重除了住宅小区以外的所有基础设施；红河的企业则更注重仓储设施和金融机构；德宏的企业着重强调电力及水资源或天然气；而在老街的企业则是认为除了社会福利的所有基础设施都重要。

大多数的企业对边境经济区的基础设施建设表示满意，尤其是对供水设施、电力、网络和通信，而运输设施和物流的分数是最低的。通过区域比较发现中国的三个被调查地区（德宏、红河、西双版纳）对基础设施的满意情况不存在明显的差异，而老街的企业对电力、仓储容量、住宿和餐饮、住房和环境质量不甚满意。此外，通过产业比较也没有发现明显的差异。

（四）对边境经济区的总体评价

在红河、德宏、西双版纳和越南老街，跨境经济区行业比较的总体评价也通过交叉统计表的方式获得。该地区的总体概况由 5 部分组成，并用 5 点量表法进行评价（1 = 根本不重要，2 = 不重要，3 = 重要，4 = 非常重要，5 = 最重要，9 = 不确定）。如表 6 – 15 所示，χ^2 检验的结果都高于其临界值。因此，一般情况是基于每个要素来衡量地区间差异的。

表 6 – 15　区位优势的总体评价

要　素	χ^2 结果	$\chi^2_{(0.05,9)}$
激励政策	24.542	
经济区管理	22.027	
基础设施	26.497	16.919
生产要素的可得性	26.868	
市场潜力	67.323	

根据每个要素的使用情况，西双版纳的企业认为基础设施最重要，而认为市场潜力最不重要；红河的企业认为每一个部分都是重要的；德宏的企业不太注重基础设施和生产要素的可得性，认为其他的要素才是重要的；老街的企业则认为除了基础设施的每一部分都是重要的。

四　研究结论与政策含义

（一）研究结论

分析表明，在所研究地区进行投资的公司主要都是资源型企业。大部分投资来自国内企业，而 FDI 的数量很小。跨境贸易主要是进口资源和出口最终产品，产业链薄弱。

交叉统计表的结果显示，企业的投资动机与企业所投资区域内的激励政策、基础设施和对边境经济区的总体评价密切相关。或者说，地区差异具有统计学意义。具体地讲，越南老街企业的投资动机更倾向于寻求资源和低成本的生产基地；不发达的边境经济区更期望有激励政策。中国边境经济区的企业看重与提高生活标准相联系的基础设施的重要性，而老街的企业则注重基础设施本身的重要性。不同地区的边境经济区受制于不同的因素。云南红河边境经济区的整体状况相对较好，而西双版纳边境经济区面临的主要问题是市场潜力，老街是基础设施，德宏则是生产要素和基础设施。

调查评估分数表明，在所研究区域进行投资的主要目的是寻求自然资源和市场；不发达的交通运输设施是制约边境经济区发展的主要因素；大部分企业都关心政策措施，如税收优惠政策和土地使用政策，因为这些政策可以直接降低投资和生产成本；许多企业都面临融资困难和向当地银行或其他金融机构贷款的困难；这些地区劳动力素质低下，企业高度期望获得劳动力培训支持；除基本的基础设施以外，物流仓储设施也应得到改善。

一些政策对企业投资动机有积极的影响。在这些政策当中，税收优惠对企业投资决策的影响至关重要。总体来讲，金融支持政策和土地使用政策也是影响企业决策的重要因素；但当考虑到地区差异时，这种影响就并不显著。

企业投资决策也受到一些投资环境因素的影响，包括资源的可得性、市场潜力、政治和法律的稳定性，以及基础设施状况。资源寻求型投资与优惠税收类型、资源的可得性、市场潜力和政府治理有着积极的联系。在越南老街的投资都倾向于寻求资源和效率，与此不同的是，在云南边境地区的投资更倾向于寻求市场。

金融支持政策对企业效益的改善有着积极的影响。但当考虑到地区差异时，这种影响并不显著。也就是说，非参数分析结果显示，金融支持政策效应是与地区联系在一起的。

企业经营活动受投资环境的影响，包括资源的可得性、基础设施、交通运输、政府治理、物流系统、电力供应和地理区位，而这些因素具有地区差异。企业经营受投资环境等其他因素的影响并不显著，这些因素包括市场潜力、政治和法律的稳定性、物流中断的损失和非正式开支。对投资环境的效应分析表明，老街企业提高效益的概率要大于红河的企业。

（二）政策含义

本研究的结果显示，对企业投资决策和经营活动有重要影响的因素是激励政策和投资环境，其效应在中国和其他 GMS 国家边境地区呈现出地区差异。

激励政策和投资环境的改善对吸引投资有着积极的效果。中国和其他 GMS 国家边境地区拥有丰富的自然资源。然而，这里大部分企业从事初级产品的生产，其产业链短而弱。尤其是这里的外资（FDI）数量很少。为了促进跨境经济区的发展，需要改善投资激励政策和投资环境。

税收优惠政策与企业资源寻求型投资和改善经营状况的可能性密切相关。然而，除了红河的一些企业外，这些区域大部分企业成立时间不长，由于税收政策通常并不灵活，因而在制定税收政策时应注重其长期效应。

在所研究区域内，有很大比例的企业受到融资和贷款的困扰。因此，改善金融支持政策和服务将为工业发展，尤其是中小型企业发展提供便利。为促进跨境经济区的建设，金融支持政策的设计应考虑到不同地区的状况，并且应提供相应的融资服务。

从投资环境的角度，有必要维持资源的可得性，增加市场潜力，改善政府治理，但是主要的方向应致力于改善基础设施状况，包括交通运输和公共事业。物流系统更应优先考虑，因为这直接影响到企业的生产和营运成本。

在云南，边境经济区投资激励政策与中国西部大开发相关政策是一致的。对边境地区并没有特殊政策。就激励措施而言，边境地区与中国西部其他地区相比并没有特别的优势。由于经济发展水平滞后，流向边境地区的投资甚至比中国西部许多其他地方的更少。因此，激励政策的制定应该突出"边境地区"的优势。

跨境经济合作区的建设需要保持政策的一致性。尽管中国、越南、老挝和缅甸各自的激励政策具有相似性，但制定跨境经济合作区激励政策时仍然要处理好政策的差异和冲突。简而言之，边境国家之间基本政策原则应该是一致的。但是，中越、中老、中缅之间跨境经济合作区仍可保持适当的政策差异。当然，不可能一次性就制定好功能完善的一揽子政策，但是在双方同意的基础上达成小规模、试探性的协议却是有可能的。这种试验性的成就可以逐步得到改善，最后扩展到更大的范围以实现政策统一。

跨境经济合作区在商品、劳动力和其他生产要素实现简捷、方便和低成本跨境流动方面具有最大的比较优势。从问卷调查中了解到，企业在产品和原材料通关过境时会遭遇到困难。由于与海关过境政策相关的问题涉及国家之间的政策协调，因此，跨境经济合作区的政策应该包括一些完整和适用的通关过境政策，以减少跨国经济活动的交易成本。

劳动力的素质对当地投资企业也是一个关键问题。除了制定相应政策以吸引外来人才以外，提高当地人力资本素质也是有必要的；否则，人才的紧缺将成为跨境经济合作区建设的瓶颈。除政府努力之外，还应该引进专业的教育培训机构，或者鼓励企业开展教育培训，对符合条件的企业给予特殊优惠政策。此外，虽然跨境公路的建设已经取得很大进展，跨境铁路也在加快建设，但是相应交通物流基础设施依然需要得到改善，对相关的投资企业也应该给予特殊优惠。

当前，大部分企业的投资来源于自有资金，极少获得当地金融机构的融资支持，因为当地的金融业发展滞后。当地也缺乏货币结算机构，在跨境贸易中存在大量的非正式机构。跨境经济合作区建设要求管理机构加强对企业的财政金融服务，最好引入一些战略性的金融企业，设立专门为跨境经济合作区企业提供投融资服务、保险和货币结算服务的专业金融机构。

目前，边境经济区内企业的整体质量并不高，也难以吸引高质量的加工制造企业进入这些区域。但从长期来看，该地区将成为中国－东盟结合部的出口加工基地，这样的企业必不可少。当前，该地区的产业结构过于偏重于资源型产业。从长远发展来看，需要制定产业导向政策，以促进跨境经济合作区的发展。

第七章

影响边境经济区吸引投资的因素——参数分析*

一 引言

中国西部地区尽管幅员辽阔，但经济发展水平滞后。为了缩小东西部地区差异，中国中央政府于 2000 年实施了"西部大开发"战略。大开发战略实施以来，尽管西部地区的经济增长取得了较大的进步，但东西部间的经济差距依然很大。相比较于 2000 年的水平，2010 年东西部地区间的经济差距虽然从倍数上看略有减小，但是从绝对数值看，东西部地区间的经济差距被逐渐拉大。以东西部地区间人均 GDP 差距为例，1990 年为 995 元，2000 年为 7687 元，到 2010 年则增加到 26734 元。

东西部地区间经济差距的增大需要政府制定政策进一步促进西部地区的发展。虽然中国陆地边界线总长 22000 多公里，与 14 个国家接壤，但是中国与邻国的贸易额仅占中国总贸易额的 5% 左右。因此，通过沿边开放、增加边境贸易、鼓励与周边国家的经济技术合作来促进西部地区的发展将是进一步促进西部发展的重点。2010 年 6 月 29 日，国务院发布了《中共中央国务院关于深入实施西部大开发战略的若干意见》，着重强调了促进与周边国家的合作和提高边疆地区的开放水平对促进中国西部地区的发展的重要意义。

---

* 本章发表于《云南财经大学学报》2012 年第 12 期。

特别是，我国西南边境地区与多个东盟国家接壤，且与邻国长期保持睦邻友好关系，是发展的重点区域。胡锦涛 2009 年 7 月在云南考察时提出，要将云南发展成为我国面向西南开放的桥头堡。2011 年，《国务院关于支持云南省加快建设面向西南开放重要桥头堡的意见》（国发〔2011〕11 号）出台。要实现桥头堡建设的目标，需要发展沿边开放经济带，加快云南与其他 GMS 国家间经济走廊的建设，并通过强化基础设施建设和促进产业发展，来增强云南对内经济走廊的纽带作用。

促进我国西南沿边开放具有良好的国际合作基础，其中包括大湄公河次区域合作机制和中国－东盟自由贸易区的建立。大湄公河次区域经济合作计划于 1992 年由亚洲开发银行（ADB）发起，目的是建立一个综合的、协调的、繁荣的次区域，GMS 涉及流域内的中国、老挝、柬埔寨、缅甸、泰国和越南，旨在通过加强各成员国间的经济联系，促进次区域的经济和社会发展。该计划是为了促进次区域的贸易和投资；创造次区域的发展机遇；解决跨境问题和满足公共资源或其他需要（ADB，1999）。中国－东盟自由贸易区（ACFTA）于 2010 年 1 月生效，为进一步促进中国和东盟之间的贸易发展创造了条件。

建立各种形式的边境经济区是增强与邻国经济交流的重要举措。国家鼓励国内外的企业到边境经济区投资，从而促进边境地区的资源利用和工业加工，并创造就业机会和增加地方财政收入。政府承担了基础设施的改善工作，并在边境经济区采取了一些投资政策来吸引国内和外国直接投资，以促进制造业发展和扩大贸易。然而，从目前的情况看，边境经济区并没有有效地吸引投资，这有必要研究其中的原因，从而为实施国家的沿边开放与桥头堡战略提供决策依据。文献综述方面与第六章相近，这里不再赘述。

本研究运用参数分析法，其目的是确定影响企业到边境经济区投资的因素，从而为提高边境经济吸引投资的能力找到切入点。

二　研究方法

（一）假设的提出

根据投资理论和文献研究结果，本章提出了两个假设。

假设一：激励政策在边境经济区吸引投资方面发挥着积极的作用。

在确定激励政策的作用时，企业的投资动机是要考虑的重要因素，激励政策有利于减少企业的要素成本和交易成本，从而促进投资。但是，对于不同的企业特点和发展阶段，不同的激励政策对企业投资决策会有不同的影响。例如，处于发展初期的企业可能更喜欢能削减投资成本的激励政策，而处于扩张阶段的企业则可能倾向于与利润和税收相关的激励政策。

假设二：投资环境可以影响边境经济区企业的投资决定。

投资环境是构成一个企业所在的经济、社会、政策和法律体系的综合体，它既包括社会基础设施（Hall & Jones，1999），也包括实物和金融基础设施（Dollar et al.，2006）。良好的投资环境有利于员工学习技能，有助于企业积累资本和增加产量。资本积累的差别在本质上是投资环境的差别，因为它可通过影响交易成本而影响企业的效率（Hall & Jones，1999）。因此，良好的投资环境有利于边境经济区吸引投资。

（二）数据分析

采用多项 Logit 模型评估不同激励措施和投资环境对企业投资决策的影响。假定 $y = j$（$j = 1，2，3$）是被解释变量，分别对应前面提到的 3 种投资动机：寻求市场（M）、寻求资源（R）和提高效率（E）。被调查企业属于某一动机的概率由以下方程表示：

$$P_{ij}(y = j \mid x_j) = \frac{\exp(x_i\beta_{ij})}{1 + \sum_{j=2}^{3} \exp(x_i\beta_{ij})} \quad j = 2,3 \qquad (7-1)$$

$$P_{ij}(y = 1 \mid x_i) = \frac{1}{1 + \sum_{i=2}^{3} \exp(x_i\beta_{ij})} （参考组）$$

这里 β_{ij} 是未知的待估参数向量；x_i 是解释变量矩阵，表示模型中的激励政策变量或投资环境因素变量。被评估的激励政策包括税收优惠政策、土地优惠政策、金融支持政策和劳动力使用政策。投资环境因素包括区位、资源可获得性、市场潜力、政治和法律的稳定性、政策管理和基础设施。

在验证假设一前，先对解释变量进行了处理。企业对政策的评估用 5 点李克特（Likert）量表法表示（1 = 不重要，2 = 不是很重要，3 = 重要，

4 = 很重要，5 = 非常重要），另外，当受访者对政策评估没有看法时，记录为"不适合"。除税收政策评估数据外，其他政策评估数据用主成分分析法进行了处理。由于税收优惠政策变量不能通过 KMO（Kaiser - Meyer - Olkin）检验，构建了式（7 - 2）所示的评估指标。土地使用政策变量的值以边境经济区内外土地价格差（更低、一样、更高）表示。其他变量包括企业的规模、成立时间、产业类型和地理位置。企业的规模是虚拟变量，以 0 表示企业平均年收益小于 500 万元，1 表示等于或大于 500 万元。企业成立时间分为 4 个类别：小于 5 年，5～10 年，10～20 年和大于 20 年。

在验证假设二前，区位、资源的可得性、管理和基础设施等投资环境变量用主成分分析法处理；市场潜力、政策和法律稳定性的评估用式（7 - 2）所算得分值表示。其他变量包括企业性质（1 为私有，0 为非私有）、企业成立时间、企业规模、产业类型和地理位置。

在模型估计之前，先检验了解释变量的共线性，结果表明在验证两个假设时共线性均不显著。最后利用 STATA 软件包对方程（7 - 1）进行估计。

$$I_{ij} = 10 \times \frac{V_{ij} - V_{\min}}{V_{\max} - V_{\min}} \qquad (7-2)$$

I_{ij} 是企业 i 对第 j 项的评分；$V_{\min}$ 和 $V_{\max}$ 是 j 项下 5 点量表中的最小值和最大值。乘 10 是为了提高尺度。显然，较高的得分意味着较好的评估。

（三）数据来源

本研究的数据源于问卷调查，调查的方式为面对面访谈。问卷主要内容包括：（1）企业的基本信息。包括企业建立、销售、员工人数、外资股份、资本要素禀赋、动机及利益。（2）激励政策对企业投资决策的影响。包括税收政策、土地使用政策、金融政策、行政管理政策、有关补贴及劳动力使用政策。（3）企业对投资环境的评估。每个政策与投资环境因素的评估项都包含若干个子项。例如，税收政策包括关税、增值税、营业税、土地使用税和收入所得税；基础设施包括交通、水、电、仓储、物流等方面。

最初的调查问卷基于文献综述和研究经验设计。为了提高问卷的正确性和有效性，在正式调研前邀请了一些有相关知识背景或有在边境经济区工作经验的专家对问卷进行了评论。根据专家意见对问卷修订后，对边境经济区的 20 家企业进行了预调研，并对问卷进行修订和改进。

研究对象包括中越边境（红河和老街）、中老边境（西双版纳和磨丁）、中缅边境（德宏和木姐）的边境经济区。由于老挝和缅甸方没有边境经济区，调查企业的样本来自中国边境的红河、西双版纳、德宏和越南边境的老街。根据以下条件抽取了所调研的企业样本：（1）规模，样本主要集中于那些大规模、相对发达的经济特区，那里的企业数目一般较大；（2）部门或产业，重点考虑边境经济区优先发展的部门或产业；（3）初始投资规模。

调查结束后，根据有效性原则（包括完全性和一致性），对调查问卷进行了筛选。最后确定有效问卷 134 份，其中红河 51 份，西双版纳 17 份，德宏 35 份，老街 31 份。

三　结果与讨论

在所调研的企业中，大部分的投资来自国内企业，很少有外国投资。83.6% 的投资来自非国有企业，10.4% 的投资来自国有企业，只有 3.7% 的投资来自跨国公司。48.1% 的企业是资源导向型企业，从事服务行业的公司占总数的 22.9%。大多数企业属于木材加工及家具制造业、采矿与矿产品加工业、初级农产品加工业。这表明，位于边境经济区的产业多是自然资源密集型产业，资本和技术密集型产业较少。

（一）激励政策对企业投资动机的影响

在验证假设一时，寻求市场动机被当作参照组。设置了 4 个控制组对方程（7-1）进行估计：模型 1 没有控制地区和产业差异；模型 2 控制了产业差异；模型 3 控制了地区差异；模型 4 控制了地区和产业差异。结果表明（见表7-1），地区变量的估计系数显著地影响了企业的投资决策。

如表 7-1 所示，模型 1 中，对于追求效率动机，变量"较低的土地价格"和"金融支持"的系数为正且具有统计上的显著性，但若变量中增加了"地区"时，它们又变得不显著。对于寻求资源的动机而言，这两个政策变量的系数也不显著。因此，在其他变量不变的情况下，"较低的土地价格"和"金融支持"将会促使寻求效率的企业在该区域投资。但就具体的投资地区而言，这两个政策的影响不显著。由于多数企业对劳动力政策不满意，劳动力使用政策变量的估计系数极不显著，最后的模型中未加入该变量。

地区虚拟变量的显著性要求我们更加关注边境经济区的区域差异。如表7-1所示，当以越南的老街为参照时，其他3个地区虚拟变量的系数为负且显著，这也就意味着：在其他变量不变时，寻求市场的企业在边境地区投资的可能性较大。从边际效应估计情况看，中国3个地区变量系数的正负号是一样的，变量M的系数为正且显著，而其他两个变量的系数为负且显著。这个结果表明，和老街相比，云南省吸引市场寻求型投资的概率较大，而吸引为以寻求资源和效率为动机的投资的概率较小。

将寻求市场动机作为参照，估计了每个模型的边际效应（因篇幅所限，在此未列出边际效应估计结果，以下相同）。税收优惠政策的估计系数为正且显著，这表明：在正常情况下，政府提供的税收优惠政策越多，企业得到的收益就越多，企业寻找资源、提高效率的可能性就越大。边际效应的估计结果表明，变量"寻求市场"（M）和"寻求资源"（R）的系数为负且显著，而变量"寻求效率"（E）的系数为正且显著；这意味着当其他变量不变时，税收优惠政策的种类越多，企业提高效率的可能性就越大，寻求市场和资源优势的可能性就越小。

总之，这个估计结果在一定程度上支持了假设一，即激励政策在研究区域吸引投资方面发挥着积极的作用。

表7-1　激励政策对投资决策影响的估计结果

变　　量	模型 1		模型 2		模型 3		模型 4	
	R	E	R	E	R	E	R	E
	系数（参照：以开拓市场为投资动机）							
税收优惠政策	1.370***	2.420***	1.435***	2.566***	1.476***	2.479***	1.453***	2.589***
	(0.468)	(0.672)	(0.473)	(0.698)	(0.513)	(0.758)	(0.514)	(0.770)
土地价格：不变	Ref							
土地价格：更低	0.172	1.356**	0.150	1.225**	0.0112	0.452	0.0252	0.281
	(0.466)	(0.584)	(0.483)	(0.607)	(0.580)	(0.694)	(0.604)	(0.729)

续表

变　量	模型 1		模型 2		模型 3		模型 4	
	R	E	R	E	R	E	R	E
	系数（参照：以开拓市场为投资动机）							
土地价格：更高	0.420 (0.960)	−35.24 (3.432e + 07)	0.661 (1.007)	−42.90 (9.979e + 08)	1.375 (1.207)	−39.72 (2.621e + 08)	1.295 (1.210)	−58.50 (2.032e + 08)
金融支持政策	0.108 (0.390)	0.911* (0.500)	0.149 (0.393)	0.894* (0.512)	−0.0880 (0.548)	−0.769 (0.667)	−0.105 (0.560)	−0.903 (0.726)
老街	Ref							
西双版纳					−24.91*** (3.090)	−23.07*** (2.789)	−37.02*** (3.648)	−35.06*** (3.247)
德宏					−21.35*** (2.844)	−24.72*** (2.668)	−33.52*** (3.431)	−36.89*** (3.051)
红河					−23.14*** (2.914)	−23.81*** (2.655)	−35.30*** (3.483)	−36.28*** (3.088)
常数	−3.872** (1.524)	−10.25*** (2.391)	−5.518** (2.206)	−9.138*** (2.657)	18.29*** (2.882)	16.59 (0)	12.17 (4.428)	30.60 (0)
对数似然比	−120.4		−115.7		−91.49		−86.87	
LR	43.56		52.91		101.3		110.5	
Pseudo_ R^2	0.153		0.186		0.356		0.389	
观察值	134							

注：（1）M = 以寻求市场为投资动机（寻求市场）；R = 以寻求资源为投资动机（寻求资源）；E = 以寻求效率为投资动机（寻求效率）；

（2）括号中的标准差，***$P < 0.01$，**$P < 0.05$，*$P < 0.1$；

（3）由于所估系数极不明显，在最后的模型估计中没有加入企业性质、企业年份和虚拟产业变量。

（二）投资环境对企业投资动机的影响

利用多元 Logit 模型验证了 4 个模型。模型 1′不控制区域和产业的差异，模型 2′控制产业的差异，模型 3′控制地区的差异，模型 4′控制地区和产业的双重差异。结果如表 7 – 2 所示。

表 7 - 2　投资环境对投资决策影响的估计结果

变　　量	模型 1′		模型 2′		模型 3′		模型 4′	
	R	E	R	E	R	E	R	E
	系数（参照：以开拓市场为投资动机）							
资源可得性	1.081 ***	0.349	1.085 ***	0.285	1.002 **	0.458	1.117 **	0.444
	(0.393)	(0.546)	(0.396)	(0.567)	(0.492)	(0.622)	(0.528)	(0.655)
市场潜力	2.285 ***	3.261 ***	2.334 ***	3.365 ***	2.863 ***	3.648 ***	2.875 ***	3.730 ***
	(0.651)	(0.960)	(0.660)	(1.009)	(0.873)	(1.107)	(0.887)	(1.159)
地理位置	− 0.0875	0.878 *	− 0.113	0.863	− 0.529	0.677	− 0.620	0.795
	(0.298)	(0.515)	(0.305)	(0.528)	(0.363)	(0.581)	(0.387)	(0.595)
政策和法律稳定性	− 0.847 ***	− 0.606	− 0.826 ***	− 0.653	− 0.884 **	− 0.864 *	− 0.909 **	− 0.952 *
	(0.299)	(0.401)	(0.300)	(0.417)	(0.376)	(0.505)	(0.379)	(0.528)
政府管理	0.335	− 0.135	0.346	− 0.370	2.072 *	0.298	2.085 *	0.349
	(0.770)	(1.082)	(0.775)	(1.138)	(1.118)	(1.260)	(1.134)	(1.344)
企业性质	1.041	− 1.190	1.100	− 1.409	− 0.0529	− 1.469	0.149	− 1.634
	(0.915)	(0.929)	(0.916)	(0.950)	(1.124)	(0.971)	(1.152)	(1.003)
基础设施	− 0.290	4.206 ***	− 0.241	4.028 ***	− 0.668	4.231 **	− 0.483	4.537 **
	(1.037)	(1.451)	(1.052)	(1.488)	(1.373)	(1.838)	(1.399)	(1.874)
企业规模	− 0.558	− 1.397 *	− 0.577	− 1.431 *	− 1.025	− 1.599	− 0.917	− 1.512
	(0.580)	(0.781)	(0.588)	(0.838)	(0.778)	(0.981)	(0.794)	(1.012)
老街	Ref							
西双版纳					− 25.31 ***	− 21.54 ***	− 25.95 ***	− 21.47 ***
					(4.681)	(4.374)	(5.257)	(4.954)
德宏					− 21.73 ***	− 21.59 ***	− 22.29 ***	− 21.48 ***
					(4.445)	(3.950)	(4.975)	(4.497)
红河					− 23.65 ***	− 21.27 ***	− 24.23 ***	− 21.74 ***
					(4.610)	(4.263)	(5.144)	(4.823)
常量	− 2.860	− 9.716 ***	− 4.220	− 7.255 *	18.56 ***	12.06	15.86 ***	12.35
	(2.216)	(3.515)	(2.722)	(3.942)	(4.389)	(0)	(4.612)	(0)
对数似然比	− 86.12	− 86.12	− 83.69	− 83.69	− 68.71	− 68.71	− 65.67	− 65.67
LR	108.9	108.9	113.7	113.7	143.7	143.7	149.8	149.8
Pseudo_ R²	0.387	0.387	0.405	0.405	0.511	0.511	0.533	0.533
观察值	133							

注：（1）M = 以寻求市场为投资动机（寻求市场）；R = 以寻求资源为投资动机（寻求资源）；E = 以寻求效率为投资动机（寻求效率）；

（2）***$P < 0.01$，**$P < 0.05$，* $P < 0.1$；

（3）由于所估系数极不明显，在最后的模型估计中没有加入企业性质、企业年份和虚拟产业变量。

　　资源可得性变量的系数为正且显著，表明在该边境地区吸引资源寻求型投资的可能性较大。资源可用性变量是对当地资源（如矿产和木材）、边境两边的廉价劳动力、技术工人的可用性和廉价土地的评估指标。在其他条件不变的情况下，自然资源越丰富、劳动力成本越低，边境地区以寻求资源和效率为动机的投资越多。投资环境对投资动机影响的边际效应的分析表明，寻求市场和寻求效率变量的系数为负且显著，寻求资源变量的系数为正且显著，可利用的资源越多，边境经济区内企业寻求资源的投资就越多，或寻求市场和效率的投资就越少。

　　对于资源寻求型和效率寻求型动机，市场潜力变量的系数为正且非常显著，这表明：与市场寻求型投资相比，边境经济区内这两种类型投资的可能性增加。市场潜力表示当地经济的增长前景和当地市场的重要性。市场潜力随产业和地区的不同而变化。边际效应的分析结果表明，市场潜力增加了效率寻求型投资的可能性，却减少了市场寻求型和资源寻求型投资的可能性。这个结果意味着市场潜力将吸引商业投资以提高效率，整合可利用的资源和市场，整合地理区域中分散的产业从而扩大经济规模。

　　变量"政策和法律的稳定性"的估计系数显著为负，这意味着市场寻求型投资更看重政策和法律体系的稳定性。边际效应的分析结果表明，研究区域内"政策和法律的稳定性"与市场寻求型和资源寻求型投资的可能性呈现正相关关系，和效率寻求型投资是负相关的。由于被调查区域的政策稳定、法律体系完善，企业倾向于为寻求市场和资源的投资。

　　相关文献表明，基础设施是影响投资的重要因素。在分析中，资源寻求型投资的基础设施变量的系数为负，效率寻求型投资的基础设施变量的系数为正，前者系数不显著，而后者显著。投资环境对投资动机影响的边际效应的结果显示，基础设施和效率寻求型投资的可能性有显著的正相关性，和市场寻求型和资源寻求型的投资成负相关。也就是说，受访区域内基础设施越完善，效率寻求型投资的可能性就越大。

　　地区差异对投资动机有显著的影响。地区虚拟变量的估计系数为负且显著，这表明，地区差异有利于市场寻求型投资。边际效应分析结果显示，云南省的边境区域对市场寻求型投资有更好的吸引力，而越南老街吸引资源寻求型投资的可能性更大。

该研究也考虑了投资环境的其他因素，包括与附近城市的距离，到火车站和机场的距离，以及和进出口市场的联系。然而，所有这些变量的估计系数都不显著，因而未反映在表 7－2 中。

总之，模型的估计结果基本上支持了假设二。重要的发现包括：（1）对投资动机有显著影响的投资环境包括资源的可得性、市场潜力、政策和法律的稳定性和基础设施；（2）随着投资动机的变化，影响投资动机的环境因素也不同；（3）投资环境的地区差异与企业的投资动机相关。

四　结论和政策含义

基于国际直接投资（FDI）理论，本章评估了激励政策和投资环境对企业在中国云南和越南老街边境经济区的投资影响。研究表明，中国和其他 GMS 国家的边境地区拥有丰富的自然资源，激励政策和投资环境的改善对边境经济区吸引投资有着积极的作用。然而，边境经济区的大部分企业都从事初级产品的生产，其产业链较短，尤其是这里的外资（FDI）数量很少。

在一系列激励政策中，税收优惠政策对企业投资决策的影响至关重要。金融支持政策和土地使用政策也是影响企业决策的重要因素，但当考虑到地区差异时，这种影响并不显著。

企业投资决策也受到一些投资环境因素的影响，包括资源的可得性、市场潜力、政治和法律的稳定性以及基础设施状况。资源寻求型投资与税收政策、资源可得性、市场潜力和政府治理有着积极的联系。比较而言，在越南老街的投资更倾向于寻求资源和效率而在云南边境地区的投资更倾向于寻求市场。

以上研究结果具有以下政策含义。

税收优惠政策与资源寻求型投资动机显著相关。然而，除了红河的一些企业外，大部分企业成立的时间不长。由于税收政策通常并不灵活，因而在制定税收政策时应考虑其长期效应。在研究区域内，有很大比例的企业都受到融资和贷款的困扰。改善金融支持政策和服务将为企业（尤其是中小企业）的发展提供便利。为了提高边境经济区吸引投资的能力，金融支持政策的设计应考虑到地区差异。当地的金融业发展滞后，大部分企业的投资来源于自有资金，极少数获得了当地金融机构的支持，因此还应提供融资服务。此外，边境经济区吸引投资能力的提升还需要提升会计和金融服务，鼓励设立专门从事融资供给、保险和货币结算服务的金融机构。

劳动力的素质对当地许多企业而言也是一个值得考虑的重要问题。除了制定相应政策以吸引外来人才以外，提高当地人力资本素质也是必要的。否则，人才的紧缺将成为边境经济区发展的瓶颈。劳动使用政策应重视技能培训，可引进专业的职业培训机构，或者鼓励企业开展教育培训，并对符合条件的企业给予特殊优惠政策。

边境经济区投资激励政策与中国西部大开发相关政策是一致的，边境地区并没有特殊政策。就激励措施而言，边境地区与中国西部其他地区相比并没有特别的优势。由于边境地区经济发展水平滞后，流向边境地区的投资甚至比中国西部许多其他地方的更少。因此，激励政策的制定应该突出边境地区在吸引投资方面特有的优势，例如，邻近国外产品与要素市场。另外，在确定产业发展导向时，应考虑邻国边境经济区的比较优势。

就投资环境而言，有必要维持资源可得性，增加市场潜力，改善政府治理，但是重点应致力于改善基础设施状况，包括交通运输和公共设施。物流体系更应优先考虑，因为这直接影响到企业的生产经营成本。

第八章

跨境经济合作的产业选择研究[*]

一 引言

根据新区域主义理论，区域经济一体化的实现需要在跨境地区建立起综合的生产网络，而不是仅仅依赖于跨境贸易的增加。随着国与国之间的边界在分割领土与主权方面的功能逐渐弱化，而在经济方面功能的逐渐增强（罗圣荣，2012），通过构建跨境经济合作区促进区域经济发展受到了越来越多的关注。根据空间经济理论（Krugman，1991；Myrdal，1957），更低的交易成本、有技能劳动力的供应、基础设施以及研究与开发等的集中为地域中心创造了本地化效益和集聚化效益，经济活动因而趋向于集中在地理中心附近。由于与主要都会中心距离远，运输成本高，边境地区不受经济活动的青睐（Dimitrov，2003）。然而，建立跨境经济合作区可增强边境地区的生产要素聚集，促进专业化分工的发展，并通过企业之间贸易关系的加强，促进跨国产业链的形成（Stiller，2003）。最终，跨境经济合作区的构建能将外围的边境地区变成经济增长的中心，从而改变边境地区被边缘化的状态。

近年来，中国（云南）积极推进中越河口－老街、中缅瑞丽－木姐和中老磨憨－磨丁三大跨境经济合作区的建设并取得了显著成就，但同时也面临着不少问题，特别是产业支撑能力较弱（罗圣荣，2012）。因此，选

＊ 本章发表于《华东经济管理》2017 年第 31 卷第 242 期，第 72～77 页。

择有利于实现合作"双赢"的产业进行发展是促进跨境经济合作的关键。

　　跨境合作的产业应以边界两边的比较优势为基础，发展关联性较强，具有竞争优势且对边界两边来说具有贸易互补性的产业。产业关联性是指集群内的企业处在相同或是相近的产业链上，具有前向、后向、横向的产业联系（胡大立，2006），产业关联所形成的专业性附属行业和技术外溢（Krugman，1991）对于调整产业的优势互补和协调发展、创造就业机会、延伸产业链条（杨先明，2009）、提升边境区域竞争力（Schmitz，1999）等方面具有重要的作用，从而使企业、产业和区域之间获得 1 + 1 > 2 的协同效应（吕涛和聂锐，2007）。跨境产业关联主要体现在以比较优势为基础的商品贸易流动，并促使以主导产业为核心的产业结构竞争和扩散（张建平和边祺，2009）。通过产业融合的联动机制（贸易、投资、技术转移、产业政策等）可以加强各国区域间产业联系（Kuchiki，2007），产业间的前后向联系有助于边界两侧市场的合并，提高边境区的市场潜力，能够吸引更多的企业和人口到具有接近外国市场区位优势的中心边境区集聚，形成"中心边境区"（Hanson，1996），从而实现边境区位优势的再造（李红，2006）。

　　产业选择是产业集群形成的历史起点（臧旭恒和何青松，2007），在选择过程中必定会受到自身和外界环境的影响和约束，产业区位黏性所产生的劳动成本（李瑞林，2009）、产业竞争效应（李逢春，2013）、地区要素禀赋（金祥荣等，2002）都是影响产业选择的重要因素。小岛清的"边际产业扩张论"和威尔斯（L. T. Wells）的"小规模技术理论"明确提出了要从比较优势和规模经济优势上进行产业选择。新经济地理学特别强调需求和产业成本关联对产业选择的决定作用（Krugman & Venables，1995），产业关联效应（Fujita & Krugma，2004）是影响区域产业非均衡分布的重要因素。因此，各区域应根据自身资源优势（Ellison et al.，1997）进行专业化分工，确定优势产业和主导产业，将资源优势转化为产业优势（李娟和王菲，2011），从而促进产业集群的形成。

　　本章通过灰色关联度、显示性比较优势指数和贸易互补性指数分析了中国（云南）和与之接壤的 GMS 国家（越南、缅甸和老挝）的产业关联以及产业间的比较优势和互补性，从而提出了中国（云南）在西南边疆促进跨境经济合作的产业路径。

二 研究方法

首先对中国（云南）与越南、缅甸和老挝的产业结构差异性与产业关联度进行了分析，然后测度了各个经济体在农业和制造业细分产业显性比较优势与贸易互补性，从而提出中国西南边疆云南省构建跨境经济合作区的产业路径。具体方法如下。

（一）产业结构差异性与产业关联度分析

1. 产业结构差异性分析

通过分析区域产业结构的差异程度，可以反映区际产业联系水平，以进一步判断区域产业结构对区域间产业联动和经济合作的影响。一般来说，区域内各地区间产业结构差异越大，则表明区域产业联系越紧密，地域分工水平越高。产业结构差异一般采用联合国工业发展组织国际工业研究中心推荐的相似系数指标进行分析，公式为：

$$S_{ij} = \frac{\sum (X_{ik} X_{jk})}{\sqrt{(X_{ik}^2)(X_{jk}^2)}} \tag{8-1}$$

其中，i, j 表示两个相比较的地区；S_{ij} 为相似系数，$0 < S_{ij} < 1$，若 $S_{ij} = 0$，说明相比较的两个地区产业结构完全不同，若 $S_{ij} = 1$，则说明二者完全相同；S_{ij} 越接近 1 则表明两个地区产业结构越相似，S_{ij} 越接近 0 则表明两个地区产业结构差异性越大。X_{ik}，X_{jk} 表示产业部门 k 在地区 i 和 j 的产业结构中所占比重。

2. 产业关联度分析

运用灰色关联分析法分析区位熵和产业关联度，区位熵又称专门化率，它由哈盖特（P. Haggett）于 1996 年首先提出并用来衡量区域内某一产业的专业化水平。

（1）计算各国家（地区）各产业的区位熵。产业区位熵的计算公式为：

$$Q_{ij} = \frac{N_{ij}/N_i}{P_{ij}/P_i} \qquad (8-2)$$

式中，i，j 表示 i 经济体和 j 产业；N_{ij}，N_i 表示 i 经济体 j 产业的国内（地区）生产总值和 i 经济体所有产业的国内（地区）生产总值；P_{ij}，P_i 表示经济体 j 产业的国内（地区）生产总值和所有产业的国内（地区）生产总值。区位熵 Q_{ij} 越大，说明 i 区域 j 产业专业化程度越高，反之则说明 j 产业的专业化程度越低。

（2）列出各产业的区位熵矩阵。各产业的区位熵矩阵为：

$$CQ_{ij} = \begin{bmatrix} Q_{11} & Q_{12} & \cdots & Q_{1n} \\ Q_{21} & Q_{22} & \cdots & Q_{2n} \\ \vdots & \vdots & & \vdots \\ Q_{m1} & Q_{m2} & \cdots & Q_{mn} \end{bmatrix} \qquad (8-3)$$

（3）灰色关联度分析。设定参考数列 $x_0(k)$，其他经济体产业结构序列为比较数列 $x_i(k)$，根据参考数列与比较数列的绝对差 $\Delta_i = x_0(k) - x_i(k)$ 可以得到 $\min(\Delta_i(\min))$ 和 $\max(\Delta_i(\max))$，根据（8-4）式计算关联度系数（刘卫锋和何霞，2011）为：

$$\xi_i(k) = \frac{\min(\Delta_i(\min)) + \rho\max(\Delta_i(\max))}{|x_0(k) - x_i(k)| + \rho\max(\Delta_i(\max))} \qquad (8-4)$$

式中，ρ 为分辨系数，其取值一直没有一个量化的方法，本章参照大多数文献的做法取值为 0.5。根据关联度计算公式 $r_i = \frac{1}{N}\sum_{k=1}^{N}\xi_i(k)$，进一步计算出同一产业在区域中的关联度 r_2。

（二）显性比较优势与贸易互补性分析

1. **显示性比较优势指数**（Revealed Comparative Advantage，RCA）

它是指一国某种商品的出口占该国（地区）总出口的份额与世界该产品出口占世界总出口的份额的比值（Balassa，B.，1965）。显示性比较优势指数被世界银行等国际组织广泛用来测算产品的竞争力。其计算公式为：

$$RCA = (X_{ij}/X_i)/(X_{wj}/X_w) \qquad (8-5)$$

式中，X_{ij} 为 i 经济体 j 产品的出口总额；X_i 为 i 经济体的出口总额；X_{wj} 为世界出口 j 产品的总额；X_w 为世界的总出口额。关于 RCA 指数取值范围的判断标准，本章采用日本贸易振兴会（JERTO）设定的判断产品显示性比较优势强弱的分界标准：若 RCA 指数大于 2.5，则该产业具有强竞争优势；若小于 2.5 但大于 1.25，则该产业具有较强竞争优势；若在 0.8 到 1.25 之间，则该产业具有中等竞争优势；若小于 0.8，则该产业处于比较劣势。

2. **贸易互补性指数**（Trade Complementarity Index）

该指数用来衡量各经济体之间的竞争和互补关系以及进出口结构的匹配程度。公式为：

$$C_{ijk} = RCA_{xik} \times RCA_{mjk} \qquad (8-6)$$

$$C_{ij} = \sum_i (RCA_{xik} \times RCA_{mjk}) \times (W_k/W) \qquad (8-7)$$

其中，$RCA_{xik} = (X_{ik}/X_i)/(W_k/W)$，$RCA_{mjk} = (M_{jk}/M_j)/(W_k/W)$。$RCA_{xik}$ 表示 i 经济体在 k 类商品上的显性比较优势指数，X_{ik} 为 i 经济体 k 类产品出口额，X_i 为 i 经济体所有产品出口总额，W_k 表示 k 类商品的世界出口额，W 表示所有商品的世界出口总额；M_{jk} 为 j 经济体进口 k 类产品的进口额，M_j 为 j 经济体所有产品进口总额。C_{ij} 表示 i 经济体与 j 经济体在 k 类商品上的贸易互补性指数。综合贸易指数是用各行业的贸易互补指数加权得到，权重为贸易中各产品所占的份额。$0 < C_{ij} < 1$，表示两经济体间的贸易互补性较弱；$C_{ij} > 1$，表明两经济体的贸易互补性较强，且数值越大说明互补程度越强。

三　实证分析

（一）数据来源与说明

根据 2013 年世界银行数据库、世界贸易组织（WTO）以及各国（地区）统计年鉴的数据，选取中国（云南）与越南、缅甸和老挝的三大产业作为主要的经济指标，将三大产业进一步划分为农业、林业、渔业、采掘业、制造业、电力煤气及水生产供应业、建筑业、运输仓储和邮政业、批发零售业、住宿餐饮业、金融业、房地产业、其他服务业①共 13 个产业。同时，考虑到云南省与越老缅三国的产业特征，对农业和制造业进行细分，共分为 12 个子产业：农产品、有色金属冶炼及压延加工业、采掘业、纺织业、服装业、木材加工业、交通运输设备制造业、食品加工业、化工及其制造业、电气机械及器材制造业、电子及通信设备制造业、高新技术产品制造业。

（二）计算结果与分析

1. 中国（云南）与越老缅三国产业结构差异性与产业关联度分析

从中国（云南）与越南、老挝、缅甸的总体产业结构数据（见表 8-1）可知，云南省与越老缅三国的产业结构具有一定相似性，第一、三产业所占国内生产总值比重较大，第二产业所占比重相对较小，各经济体经济发展相对落后，产业分工不明显且没有建立比较齐全的工业化体系。根据（8-1）式可以计算出云南省与越老缅三国三大产业的相似系数，分别为 0.9710、0.9078、0.9714，云南省与越老缅三大产业结构的相似度较高。

表 8-1 2013 年中国（云南）与越老缅三大产业结构及比重

单位：亿美元

国家（地区）	生产总值	第一产业		第二产业		第三产业	
		产值	比重（%）	产值	比重（%）	产值	比重（%）
云 南	1803.22	291.58	16	758.12	42	753.52	42
越 南	1712.05	376.65	22	684.82	40	650.58	38
老 挝	100.99	28.27	28	36.36	36	36.36	36
缅 甸	594.27	213.94	36	154.51	26	225.82	38

资料来源：根据世界银行数据库、云南统计年鉴整理。

从区位熵矩阵以及同一产业的关联度来看（见表 8-2），越南、缅甸和老挝在农业、渔业、运输仓储和邮政业等产业的区位熵较高，并且三国都具有专业化程度较高的产业，如越南在农业、渔业、制造业、批发零售业和房地产业上区位熵较高，老挝在农业、林业、渔业、采掘业、电力煤

---

① 因为国家统计口径不同，这里把租赁服务、社会管理、文体教育、社会福利等行业归纳到其他服务业中。

气及水生产供应业和批发零售业的区位熵较高，缅甸在农业、林业、渔业、运输仓储和邮政业、住宿餐饮业的区位熵比较高，特别是缅甸的林业、运输仓储和邮政业与住宿餐饮业的区位熵指标远高于1的水平，专业化程度较高。可以看出，缅甸和老挝在农林渔业和旅游业等方面发展较快且两国产业具有较高的相似性。云南省在采掘业、建筑业、金融业和其他服务业的区位熵高于其他三个国家，这也是与现实相符的。

表 8-2　2013 年中国（云南）与越老缅各产业的区位熵矩阵

产　业	云　南	越　南	老　挝	缅　甸
农业	0.6263	1.1797	1.5793	1.5180
林业	1.2520	0.2909	1.6751	2.1635
渔业	0.5342	1.2874	1.3248	1.5302
采掘业	1.2201	0.9413	1.1806	1.0469
制造业	0.8504	1.3755	0.8124	0.4042
电力煤气及水生产供应业	0.9807	0.8775	1.6502	1.0127
建筑业	1.3729	0.8320	0.6396	0.4139
运输仓储邮政业	0.6859	1.0010	0.8187	1.9812
批发零售业	0.9138	1.2266	1.0778	0.5955
住宿餐饮业	0.8282	0.7784	0.2539	2.2865
金融业	1.6933	0.5511	0.3585	0.2984
房地产业	0.9596	1.2558	0.6372	0.4474
其他服务业	1.2357	0.8504	0.6312	0.7785

资料来源：根据世界贸易组织（WTO）、云南统计年鉴资料整理计算。

云南省与越老缅三国不同产业间的关联度（见图 8-1）也各不相同，关联度最高的采掘业为 0.8539，这和地区的资源禀赋有关。在电力煤气及水生产供应业、房地产业、其他服务业的关联度较强，都大于 0.7，关联度最低的金融业为 0.51。由于存在国别的差异，云南省与越南、缅甸和老挝之间的合作并没有打破地域限制，金融管制较强，没有建立起相应的跨境金融体系。

总的来说，云南省与越老缅三国各产业的区位熵各不相同，具有各自的产业优势且产业关联度较强，均大于 0.50，具有良好的产业合作基础。同时，各经济体在农业和林业的区位熵比较高但关联度不强，说明在农业和林业方面的合作并不多，这与经济体之间的产业同质性存在一定关系。

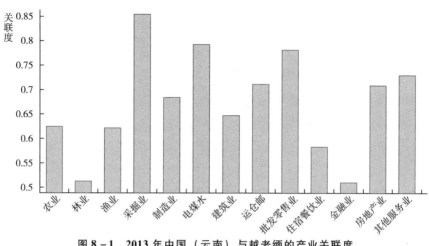

图 8-1 2013 年中国（云南）与越老缅的产业关联度

2. 中国（云南）与越老缅三国细分行业的显性比较优势与互补性分析

中国云南省与越老缅农业和制造业细分行业的显性比较优势指数如表 8-3 所示。

表 8-3 2013 年中国（云南）与越老缅农业与制造业细分行业显性比较优势指数

产业	农产品	有色金属冶炼及压延加工业	采掘业	纺织业	服装业	木材加工业	交通运输设备制造业	食品加工业	化工及其制造业	电气机械及器材制造业	电子及通信设备制造业	高新技术产品制造业
云南	1.6475	8.7337	1.0890	3.3509	1.1781	0.2468	1.5729	47.4085	1.0360	16.7951	2.4718	5.5165
越南	1.9247	1.0507	0.3791	2.1773	5.3555	4.3656	0.1912	1.8860	0.2757	3.2147	0.9460	0.4566
老挝	2.2859	5.5414	1.8727	1.2527	0.9175	1.4271	0.0072	0.8742	0.0397	0.2510	0.0398	0.0468
缅甸	2.8920	2.6369	1.8929	1.1935	4.1381	8.7863	0.0852	2.2467	0.1280	0.4916	0.2953	0.4629

资料来源：根据 WTO 数据库，云南省、越南和老挝统计年鉴数据整理计算。

表 8-4 2013 年中国（云南）与越老缅农业与制造业细分行业竞争优势比较

RCA 指数	强竞争优势 (RCA > 2.5)	较强竞争优势 (1.25 < RCA < 2.5)	中等竞争优势 (0.8 < RCA < 1.25)	弱竞争优势 (RCA < 0.8)
云南	有色金属冶炼及压延加工业、纺织业、食品加工业、电气机械及器材制造业、高新技术产品制造业	农产品、采掘业、交通运输设备制造业、化工及其制造业、电子及通信设备制造业	服装业、采掘业	木材加工业

续表

RCA 指数	强竞争优势 (RCA > 2.5)	较强竞争优势 (1.25 < RCA < 2.5)	中等竞争优势 (0.8 < RCA < 1.25)	弱竞争优势 (RCA < 0.8)
越南	服装业、木材加工业、电气机械及器材制造业	农产品、纺织业、食品加工业	有色金属冶炼及压延加工业、电子及通信设备制造业	采掘业、交通运输设备制造业、化工及其制造业、高新技术产品制造业
老挝	有色金属冶炼及压延加工业	农产品、采掘业、纺织业、木材加工业	服装业、食品加工业	高新技术产品制造业、交通运输设备制造业、电子及通信设备制造业、化工及其制造业、电气机械及器材制造业
缅甸	农产品、有色金属冶炼及压延加工业、服装业、木材加工业	采掘业、纺织业、食品加工业		交通运输设备制造业、化工及其制造业、电子及通信设备制造业、电气机械及器材制造业、高新技术产品制造业

表 8-3 表明，云南省在有色金属冶炼及压延加工业、纺织业、食品加工业、电气机械及器材制造业、高新技术产品制造业具有强竞争优势，在农产品、采掘业、交通运输设备制造业、化工及其制造业、电子及通信设备制造业有较强的竞争优势，原因是云南省拥有丰富的矿产资源以及中国内陆强有力的技术支持，而在木材加工的竞争优势上较弱。越南在服装业、电气机械及器材制造业、木材加工业等具有强竞争优势，在采掘业、化工及其制造业、交通运输设备制造业、高新技术产品制造业的竞争优势较差。缅甸和老挝在农产品、有色金属冶炼及压延加工、木材加工等行业具有较强竞争优势，这取决于老缅两国拥有优越的气候条件、丰富的自然资源与廉价劳动力。但是，老挝和缅甸在电气机械及器材制造业、电子及通信设备制造业以及高新技术产品制造业等对技术要求较高的行业竞争优势很弱。因此，各经济体的比较优势是建立在劳动密集型产业和资源要素禀赋的基础上，资本密集型产业的竞争优势并不明显。具体的行业竞争指数如表 8-4 所示。

从细分行业的贸易互补指数（见表 8-5）来看，云南省与越老缅三国在农产品、有色金属冶炼及压延加工、采掘业、纺织业、食品加工业等行业的贸易互补指数较强。特别是在有色金属冶炼及压延加工、食品加工业和纺织业上尤为明显。从贸易关系上来看，云南在农产品、有色金属冶炼及压延加工、采掘业、纺织业、食品加工业、电气机械及制造业、高新技术产品制造业与越老缅三国的进口具有较强的互补性。越老缅三国在农产品、有色金属冶炼及压延加工业、采掘业、纺织业、服装业、木材加工业、食品加工业与云南省的进口具有较强的互补性。

表 8 - 5　2013 年中国（云南）与越老缅农业和制造业行业细分贸易互补性指数

行　业	云南－越南	云南－老挝	云南－缅甸	越南－云南	老挝－云南	缅甸－云南
农产品	1.9214	2.5052	1.2966	10.5367	12.5141	15.8321
有色金属冶炼及压延加工业	20.0697	14.7247	27.8200	6.2867	33.1553	15.7768
采掘业	1.8719	0.9693	1.1849	1.0125	1.0165	3.0974
纺织业	15.4947	13.1234	12.1897	5.1301	2.9516	2.8123
服装业	0.2368	1.6979	0.7916	5.9631	1.0216	4.6076
木材加工业	0.3017	1.1537	0.5912	38.7888	12.6798	78.0682
交通运输设备制造业	0.2339	1.0087	0.4591	0.2937	0.0110	0.1309
食品加工业	47.3550	45.6042	42.5041	13.8089	6.4010	16.4506
化工及其制造业	0.5804	0.9107	0.9564	0.5274	0.0760	0.2451
电气机械及制造业	2.0705	2.7668	3.8064	1.9723	0.1540	0.3016
电子及通信设备制造业	5.4077	1.1221	0.6011	6.9995	0.2943	2.1849
高新技术产品制造业	10.8232	0.0564	2.6083	6.7874	0.6954	6.8824

注：国家（地区）组别中前一个为出口国（地区），后一个为进口国（地区）。

另外，从中国云南省与越老缅三国的综合贸易互补指数看，云南出口与越南、老挝和缅甸进口的贸易互补性指数较强，分别为 5.1049、4.6434 和 4.5109，均大于 4.5；云南进口与越南、老挝和缅甸出口的贸易互补指数较强，分别为 3.1604、2.5293、4.1782，均大于 2.5。

总体而言，中国云南省与越老缅三国由于产业的资源要素禀赋差异而各自具有比较优势；同时在农业、有色金属冶炼及压延加工业、采掘业、纺织业、食品加工业等行业贸易互补性较强，且综合贸易互补性较强，各经济体可通过降低边界效应和营造有利的投资环境促进跨境经济合作，从而实现规模化生产获得"分工红利"，进而促进区域经济的发展。

四 结论与政策含义

本章通过灰色关联度、显示性比较优势指数和贸易互补性指数测度了中国（云南）与越老缅三国的产业关联度以及产业间的比较优势和贸易互补性，从而得出了以下结论。首先，云南省与越老缅的产业关联度较强，具有很好的产业合作基础，其中采掘业的关联度最强，金融业的关联度最低；其次，云南省与越老缅的比较优势与其要素禀赋密切相关，但在比较优势上存在差异；另外，云南省与越老缅在资源产业和劳动力密集型产业的互补性较强，资本密集型和技术型制造业的互补性指数较弱。因此，云南省应该大力发展农产品以及资源型行业以促进跨境经济合作。

以上结论具有以下政策含义。

（1）培育跨境支柱产业。各经济体在自然禀赋和技术水平等方面具有极大的相似性，跨境经济合作区主导产业选择的重点应该放在同时具有比较优势和互补性且关联性强的资源密集型和劳动密集型产业上，包括农产品、有色金属冶炼及压延加工业、采掘业、纺织业、食品加工业等产业，发挥支柱产业的比较优势和带动效应来推动跨境经济合作。

（2）构建跨境产业合作带。中国（云南）－越南跨境经济合作区应该重点培育农产品、有色金属冶炼及压延加工业、交通运输设备制造业、纺织业等优势产业，中国（云南）－老挝跨境经济合作区应该重点培育农产品、采掘业、有色金属冶炼及压延加工业等优势产业，中国（云南）－缅甸跨境经济合作区应该重点开发农产品、纺织业、有色金属冶炼及压延加工业等优势产业，从而提升产业合作层次，形成以优势产业为主导，产业配套完善、规模优势明显、辐射带动作用强的优势产业集群。

（3）构建跨国产业链。中国（云南）与越南、老挝和缅甸应该加快农业、林业、纺织业、采掘业等产业的跨区域重组和资源合理配置，通过专业化分工加强产业间的横向和纵向联系，扩大生产规模，形成具有区域优势的集群式产业链，建立区域产业合作机制，使双方的发展更加融合到国际分工体系中去。

第九章

跨境地区融资环境分析

一 引言

（一）问题的提出

2010 年以来，中国人民银行先后出台了《中国人民银行、银监会、证监会、保监会关于进一步做好中小企业金融服务工作的若干意见》《中国人民银行关于进一步加强信贷管理扎实做好中小企业金融服务工作的通知》等政策文件，要求银行业金融机构把改进中小企业金融服务、扩大中小企业信贷投放作为重要战略。相对中东部地区而言，跨境地区的中小企业比重较高，同时跨境地区的融资环境较为恶劣，它会严重阻碍中小企业的发展。因此，如何改良跨境地区融资环境，以减小中小企业融资阻力将成为未来西部发展需要解决的重点问题之一。

融资环境包含的内容很多，可分为三个层次：首先是一系列关于经济、政治稳定以及国家外贸外资的法规或政策；其次是一国监管框架的有效性，它涉及市场进入与退出、劳动关系、金融与税收的效率与透明度等；最后是可利用的金融服务的数量和质量。在改良西部地区融资环境的过程中，应遵循"优先"原则，即优先推进融资环境中对中小企业融资行为产生较强影响的因素。①

---

① 为什么采用"优先"原则？因为完善融资环境是一个复杂的任务，政府能力是有限的，全面推进这一任务是缺乏效率的，优先重点改良影响较强的因素是具有效率的。

中小企业融资行为主要包括"初始投资行为"和"新增投资行为"两个方面，融资环境中对这两种行为产生较强影响的因素存在差异，应分别研究两种行为所受的影响。基于这一目的，将结合实地调研数据，运用多项 Logit 模型研究融资环境对中小企业初始投资动机的影响和二项 Logit 模型研究融资环境对它们新增投资行为的影响；另外，这里也将分析融资环境对企业绩效的影响。

（二）文献综述

中小企业融资难的问题一直是一个研究热点。经验表明在企业的融资结构中，银行和其他金融机构的贷款是企业最主要的外援性债务融资渠道。由于在借款过程中存在信息不对称和道德风险因素，银行会采用增加利息和信贷配给的方式防范风险。在影响民营中小企业融资行为众多因素中，银企之间的信息不对称是最基本和最深层次的。利率管制理论还认为政府的利率管制使得银行不能根据风险差别定价，从而限制了银行向企业提供贷款，尤其是中小企业贷款更加困难。

在解决中小企业融资的问题上，良好的金融服务环境能够通过为企业提供多种完善的融资渠道和融资方式，以满足企业在不同发展阶段的财务资源需求，良好的金融服务环境能提高企业获取财务资源的便利性并降低获取成本，在实践中，我国中小企业财务资源的外部获取途径主要包括银行借贷、民间借贷和亲友借贷等。长期互动假说认为担保机构与当地企业长期合作，对地方企业经营状况了解程度逐渐增加，产生"长期互动"效应，因此建立中小金融机构是解决中小企业融资困境的有效手段。总之，加快金融制度创新，优化融资环境是解决中小企业融资难问题的重要突破口。

从融资方式来看，融资环境又包含内部和外部两种方式。根据融资有序理论，一般情况下企业经营者倾向于选择内部融资方式而不是外部融资方式，倾向于选择债务融资而非股权融资。不同企业在不同的成长阶段对资金的需求也是不同的，小的成长型企业可以寻找内部资金，如自己的积蓄、亲友的资金等，但是在企业成长起来的过程中，企业会有一个从内部融资到外部融资的转折点，即需要从银行、公共债券或权益市场融资。企业融资的控制权理论认为企业的融资结构在决定企业收入流分配的同时，也决定企业控制权的分配，由于合约缺乏完备性，控制权的分配是非常重要的。不同于内部融资方式，中小企业若想健康持续地发展下去，优化融资环境以保障外部融资方式繁荣是最终落脚点。

从融资环境对企业行为的影响来看，它可分为两类：对企业初始投资动机的影响和对新增投资的影响。

20世纪50年代以来对于外商直接投资的理论研究就主要集中于投资动机与区位因素方面。外商直接投资是一种理性经济行为，是为了追求成本最小化和利润最大化。企业对外投资的动因分为四种类型，其中资源导向和市场导向动因是初始对外投资的主要动因，生产要素导向和战略资产导向是企业追加对外直接投资的主要动因。Kojima（1978）将发达国家向发展中国家进行对外投资的动机分为三类，即自然资源导向型、生产要素导向型和市场导向型。政府激励理论认为，市场的不完全性要求政府干预来实现资源优化配置，政府可通过采取相应的激励政策，来引导外商的投资流向，影响FDI的区位选择。制度学派着重分析东道国政治、经济、法律甚至体制等因素对吸引FDI的影响，发现金融发展因素也是东道国有效吸引FDI的重要原因。

融资环境对企业新增投资的影响一般从企业投资的融资约束方面来考虑。在一个不完善的资本市场里，信息不对称的问题和代理问题都会造成外部融资的成本高于内部融资的成本，并且由于这种融资约束的存在，企业的投资行为不仅取决于投资需求，也受到内部资本的影响。企业的融资约束不但受到企业的规模、成长性、盈利能力以及资产结构等自身因素的影响，而且在很大程度上取决于一个国家的金融发展水平，如金融业的市场化程度、竞争程度以及信贷资金分配的市场化程度等。发达的金融市场能有效地减轻信息不对称的程度和代理问题，降低企业的融资约束，并通过这一微观的传导机制促进经济的发展。一些学者利用主成分分析等方法进行实证发现，在经济环境子系统中，金融环境因素对内资和外资的影响力最弱，但其选用代表金融环境因素的指标是通货膨胀率和贷款利率，并不能有效反映金融环境的影响；或使用调研数据研究一个县的政策环境，运用层次分析法对各政策环境因素赋予权重，研究发现融资环境政策中的信用担保状况对投资的影响是非常重要的。另外，从民营投资进入政策、投资融资政策、投资服务政策、投资权益保障政策入手，分析了制约民营经济进一步发展的外部环境和制度问题，并提出相应的对策和建议。

针对西南边疆地区融资环境的研究较少，这里可借鉴区域金融方面理论来研究西部边境地区融资环境问题。众多学者认为，西部经济发展落后与资金规模、投融资体制、经济结构、市场化程度、开放度、国家政策等因素均密不可分，其中认为资本形成（一个经济落后的国家或地区如何筹集足够的、实现经济起飞和现代化的初始资本）不足是西部经济发展落后的主要原因，而资金配置效率是问题的症结。在完善和发展金融体系的功能方面做了细致的研究，认为要打开跨境地区金融体系的单一化这一瓶颈约束，必须加快西部金融体系的发展步伐，尽快造就一个多层次、多样化、功能完善的金融体系，以更好地服务于西部经济发展和经济结构调整。在中国跨境地区，非公有制经济在发展中出现的资源匮乏、技术创新乏力、规模过小、市场占有率低等问题，归根到底在于资金的严重不足。因此，需要通过多种融资渠道获得资金支持，必须从内部和外部双方面构建非共有良好融资环境，培育西部边境区域金融发展模式，发展跨境地区中小金融机构，从而改善西部融资环境。

综上所述，跨境地区经济发展较为滞后，融资环境较为薄弱；融资环境会对中小企业发展造成重要影响，这里有必要借助实证分析手段探讨融资环境中哪些因素的影响更强。由于中国 – GMS 边境地区是跨境地区中的"西部"，它的微观主体几乎是中小企业，且融资环境更为恶劣，因此，选择它作为研究对象具有典型意义，特别是在当前"一带一路"战略背景下，国家正大力推进边境地区发展，本研究将具有很强的现实意义。

二 金融结构与经济发展现状分析

本章所研究的中国 – GMS 边境地区指的是云南省与周边国家接壤的边境城市，为了研究该区域的融资环境，我们需要对云南省及周边国家的金融经济发展状况有初步认知。

（一）云南省金融结构与经济发展现状

云南省位于中国西南边陲，一直以来西部各省的经济发展比较落后。

近年来，云南省从转变观念入手，以转变经济发展方式为主线，大力推进"两强一堡"建设，经济发展迅速。2016 年云南省地区生产总值 14869.95亿元，比上年增长 8.7%，高出全国 2.0 个百分点。对外贸易平稳发展，进出口总额在 2016 年达到 1323.2 亿元。

云南省金融业经过改革，在地方和国家政府的政策支持下逐步发展起来，形成了以国有控股金融机构为主的涵盖银行、证券、保险和其他非银行金融业务的金融机构组织体系，并通过发展市场化融资体系和不断改进金融服务方式为改善企业融资环境做出了巨大的努力。

1. 云南省银行业金融机构发展情况

（1）银行业存款贷款结构

银行等金融机构的存款由企业存款、财政存款、城乡居民储蓄存款和其他存款构成，是区域内重要的金融资产。由表 9-1 可知，在云南省的存款资产中城乡居民储蓄存款占绝大部分的比重，2010~2014 年一直在全部存款余额中保持 43% 左右的份额，企业存款比重次之，保持着 30% 左右的份额，总体来说存款总额的增速是趋缓的。城乡居民储蓄和企业存款在近几年来一直保持着飞速增长，这也从一定程度上反映了云南省经济发展状况良好。

表 9-1　云南省银行业金融机构各种金融资产情况

单位：亿元

年　份	2010	2011	2012	2013	2014
银行业金融机构各项存款（余额）	13478.66	15429.41	18061.48	20829.24	22528.00
企业存款	4502.92	8038.83	9490.02	10937.22	11647.80
财政存款	327.77	374.75	354.78	342.78	560.50
城乡居民储蓄存款	5744.64	6711.20	7775.22	9004.00	9733.80
银行业金融机构各项贷款（余额）	10705.99	12347.00	14168.99	16128.90	18368.40
短期贷款	2702.96	3172.41	4126.52	5032.28	5763.90
中长期贷款	7771.89	8917.22	9644.39	10600.03	11935.60

资料来源：《中国金融年鉴》（2015），中国金融出版社。

由表 9-1 中银行贷款结构看出，近五年来贷款发放增速较快，贷款余额在 2010 年已突破万亿元，这说明云南省经济发展迅速，企业的资金需求日益增加。在贷款余额中中长期贷款占比大且增速快，2010 年全年增长了 38.3%，高于各项贷款平均增速 17.9 个百分点，这是由近年来云南省投资增长快速、房地产需求日渐旺盛加之银行偏好收益稳定的中长期贷款造成的。

在贷款投向的行业结构上，近年来云南省新增企业贷款大部分投向了交通物流、制造、能源和市政建设等行业，新增涉农贷款、中小企业贷款和创业小额担保贷款也增速较快，云南省加大了对中小企业的扶持力度。

（2）银行业机构发展状况

银行业是云南地区金融体系主体，为区域经济发展提供了基本的金融服务，云南银行业担负着为政策性融资和企业经营性融资的双重义务，从而对云南的经济增长产生了一定的作用。

表 9 - 2 反映云南省 2010 ~ 2014 年来银行机构情况，各银行业机构近年来保持着较稳定的数量，其中大型国有商业银行机构数占比很大，是云南省提供金融服务的主体，股份制商业银行和城市商业银行发展较不足，尤其是外资银行数量极少。此外，云南省银行业市场竞争结构不合理，国有银行不论在机构网点还是金融业务上都高度垄断，这导致云南省资金出现比较严重的外流现象。

表 9 - 2   云南省银行业金融机构情况

单位：个

年 份	2010	2011	2012	2013	2014
大型国有商业银行	1551	1566	1584	1594	1600
股份制商业银行	138	147	163	183	296
城市商业银行	131	137	149	161	174
新农村合作金融机构	17	23	42	57	67
外资银行	2	3	4	4	6

资料来源：《中国金融年鉴》（2015），中国金融出版社。

2. 云南省证券业发展情况

1988 年 9 月，经中国人民银行总行批准，云南省证券公司成立，是省人民银行独资开办的证券机构。此后，根据证券市场发展的趋势，云南省人民银行又批准了几家信托投资公司设立证券营业部。到 2015 年底云南省共有 2 家证券公司（红塔证券和太平洋证券），红塔证券大力开展业务创新，太平洋证券经营管理日益规范，本土券商发展势头稳定。截至 2015 年年末，辖区内共有 2 家期贷公司和 24 家营业部。期贷市场累计成交金额为 78557.46 亿元，投资者数量已达 2.72 万户。

表 9 - 3　2015 年云南省证券业基本情况

单位：个，亿元

项　目	数　量
总部设在辖区内的证券公司数	2
总部设在辖区内的基金公司数	0
总部设在辖区内的期贷公司数	2
年末境内上市公司数	30
境内上市公司总市值（亿元）	3875.95
证券交易累计总额（亿元）	42885.43
A 股累计交易总额（亿元）	33410.13
B 股累计交易总额（亿元）	17.48
基金累计交易总额（亿元）	1101.83
债券累计交易总额（亿元）	71.52

资料来源：中国证监会云南局。

自云南白药作为改革开放以来云南省首家上市公司的 20 年间，云南省上市公司从 1 家增加到 2015 年的 30 家。如表 9 - 3 所示，部分企业开始选择直接融资的方式，2015 年云南省内 A 股累计交易总额已达 33410.13 亿元，2010 年云南省股票累计开户数 292.7 万户，证券市场累计总成交金额为 33427.61 亿元，云南资本市场整体保持快速增长态势。

3. 云南省融资方式和金融工具使用情况

近十年来，虽然云南省贷款的比重下降幅度很大，但如表 9 - 4 所示，贷款融资占比都在 80% 以上，占整个金融资产的绝大部分，云南省的融资方式以向银行贷款的间接融资方式为主。由表 9 - 4 可知，2005 ~ 2014 年，企业债券融资占比呈现波动特征，但总体而言显示着一种增长的态势，说明企业利用债券市场融资的能力在增强。作为西方国家企业融资重要渠道之一的企业债券在云南省金融资产中所占份额不大，一部分原因与政府的意图和政策有很大关系，另外由于企业债券市场信用机制不健全，信用秩序混乱也严重影响云南省企业债券的信誉。云南省企业通过资本市场的直接融资能力相对较弱，但在国家的政策支持下企业 2014 年年末累计直接融资已达 1214.32 亿元，直接融资的规模正迅速扩张，股票资产占全部金融资产的比重不断攀升，充分显示出云南省资本市场正随着经济发展而日渐活跃起来。

表 9 - 4 云南省非金融机构融资结构

年　份	融资量（亿元人民币）	比重（％）		
		贷　款	债券（含可转债）	股　票
2005	669.40	98.80	1.20	0.00
2006	878.80	93.30	4.60	2.20
2007	963.70	91.60	- 0.40	8.80
2008	1226.10	88.50	6.50	5.00
2009	2320.10	95.00	1.50	3.50
2010	2190.90	84.40	13.10	2.60
2011	1782.50	92.20	3.70	4.10
2012	2107.70	86.10	13.90	0.00
2013	4268.00	87.50	6.60	2.40
2014	3092.00	—	—	—

资料来源：Wind 数据库。

金融市场工具包括国库券、可转让大额存单、商业票据、银行承兑票据、回购协议、股票、公司债券等。就金融工具而言，云南省的金融工具种类单一，交易量小，发放贷款是储蓄－投资转化的最主要途径。云南省的私营及个体经济较少，国有集体企业经营状况欠佳，债务链条长，商业票据信用度低，办理承兑票据也少，从而票据市场中不仅缺乏交易主体而且票据种类和数量少，票据周转也慢。

（二）周边国家金融结构与经济发展现状

发源于中国青藏高原唐古拉山的湄公河，自北向南流经中国、缅甸、老挝、泰国、柬埔寨、越南六国，全长 4880 公里，是亚洲很重要的河流。大湄公河次区域合作机制就是在这六国独特地理位置的基础上建立起来的。为了研究中国－GMS边境地区融资环境，上文先对中国云南省金融状况进行了研究，下面再对老缅越三个国家的经济金融分别进行分析。

1. 越南

近20年以来，越南的社会和经济飞速发展，经济结构日趋工业化，越南境内湄公河流域所涉及的11个省的工业以农副产品加工业和建材业为主，主要工业包括粮油加工、榨糖、纺织、编织、日用化工、水产品加工、林产品加工、制药、皮革、建材、机械制造和水电等。2010年越南人均GDP达到3070美元，国内生产总值1064.3亿美元，同比增长7%。2010年，中越双边贸易额为300.9亿美元，比2008年增长54.6%。其中，中国对越南出口231.1亿美元，进口69.8亿美元，分别比2008年增长52.8%和60.8%。从品种来看，中国对越南主要出口商品是纺织品、高新技术产品、钢材、农产品等；自越南进口主要商品是机电产品、煤、高新技术产品、农产品、纺织品、原油、天然橡胶等。截至2010年底，越南累计在华实际投资达1.2亿美元，中国对越南直接投资累计达9.9亿美元。

越南的金融业以银行为主，但资本市场也发展迅速。从2000年胡志明市证券交易中心成立发展至今，越南股市共有上市公司200多家，流通股总市值超过400亿美元，尤其是2009年以来，越南经济发展迅速，股市受到全世界投资者的热捧。越南银行业发展迅猛，资产总额以年均30%的速度快速增长。截至2011年6月30日越南银行业总资产总额比2000年增长21倍，达4496.5万亿越盾。其中，银行业自有资产总额为378.63万亿越盾，比2010年增长45.57%，比2000年增长36倍。越南商业银行存贷款余额分别为2369.945万亿越盾和2479.452万亿越盾，比2010年分别增长20.17%和28.21%。股份商业银行的市场份额不断扩大，2011年6月30日股份商业银行的存款总余额比2010年增长4.54%，超过国有商业银行，跃升第一位，占银行系统存款总余额的47.71%。同期，国有商业银行存款总余额则下降5.21%，所占份额也由2008年的56.88%下降到43.86%。股份商业银行的贷款总余额占银行贷款总余额的比重由2008年的26.52%上升到37.78%；国有商业银行的比重则由58.15%下降到49.09%。

表 9-5 越南金融市场数据（GDP 占比，%）

种类	2002 年	2003 年	2004 年	2005 年	2006 年	2007 年	2008 年
存款	48	52	60	67	78	99	92
贷款	45	52	61	70	75	93	93
股票市场	0.96	2.06	3.05	5.55	22.61	43.38	15
公债	NA	7.3	8.4	8.2	8.1	13.7	15.1
保险费	1.44	1.72	2.00	1.63	1.54	1.44	NA
养老金	3.45	3.59	4.12	4.04	3.70	NA	NA

资料来源：世界银行《2009 越南发展报告》。

如表 9-5 所示，越南的金融市场这几年快速发展和多样化起来，银行存款在 GDP 中占比从 2002 年的 48% 增长到 2007 年的 99%，股票市场的资本化程度也由 2002 年的 0.96% 增加到 2008 年的 15%。公债、保险和养老金在 GDP 中的占比较为稳定，但是规模很小。尽管银行业在越南的正规金融中表现突出，但人均的占有率只有 10%，所以非正规金融在解决个人、企业和村镇地区信息不对称问题时有其固有的竞争优势。越南现有 5 家国有商业银行，37 家股份制银行和 37 家外资银行分支机构，6 家合资银行和 2 家政策性银行。表 9-6 所示，越南国有商业银行资产在金融资产中占比最大，但存款份额占比由 2001 年的 80.8% 降到了 2007 年的 58%，贷款余额占比也由 2001 年的 73% 降到了 2007 年的 54%，这是由于金融危机之后越南的国有企业几乎全部从国有银行借贷，造成大量的坏账，加重了国

表 9-6 越南银行部门统计数据（GDP 占比，%）

种 类	2000 年	2001 年	2002 年	2003 年	2004 年	2005 年	2006 年	2007 年
	存款市场份额							
国有商业银行	78.4	80.8	80.5	79.5	78.1	78.6	70.0	58.0
股份银行	11.3	9.2	10.1	11.2	13.2	14.3	22.0	29.0
外资银行分支和合资银行	10.3	10.0	9.4	9.3	9.7	7.1	8.0	13.0
种 类	信贷市场份额							
国有商业银行	72	73	74	73	75	68	63	54
股份银行	11	13	15	15	14	16	27	38
外资银行分支和合资银行	17	14	12	13	12	16	10	8

资料来源：世界银行《2009 越南发展报告》。

有商业银行的负担。由数据看出，近年来尤其是 2006 年和 2007 年，越南股份制银行的份额在急剧增加，其中存款市场份额在 GDP 中占比由 2000 年的 11.3% 增加到 2007 年的 29%，说明越南银行业的市场化和多元化程度越来越高。外资银行的存款余额占比在金融危机后有所增加，而贷款余额占比却从 2000 年开始逐渐减少，说明越南经济虽然开始复苏，但外资银行对越南市场的前景不太看好，放贷的意愿不强。

2. 老挝

老挝是东南亚非常落后的国家之一，经济以农业为主，工业基础薄弱。2010 年人均 GDP 为 2440 美元，GDP 总值为 72.96 亿美元，近年来老挝经济增速稳定，平均增长率为 8%。2010 年，中老双边贸易额为 10.5 亿美元，比 2008 年增长 150.0%。其中，中国对老挝出口 4.8 亿美元，进口 5.7 亿美元，分别比 2008 年增长 77.8% 和 28.0%。从品种来看，中国对老挝主要出口商品是机电产品、纺织品、服装、高新技术产品、汽车、摩托车等；自老挝进口主要商品是矿砂、铜材、农产品、锯材、天然橡胶等。截至 2010 年底，老挝累计在华实际投资达 3761 万美元，中国对老挝直接投资累计达 8.5 亿美元。

老挝金融环境相对宽松，外汇管制放宽，为外国投资者提供了较好的投资环境，但金融业务种类仍较单一，证券市场在 2010 年刚起步，规模非常小，此外，日本、泰国等国的保险公司进入老挝并经营保险金融业务，但银行业是老挝金融体系的主导。老挝国家银行是老挝的金融管理部门，下设老挝开发银行、农业发展银行、老挝外贸银行和老挝政策银行。老挝政府鼓励外国金融机构到老挝设分支机构或成立合资企业，目前已有 4 个合资银行，即合作开发银行、老越银行、老法银行、老泰银行；2 个私营银行，即万象商业银行、蓬沙旺银行和 1 个外资银行代表处，即渣打银行代表处；7 个外资银行，即大众银行、曼谷分行、SIAM 银行、阿由他雅银行、泰京银行、泰国军人银行、印度支那银行等。

老挝银行资产少，经营方式单一，未建立个人信用体系，银行惜贷，贷款条件及利息较高。由表 9 - 7 和表 9 - 8 看出，老挝 2004 ~ 2009 年商业银行的存款和贷款余额在 GDP 中占比虽然不大却是逐年增加的，这也反映出老挝经济的缓慢增长形势，老挝的金融机构以商业银行占多数，在 2009

年有 23 家商业银行和 9 家其他金融机构，机构数量较少也反映出其经济规模很小。

表 9 – 7　老挝金融市场数据（GDP 占比，%）

年　份	2004	2005	2006	2007	2008	2009
商业银行存款余额	16. 90	15. 89	16. 25	19. 28	19. 51	23. 91
商业银行贷款余额	23. 47	23. 64	23. 14	27. 60	29. 23	36. 68

资料来源：IMF 数据库。

表 9 – 8　老挝金融机构统计

单位：个

年　份	2004	2005	2006	2007	2008	2009
商业银行数量	12	12	13	16	20	23
其他金融机构数量	5	6	7	8	8	9

资料来源：IMF 数据库。

3. 缅甸

缅甸资源丰富，但经济比较落后，经济结构以农林为主，占国内生产总值 50% 左右，工业产值仅占 10% 左右，制造业是以自然资源为基础的，以食品和饮料制造业为主。2010 年缅甸人均 GDP 仅为 1950 美元，GDP 总值为 223. 49 亿美元，同比增长 10%。2010 年，中缅双边贸易额为 44. 4 亿美元，比 2008 年增长 68. 8%。其中，中国对缅甸出口 34. 8 亿美元，进口 9. 6 亿美元，分别比 2008 年增长 75. 8% 和 47. 7%。从品种来看，中国对缅甸主要出口商品是纺织品、高新技术产品、钢材和汽车等；自缅甸进口主要商品是农产品、原木等。截至 2010 年底，缅甸累计在华实际投资达 8972 万美元，中国对缅甸直接投资累计达 19. 5 亿美元。

缅甸的证券业和保险业比较空白，金融业以银行为主。国有商业银行共有 4 家，即缅甸经济银行、缅甸投资与商业银行、缅甸外贸银行和缅甸农业发展银行。除缅甸农业发展银行外的三家银行均可经营外汇交易和信用证业务。缅甸融资条件非常有限，银行业一般只提供短期、担保和定期贷款，对中长期、免担保和其他融资品种则完全没有涉及。缅甸银行不贷款给没有抵押品的企业，抵押贷款也只能达到资产价值的 50%。多数缅甸私营银行是私营企业集团的中心，往往倾向于向关联企业贷款，这使得缅甸中小企业的融资环境非常恶劣。

由表9-9可知缅甸除银行外的金融机构很少，商业银行数量也稳定维持在20家。2010年5月，缅甸中央银行批准成立4家私营银行，截止到2012年共有15家私营银行获准成立，这使得缅甸银行业在服务、经营方面都会产生竞争，也能够为企业和百姓提供更多选择。而外资银行则因无法获得营业许可执照而无法开展业务，外资银行代表处的数量也有所减少。

表9-9 缅甸金融机构统计

单位：个

年 份	2004	2005	2006	2007	2008	2009
商业银行数量	25	23	20	20	20	20
其他金融机构数量	2	2	2	2	2	2

资料来源：IMF数据库。

表9-10表明缅甸的存款中大部分是企业存款，并且企业存款余额逐年递增，2010年在GDP中占比达到6.00%，而相比之下居民的储蓄能力是不足的。

表9-10 缅甸存款贷款内部结构（GDP占比，%）

年 份	2004	2005	2006	2007	2008	2009	2010
全部存款余额	5.61	6.09	5.73	5.49	5.57	6.46	8.96
企业存款余额	4.29	4.44	4.13	3.76	3.73	4.29	6.00
居民储蓄存款余额	1.32	1.65	1.60	1.73	1.85	2.18	2.96
全部贷款余额	3.37	3.32	3.44	2.82	2.65	2.82	3.52
企业贷款余额	3.33	3.25	3.36	2.74	2.58	2.74	3.43
居民贷款余额	0.05	0.07	0.08	0.08	0.07	0.08	0.09

资料来源：IMF数据库。

三 融资环境数据的描述性统计分析

本研究的调查地点主要为云南省边境地区的经济开发区和贸易区，包括红河、西双版纳和德宏；同时也对越南、老挝和缅甸的边境经济区企业进行了问卷调查。本章根据完成后的问卷调查数据，以完整性和连贯性为原则选取有效的问卷，获得有效样本数量共计 134 份，有效的样本来自云南的红河、西双版纳、德宏以及越南老街，有效问卷的样本的分布如表 9-11 所示。

表 9-11　有效问卷的样本分布

地　　区	样本规模	比例（％）
红　　河	51	38.1
德　　宏	35	26.1
老　　街	31	23.1
西双版纳	17	12.7
总　　计	134	100.00

因为问卷采用主观感知方法，问题都是编码的定性变量，运用 Likert 量表形式进行变量测量，有些问题中有"无法回答"这类型的选项，应当设定为缺失值，由于有效的样本数量只有 134 个，缺失值对模型结果的影响就比较大，在建模前应当选择合适的方法对缺失值进行插补，本章选择的是序列均值插补法。

（一）企业启动资金和后续资金来源

图 9-1 表明 72.8％的企业启动资金主要来源于自有储蓄，向母公司和子公司借贷的企业达到 8.7％，这属于集团内融资，两者都是企业的内源融资，总的来说有 80％的企业是靠内源融资来创立的；有 5.8％的企业依靠国有银行借贷，它是除内源融资外企业最主要的融资方式，因为依靠国有银行借贷来成立公司的要求是很严格的，这部分企业很可能是国家政策重点扶持或者大型国企的子公司；还有 2.9％的企业靠从亲戚朋友处借钱成立公司，这部分企业多为创业型中小企业，较难从国家和国有银行得到足够的支持。其他融资方式如向外国金融援助机构、向私人股份银行以及向金融公司借贷的比例都非常小，一是说明援助机构对开发区企业支持力度很不够，另一方面说明在中国-GMS 边境地区金融服务业不发达，融资渠道狭窄，私人股份银行和金融公司等不仅数量少而且发展慢，无法成

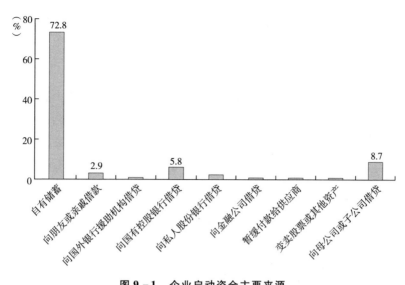

图 9 - 1　企业启动资金主要来源

为企业的融资来源。

　　图 9 - 2 表明，使用自有储蓄做启动资金的企业中有 66 个是非国有民营企业，占总数的 88%，这也一定程度上说明跨境地区中小民营企业的融资现状主要靠企业创办人的自有资金、家族成员和亲属的资金，这些资金不仅是企业初创时期的主要资金来源，而且是企业实现发展的主要资金支

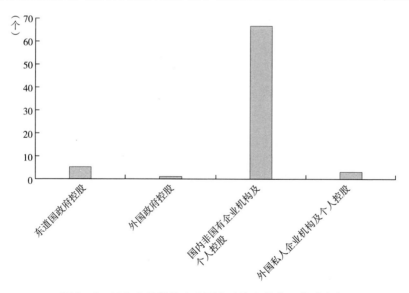

图 9 - 2　以自有储蓄作为主要启动资金的企业类型分布

撑。随着企业的发展和市场的发展，市场发展导致竞争加剧，这就要求企业不断地提高自身的竞争力，尽可能地扩大融资。而多数中小企业的规模小，为经营产品单一的劳动密集型企业，平均利润水平不高，内源融资受到企业自身资本积累能力的制约，所以仅仅依靠内源融资作为企业的主要资金来源，是远远不能满足企业后续投资发展的需要的。

为了分析企业在进行投资决策时面临的融资环境，本章对每个融资环境变量进行计算，变量的得分如表 9 - 12 所示，从总体得分来看国内金融监管和便利的审批程序影响比较大。$Q1$ = 国内金融监管，在政策重要性得分表中该变量的得分为 5.44，重要性排名第二，地区得分最高为红河6.83，产业得分最高为服务业 6.50，说明国内金融监管对企业投资决策很重要，尤其是对来红河投资的企业以及投资于服务业的企业。$Q2$ = 便捷的信贷审批程序，在政策重要性得分表中该变量的得分为 5.51，重要性排名第一，地区得分最高为德宏 7.63，产业得分最高为资源基础产业 7.32，说明便捷的信贷审批程序对企业投资决策最重要，尤其是对来德宏投资的企业以及投资于资源基础产业的企业。$Q3$ = 周边国家的金融机构服务，在政策重要性得分表中该变量的得分为 3.28，重要性排名第四，地区得分最高为越南老街 6.77，产业得分最高为服务业 4.29，说明周边国家的金融机构服务对企业投资决策较重要，尤其是对来越南投资的企业以及投资于服务业的企业。$Q4$ = 开发区为企业贷款提供的行政便利，在政策重要性得分表

表 9 - 12　金融支持服务的重要性得分

金融支持服务	得　分							
	总分	地　区				产　业		
		红河	西双版纳	德宏	越南老街	资源基础产业	其他产业	服务业
$Q1$	5.44	6.83	5.19	6.11	6.77	5.77	5.30	6.50
$Q2$	5.51	7.30	6.15	7.63	6.77	7.32	5.68	5.23
$Q3$	3.28	2.75	5.21	6.25	6.77	3.42	4.19	4.29
$Q4$	4.79	8.33	6.25	5.13	5.86	5.28	4.35	4.63
$Q5$	2.67	3.75	6.50	4.62	3.88	2.67	3.33	4.04

资料来源：亚洲开发银行金边计划项目（R - CDTA6407）。

中该变量的得分为 4.79，重要性排名第三，地区得分最高为红河 8.33，产业得分最高为资源基础产业 5.28，说明开发区为企业贷款提供的行政便利对企业投资决策还是有一定的影响的，尤其是对来红河投资的企业以及投资于资源基础产业的企业。Q5 = 在申请过程中的非正规费用或礼物，在政策重要性得分表中该变量的得分最小为 2.67，地区得分最高为西双版纳 6.50，产业得分最高为服务业 4.04，说明该因素对企业投资决策有影响但影响很小。

（二）企业新增投资及借贷情况

由表 9 - 13 可知，2008 ~ 2010 年新增投资的企业为 88 家，占总数的 66%，说明企业的投资需求是旺盛的，半数以上的企业处于扩张发展阶段，总体来说跨境区企业发展态势良好。但新增投资的企业中有 34% 的企业没有为投资进行借贷，而是单纯依靠自身积累的内源融资，这一方面可能是由于企业发展良好自身积累的资金充裕，也有可能是在借贷方面存在困难所以被迫依靠内源融资。

表 9 - 13　企业新增投资借贷情况

单位：个

	借贷的企业	未借贷企业	合　计
2008 ~ 2010 年新增投资企业数	58	30	88
2008 ~ 2010 年未新增投资企业数	15	31	46

为了进一步分析企业没有为新增投资申请贷款的原因，本章借助多重响应集来进行分析，结果如图 9 - 3 所示。134 个企业中 33.2% 的企业认为不需要借贷，这说明企业资金充裕是企业不借贷的主要原因；其次是 26.7% 的企业因为抵押品不足而没有借贷，这在一定程度上说明抵押担保业发展不足已经成为制约企业借贷的主要原因；还有 22.3% 的企业认为程序过于烦琐而放弃借贷，说明跨境区政府和金融各部门的效率低下已经成为制约企业发展的障碍了。

由图 9 - 4 可知，在调研的有新增投资的企业中，超过 31% 的企业获得了四大国有银行的贷款支持，这说明中国 - GMS 边境地区企业为新增投

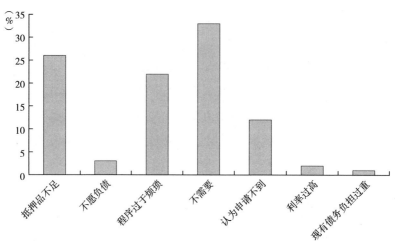

图 9 - 3　企业未申请贷款的原因

资借贷的主要来源是四大国有银行，另有 18% 的企业获得过利率优惠。

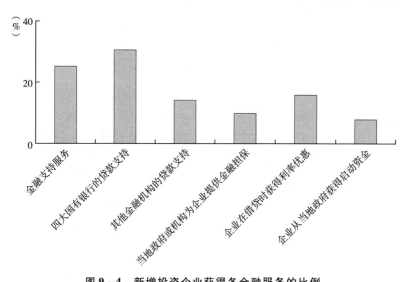

图 9 - 4　新增投资企业获得各金融服务的比例

四　融资环境对企业投资行为的影响

(一) 融资环境对企业投资动机的影响

为了吸引企业来中国 – GMS 边境地区投资，需要从研究企业的投资动机入手，结合上文企业投资理论和实证来寻找区域融资环境和企业投资动机之间的关系。动因和外部条件共同决定了企业的投资决策，但同时企业的投资动因不同对外部环境的需求也存在差异，动因和条件之间存在着相互作用和影响，在企业变量确定的动因类型下，企业动因类型的选择与区位变量和条件因子密切相关。

1. 研究方法

依据 K. Kojima（1978）对企业初始投资动机的划分，可将它分为三种类型：自然资源导向型、生产要素导向型和市场导向型；为将这三种动机放入模型，令 $Y = j$, $j = 1$, 2, 3 分别对应自然资源、生产要素和市场导向型。由于这三种动机是"二值"变量，且属"无次序"变量，因此这里选择 Multinominal Logit Model（多项 Logit 模型，MNL）。

$$\ln\left(\frac{\Pr(Y = j)}{\Pr(Y = 1)}\right) = \alpha_{j0} + \beta_{ji} X_i + \gamma_{jm} P_m + \kappa_{jn} I_n \qquad (9-1)$$

其中，X_i 为第 i 个融资环境变量，分别是"国内金融监管"（X_1）、"便捷的信贷审批程序"（X_2）、"周边国家的金融机构服务"（X_3）、"开发区为企业贷款提供的行政便利"（X_4）和"在申请过程中的非正规费用或礼物"（X_5）。

税收政策和土地政策也是影响企业初始投资的重要因素，这里 P_1 代表税收政策，P_2 代表土地政策。另外，为区别不同产业在投资动机上的差异，引入变量 I_n，I_1 为制造业，I_2 为资源基础产业，I_3 为服务业。

（1）融资环境的边际效应

在 MNL 模型中，融资环境的边际效应具有两种不同的表达：对概率 $\Pr(Y = j)$ 的影响和对风险比 $\Pr(Y = j)/\Pr(Y = 1)$ 的影响。现实经济中，我们更加关注风险比；因为融资环境中某一变量的变化对概率 $\Pr(Y = j)$ 的影响是一个绝对值概念，对风险比的影响却是一个相对值概念，相比绝对值而言，相对值无疑具有更强的指导意义。此外，对（9-1）式而言，估算融资环境对概率 $\Pr(Y = j)$ 的影响比较困难。

保持其他条件不变，以（9-1）式对 X_i 求导并化简：

$$\frac{\vartheta}{\vartheta X_i}\ln\left(\frac{\Pr(Y = j)}{\Pr(Y = 1)}\right) = \beta_{ji} \qquad (9-2)$$

若 $\beta_{ji} > 0$，表明第 i 个融资环境变量导致风险比 $\Pr(Y=j)/\Pr(Y=1)$ 的上升，即 X_i 一个小幅度正向变化，将导致企业的投资动机偏向生产要素导向型（如 $j=2$）；反之 $\beta_{ji} < 0$，则表示企业的投资动机偏向自然资源导向型。

（2）政策的边际效应和不同产业的投资动机差异

同理，融资环境的边际效应分析，税收政策和土地政策对风险比的影响取决于 γ_{jm}。若 $\gamma_{jm} > 0$，说明税收政策的变化（如 $m=2$，同时税收增加）将导致企业偏向生产要素导向型投资动机，反之亦然。

对刻画产业类型的变量 I_n 而言，它们均是"二值"变量。如 I_2 指资源基础产业且以制造业为对照组，若 $\kappa_{jn} < 0$，则相对于制造业而言，资源基础产业具有更弱的生产要素导向型投资动机。显然，若本章的实证分析符合这一结果，表明回归结果与现实相一致，即资源类产业在投资动机上必然更偏好于自然资源导向型的。

2. 变量的解释及多重共线性检验

根据上文的分析可以把企业的投资动因分为市场导向、资源导向和效率导向三种类型。问卷中的动因有 7 项，为了便于研究的进行，我们要先把这 7 项动因进行归类，运用 K - 均值聚类分析把动因分为三类，数据中的缺失值采用"按对排除个案"的方式处理。第一类代表资源导向动因共有 92 个案例，第二类代表效率导向动因共有 30 个案例，第三类代表市场导向动因共有 12 个案例，用聚类后的动因变量作为被解释变量 $Y=j$（$j=1，2，3$），和以上三类动因相对应，$j=1$ 代表资源导向动因，$j=2$ 代表效率导向动因，$j=3$ 代表市场导向动因。

我们选择问卷中融资环境各因素对企业投资决策影响程度的回答作为自变量，这几个变量依次是"国内金融监管对贵公司投资决策的影响程度"（X_1）、"便捷的信贷审批程序对贵公司投资决策的影响程度"（X_2）、"周边国家的金融机构服务对贵公司投资决策的影响程度"（X_3）、"开发区为企业贷款提供的行政便利对贵公司投资决策的影响程度"（X_4）、"在申请过程中的非正规费用或礼物对贵公司投资决策的影响程度"（X_5）。在调查问卷中用 5 级式 Likert 量表来评估激励政策对企业投资决策影响的重要性，1 ~ 5 的程度由不重要到很重要依次递增，问卷中无法获得的数据标记为缺失值。

作为财政政策的税收和土地政策也是影响企业初始投资决策的重要变

量，也是用 5 级量表来衡量的变量，为了增加模型的解释能力，应当把这两类政策因素包括进模型。税收政策（见附录一第二部分）因素有 4 个子问题（即 4 个子变量），土地政策（见附录一第二部分）因素有 3 个子问题（即 3 个子变量），如果全部加入模型进行分析必将弱化融资环境变量的影响，与所研究的问题背离，同时变量太多肯定存在共线性的问题，空单元的问题也无法避免，样本总共只有 134 个，空单元会导致有效样本更少，这里就遇到了降维的问题，考虑用主成分分析或因子分析降维，但是问卷中都是定性变量，会导致算出来的主因子不是真正的因子。由于问卷设计较为合理，每个部分可以视为一个因子，因此可用聚类分析的方法降维（欧式距离作为测度，用 Ward 法进行聚类）。每一部分的所有样本进行聚类，分为两类，然后再分析这两类样品在这一部分变量上取值的差异，得到一个新的综合变量，所有归为第一类的样品编码为 "1"，所有归为第二类的样品编码为 "2"。对两组变量同法处理得到两个综合指标，这不仅解决了降维的问题也避免了空单元的问题。同时企业的投资决策还受到其本身的一些因素的影响，如企业所属的产业和地区等，也应当作为控制变量加入模型，称为产业变量。本章根据问卷数据把企业分为制造业及其他产业、资源基础产业和服务业，这是一个无序的分类变量，需要采用哑变量进行编码，以 "制造业及其他产业" 作为参照设置 "资源基础产业" 和 "服务业" 两个变量。

当分类反应变量的类别为三类且类别间没有次序关系时，可以应用多项 Logit 模型（Multinominal Logit Model），本章中三类别的动因变量是无序的，所以可以采用多项 Logit 模型（MNL）进行建模分析，本章用类别 1 资源导向动因作为对照组来建模。

	X_1	X_2	X_3	X_4	X_5	tax2	1and2
X_1	1.0000						
X_2	0.3667	1.0000					
X_3	0.3600	0.1397	1.0000				
X_4	0.3666	0.4254	0.3010	1.0000			
X_5	0.1724	0.1495	0.4430	0.3749	1.0000		
tax2	−0.2119	−0.2427	0.1297	−0.0301	0.2645	1.0000	
1and2	0.0953	0.1486	−0.2145	0.0845	−0.0846	−0.3521	1.0000

图 9 - 5　投资动因变量共线性检验

在建模前还要先对各自变量的线性相关性进行检验，得到如图 9 - 5 的结果，相关系数都小于 0.5，各变量没有显著共线性问题，可以放在模型中进行回归。

3. **估计结果与分析**

由于反应变量具有多种分类且不存在等级差别（资源导向动因、市场导向动因、效率导向动因），自变量也有多个水平，因此本章运用 STATA 软件进行多项 Logit 模型的分析，得出如表 9 - 14 所示的结果，模型一只包含融资环境变量和政策变量，模型二加入产业变量，加入地区变量的模型三由于极为不显著而不分析。

表 9 - 14 融资环境对企业投资动机的影响模型

变 量	模型一		模型二	
	$Y = 2$	$Y = 3$	$Y = 2$	$Y = 3$
以资源导向动因作为参照组				
国内金融监管（X_1）	- 3.382 **	- 5.062 ***	- 21.773 ***	- 23.474 ***
	(1.683)	(1.775)	(2.368)	(2.423)
便捷的信贷审批程序（X_2）	- 0.237	2.700 **	- 1.084	- 1.998 *
	(1.102)	(1.366)	(1.134)	(1.159)
周边国家的金融机构服务（X_3）	- 1.071	- 1.984 *	- 0.699	2.455 *
	(0.991)	1.021	(1.222)	(1.484)
开发区为企业贷款提供的行政便利（X_4）	- 0.199	- 1.397	0.071	- 1.026
	(0.972)	(1.056)	(1.945)	(1.261)
在申请过程中的非正规费用或礼物（X_5）	2.644 *	1.463	3.025	1.739
	(1.626)	(1.630)	(2.245)	(2.299)
税收政策（P_1）	0.014	- 0.968	0.372	- 0.040
	(1.276)	(1.362)	(1.844)	(1.857)
土地政策（P_2）	4.441 *	5.754 **	23.854 ***	25.109 ***
	(2.504)	(2.566)	(3.485)	(3.594)
常数项	7.204	13.187 **	59.644 ***	63.892
	(6.375)	(6.576)	(3.765)	(2.986)
产业变量以制造业为参照组				
资源基础产业（I_1）			- 0.015	- 0.631
			(2.077)	(2.376)

续表

变　量	模型一		模型二	
	$Y = 2$	$Y = 3$	$Y = 2$	$Y = 3$
产业变量以制造业为参照组				
服务业（I_2）			22.193***	23.667***
			(3.913)	(3.961)
Log Likelihood	−36.645		−32.605	
LR chi2	95.69（$P = 0.0000$）		103.77（$P = 0.0000$）	
Pseudo−R^2	0.5663		0.6141	

表 9 - 14 中的回归结果表明，无论模型一或模型二，LR 卡方检验均拒绝原假设，即模型中不存在多余变量。同时，两个模型中 Pseudo−R^2 值较大，说明模型拟合效果较好。从各变量的回归系数显著性来看，X_1 和 P_2 的系数在所有模型中的显著性水平均低于 10%，X_2、X_3 在"市场导向动因"类的模型中是显著的（显著性水平为 10%），X_5 在"生产要素导向动因"类的模型中是显著的。此外，反映产业类型的解释变量 I_2 的系数显著性水平很高（1%），说明服务业和制造业在初始投资动机上存在明显差异。

（1）关于融资环境对初始投资动机影响的讨论

由于表 9 - 14 的回归结果中，国内金融监管（X_1）、便捷的信贷审批程序（X_2）、周边国家的金融机构服务（X_3）和在申请过程中的非正规费用或礼物（X_5）的系数是显著的，因此下面将围绕这几个变量展开讨论。

A. 国内金融监管

在 MNL 模型中"国内金融监管"的系数在每个模型中都是显著为负的，说明从内进行金融监管对企业投资决策是有影响的。在其他条件不变的情况下，国内金融监管程度的增加，将导致企业偏向"资源导向型"动机。

国内金融监管对企业的投资决策是有重要影响的，原因如下。

首先，由于资本流动会对一国的经济产生很大的影响，金融监管的一项重要内容就是对资本出入的监管。一方面中国经济的发展要求大力吸引外资，而另一方面我国加入 WTO 后仍然对资本项目下外汇进行管制，外资企业在中国面临着严格的市场准入监管以及市场运营监管。尤其是对外资的金融机构来说，以法人为导向的政策、对人民币业务的规定、投资入股中资银行股份比例限制等均使一部分外资金融机构受限。对进入中国市场的各类金融机构规定其最低资本金要求，在华设立外资银行最低资本金要求 200 亿美元，同时外资金融机构的经营范围也受到限制，对外资金融机构的报表审计也有更全面的要求。当一国的金融监管较为严格时，会对外资企业尤其是外资金融机构的投资决策产生重要的影响。

其次，对银行业的过度监管会导致企业经营过程中的融资困难，这也是企业在决定是否进行投资时考虑的一个重要方面。2016 年中国有 3 万多亿美元的外汇储备和 30 多万亿元人民币的民间储蓄，还有巨大的财政储备，但由于国内银行业监管较为严格，将近 1/3 的资金是没有发挥作用的，银行有钱但企业仍然严重缺钱，企业的发展受制于金融，资金需求和投资需求都得不到满足，就影响了企业初始投资的意愿。就中国 – GMS 地方政府金融监管的角度来说不仅面临着同样的问题，也有其特殊性。随着云南省与周边国家经贸往来的快速发展，中越、中缅、中老等边境地区的人民币跨境流动更加频繁，2010 年 6 月 22 日中国人民银行把云南省加入了跨境贸易人民币结算试点，人民币的跨境流通一方面促进了边境贸易，另一方面用人民币对外投资不必动用外汇储备也不存在汇率风险，这就有利于境内外企业投资于大湄公河次区域国家以及投资收益的回流。

B. 便捷的信贷审批程序

"便捷的信贷审批程序"的系数在模型一的市场导向动因（$Y = 2$）模型中系数是显著为正的（$+2.700$），说明该变量对企业投资决策是有影响的，在其他条件不变的情况下，便捷的信贷审批程度越高，越能增加市场导向型企业投资的概率。加上产业类型变量后，该系数又变为显著为负（-1.988），说明不同产业对信贷审批的便捷程度要求是不一样的；这一模型下，便捷的信贷审批程序更倾向于增加资源导向型企业投资的概率。

模型表明便捷的信贷审批程序对企业的投资决策影响最大，尤其对市场导向型的企业。我国的金融体系是以银行为主导的，企业融资主要靠银行，所以银行的效率决定了企业融资的效率，特别是对中小企业而言，项目的时效性很强，如果不能及时融到资，对企业发展的影响是很大的。所以企业在考虑是否来该地区投资时，信贷审批程序成为融资环境中的一项重要考量因素。信贷审批流程越便捷，企业融资效率越高，企业资金运作速度的加快必然促进了企业的发展。

C. 周边国家的金融机构服务

"周边国家的金融机构服务"的系数在模型一的市场导向动因模型中系数是显著为负的（-1.984），说明该变量对企业投资决策是有影响的，在其他条件不变的情况下，周边国家的金融机构服务对企业投资决策的重要性越高，越能增加资源导向型企业投资的概率；当引入产业因素后该系数却显著为正（+2.455），说明不同产业对周边国家的金融机构服务的需求存在差异，在考虑产业因素后该因素更倾向于增加市场导向型企业投资的概率。

中国–GMS跨境经济区大部分的金融服务虽然主要是依靠我国云南省的金融业发展，但周边国家的金融机构提供的金融支持服务也发挥一定的补充作用。当云南省提供的金融服务无法满足企业融资需求时，周边国家的金融机构就相对更加重要起来，会成为企业来此投资的一个重要考虑。截止到2011年9月底，大湄公河次区域与中国毗邻的国家在华设立了8家外资法人银行（下设32家分行）、5家外国银行分行和7家代表处，在华银行资产总额达1869.5亿元人民币。与此同时，中国与周边国家银行业务合作不断拓展，不仅涉及国有大型银行，还涉及政策性银行以及股份制和城商行等中小银行机构，业务范围则由单一的国际结算业务扩大到信贷类、代理类业务和投资银行等业务。随着这些周边国家金融机构提供的服务越来越多，该地区的融资环境改善，国内外企业来此投资的可能性越高。

D. 在申请过程中的非正规费用或礼物

不考虑产业上的差异（模型一），"在申请过程中的非正规费用或礼物"系数显著为正（+2.644），说明在申请过程中的非正规费用或礼物对企业投资决策会产生正向影响，在其他条件不变的情况下，在申请过程中的非正规费用或礼物对企业投资决策越重要，越能增加生产要素导向型企业投资的概率。

在申请贷款过程中的非正规费用和礼物属于信贷寻租的范畴。寻租行为是指获取具有固定供给量生产要素要求权的努力。寻租是经济主体寻求非生产性利润的行为，通常是指经济主体通过寻求或维持在某行业的垄断地位来寻求或维持已存在的租金的活动。这种租金是由于政府对市场的行政干预和管制，抑制了市场的公平竞争，从而造成资源的稀缺性而形成的额外利润。在我国社会主义市场经济制度改革不断深化的过程中，类似中国这样的发展中国家，资金是很稀缺的资源，市场参与者的竞争和资金配置的不完全市场化，导致了信贷寻租行为的产生。金融寻租不会体现在贷款的价格上，因为它是以比较隐蔽的方式产生的，但实际提高了融资成本，所以企业在投资前会考虑寻租成本的问题，金融寻租成为影响企业投资决策的一个因素。

（2）关于土地政策对初始投资动机影响的讨论

土地政策对企业初始投资动机存在显著性影响，在"生产要素导向型（$Y=2$）"模型中，土地政策重要性越高，会使得企业更偏好于生产要素导向型的投资；同理，在"市场导向型（$Y=3$）"模型中，土地政策重要性越高，将驱使企业偏向市场导向型投资。为什么？不同于自然资源导向型投资动机，企业家一旦偏好于生产要素导向型或市场导向型投资，往往需要相应的厂房建设，土地政策的变化会改变企业的成本，企业家对土地政策的变动也更为敏感。若政府给予一定的优惠土地政策，企业家会偏向于生产要素导向型和市场导向型的投资。

此外，模型一和模型二中，引入产业类型变量后土地政策的影响明显要强于未引入该变量的情形（如$Y=2$下，$23.854>4.441$；$Y=3$下，$25.109>5.754$）。为什么区分产业后，土地政策的影响会增强？因为模型一中度量的是所有产业的平均影响，引入产业类型变量之后，这里将只反映制造业所受土地政策的影响。相对其他产业而言，制造业需要大量的厂房建设，用地需求高，必然会导致它对土地政策具有更强的敏感性。

（二）融资环境对新增投资的影响

1. 研究方法

除影响企业初始投资动机以外，融资环境会对企业的再投资造成影响。本研究以"企业是否为新增投资借贷（AI）"作为被解释变量，它是一个"二值"变量。当$AI=1$是，表示企业为新增投资借贷；当$AI=0$，表示企业未为新增投资借贷。

为分析融资环境对 AI 的影响，建立 Binary Logit Model（二项 Logit 模型）：

$$\Pr(AI = 1 \,|\, FS) = \frac{1}{1 + e^{-(\alpha_0 + \delta FS)}} \qquad (9-3)$$

式（9-3）中，FS 表示融资环境变量的集合，共包括 6 个变量："贵公司是否享受金融支持服务（fs_1）""贵公司是否从四大国有银行便利地获得贷款（fs_2）""贵公司是否从其他金融机构便利地获得贷款（fs_3）""当地政府或机构是否为贵公司提供金融担保（fs_4）""贵公司在借贷时是否获得利率优惠（fs_5）""贵公司是否从当地政府获得过启动资金（fs_6）"。此外，上述 6 个变量均为"二值"变量；当回答为肯定时编码为 1，当回答为否定时编码为 0。

融资环境的影响力度。估算融资环境对"企业是否为新增投资借贷（AI）"的影响力度，需要借助比较静态分析，即在其他融资环境变量不变的条件下，观察所选变量对它的影响。

如估算 fs_1 变量的影响力度 $d[\Pr(AI = 1 \,|\, fs_1)]$，其公式为：

$$d[\Pr(AI = 1 \,|\, fs_1)] = \Pr(AI = 1 \,|\, fs_1 = 1) - \Pr(AI = 1 \,|\, fs_1 = 0) \qquad (9-4)$$

令（9-3）式中 fs_1 的系数为 δ_1，则结合式（9-3）和式（9-4）可得到 fs_1 对 AI 的影响，其值为 $1/(1 + e^{-\alpha_0 - \delta_1})$。同理，本章也可以分析其他变量对 AI 的影响力度。

2. 多重共线性检验

在建模之前先要对自变量之间的共线性问题进行检验，得出如图 9-6 所示结果，各自变量间的相关性系数都小于 0.8，变量之间的共线性问题

	fs_1	fs_2	fs_3	fs_4	fs_5	fs_6
fs_1	1.0000					
fs_2	0.5805	1.0000				
fs_3	0.2546	0.2872	1.0000			
fs_4	0.3615	0.4085	0.2109	1.0000		
fs_5	0.2676	0.3820	0.4133	0.1883	1.0000	
fs_6	0.3254	0.2734	0.1902	0.5200	0.3198	1.0000

图 9-6　借贷模型变量共线性检验

不严重，变量可以进入模型。针对此种模型应当采用二项选择模型（Binary Logistic）。变量 P 表示企业为新增投资进行借贷的概率，根据88个样本数据运用 STATA10 对模型进行回归。

3. 估计结果与分析

本调研中样本总量为134家，但有新增投资的企业共有88家，其中借贷企业58家，未借贷企业30家。由于本节旨在分析融资环境对再投资是否借贷的影响，因此这里可用于回归分析的样本量应为88家。基于式（9-3），可得到如表9-15的回归结果。

表 9 - 15　融资环境对再投资是否借贷（AI）的实证模型

变　量	系数（标准差）	Z 值
贵公司是否享受金融支持服务（fs_1）	1.286 **（0.630）	2.04
贵公司是否从四大国有银行便利地获得贷款（fs_2）	2.020 ***（0.586）	3.44
贵公司是否从其他金融机构便利地获得贷款（fs_3）	-0.231（0.743）	-0.31
当地政府或机构是否为贵公司提供金融担保（fs_4）	0.863（1.007）	0.86
贵公司在借贷时是否获得利率优惠（fs_5）	1.108 *（0.622）	1.78
贵公司是否从当地政府获得过启动资金（fs_6）	-0.801（1.070）	-0.75
常数项	-1.316（0.265）	-4.96
Log Likelihood	-64.873	
LR chi2 (6)	53.59（$P = 0.000$）	
Pseudo R^2	0.6923	
Obs	88	

注：变量显著性水平，***$P < 0.01$，**$P < 0.05$，* $P < 0.1$。

模型中 LR 卡方检验值为 53.59（$P = 0.000$），说明"贵公司是否享受金融支持服务（fs_1）"等 6 个变量是联合显著的；伪 R^2 等于 0.6923，由于它可用于表示"正确预测的比例"，即本模型有约 70% 的概率预测出因变量 AI 发生的概率。6 个自变量中，"贵公司是否享受金融支持服务（fs_1）"、"贵公司是否从四大国有银行便利地获得贷款（fs_2）"和"贵公司在借贷时是否获得利率优惠（fs_5）"系数具有 10% 的显著性水平；另外的 3 个变量虽然在统计上是不显著的，但也具有一定的经济学含义。

因此，围绕着表 9 - 15 的回归结果，并结合式（9 - 4）来逐一讨论 fs_1 等 6 个变量对 AI 的影响。

（1）金融支持服务

在新增投资的企业中有 38.64% 的企业获得过金融支持服务，实证模型中金融支持服务的系数较显著地为 1.286，即金融支持服务能够提升企业为再投资进行借贷 27.4% 的概率［可利用（4）式计算］。

金融支持服务是衡量一个地区金融服务业发展水平的综合概念，包括银行业、保险业和证券业等各金融行业所提供的服务。从需求追随模式的角度来说，随着经济的增长，经济主体会产生对金融服务的需求，导致金融机构和金融服务的产生从而促进金融体系的不断发展。而供给领先模式则强调金融服务的供给对经济的促进作用。中国 - GMS 边境的经济区主要是依附云南省的经济来发展，云南省经济较不发达，金融服务业起步晚发展较缓慢，供给领先型的金融发展处于主导地位。大力发展云南省金融服务业从而让更多有融资需求的企业享受到金融支持服务，这将有力地促进云南省以及跨境经济区的发展。

（2）四大国有银行的贷款支持

在新增投资企业中有 45.5% 的企业从四大国有银行便利地获得过贷款，实证模型中的系数也显著地为 2.02，即从四大银行能够便利地取得贷款将提升企业为再投资进行借贷 45.8% 的概率。

银行贷款是间接融资中为广大企业最普遍接受的一种方式，具有风险小、成本低的特点，在企业融资总额中所占比重很高。国有大银行在贷款的投向上倾向于国有大中型企业而忽视中小企业，贷款发放的审批程序较长也导致贷款利率较高，但由于我国银行业竞争相当激烈，发展极不均衡，四大国有商业银行凭借政策优势和市场控制力占有了约 65% 的存款资源和60%的贷款份额，企业在融资时也就优先考虑向国有大银行贷款，这就解释了模型中的结果，如果能便利地从国有银行贷款，企业是会借贷的。

（3）企业在借贷时获得利率优惠

在新增投资企业中有22.73%的企业在借贷时获得利率优惠，模型中这一变量的系数较显著地为1.11，即企业在借贷时获得利率优惠会增加企业为新增投资进行借贷的概率，增加幅度为23.7%。

西部地区的现实状况是企业在银行贷款较难获得利率优惠，由于西部地区本身资本缺乏，资金供不应求，企业在银行的贷款成本是很高的。除了极少数政府重点扶持的产业和企业可以在银行获得优惠利率外，大部分企业还是面临着高成本融资，所以只要有利率优惠，企业借贷的意愿是很强烈的。

（4）其他金融机构的贷款支持

在新增投资企业中有20.45%的企业从其他金融机构便利地获得过贷款，实证模型中的系数为-0.23，即企业能够便利地从其他金融机构获得贷款会降低企业为新增投资进行借贷的概率（3.6%）。

除国有银行外能为企业提供贷款的其他金融机构指的是民营银行、外资银行、信用合作社、储贷协会、合作基金等。目前在我国民营股份制金融机构已经快速发展形成了巨大的金融服务市场，其管理层次少、运营成本低且具有灵活高效的特点，可以为更多的企业尤其是中小企业提供创新的金融产品和服务，满足其融资需求。

（5）当地政府或机构为企业提供金融担保

在新增投资企业中有15.9%的企业从当地政府或机构获得金融担保，实证模型中的系数为0.86，即当地政府或机构愿意为企业作金融担保会增加企业为新增投资进行借贷的概率（17.7%）。

为了规避风险和减少商业银行的呆坏账率，我国商业银行从1998年起就普遍推行了抵押、担保制度。西部地区企业的信用制度不完善，金融机构在为企业提供贷款的时候大多采用抵押贷款和担保贷款的方式，这不仅使企业承担比信用贷款更高的借贷成本，也降低了企业贷款的概率。虽然一定程度上化解了金融机构的风险，但也带来了很多问题：第一，私人可提供抵押物少，不能满足企业大量的资金需求，让企业没有办法获得后续资金；第二，增加了交易成本和道德风险；第三，缩小了金融市场规模，也不利于金融市场秩序的完善，并且抵押物的数量限制了金融机构贷款规模。

政府和有实力的大企业，不愿意为有融资需求的企业提供担保，而银行又不能做担保人；社会信用担保机构少，资金不足，承担风险能力差，担保能力有限，并且这些机构存在着相关制度不配套、资金来源不落实等问题。由于担保制度的不完善，为西部地区企业提供的担保资金总量，相对于其巨大的需求量来说无疑是不足的。这就证实了模型中的结果，如果政府或机构能够为企业提供担保，企业进行借贷的意愿自然会提升。

（6）企业从当地政府获得启动资金

在新增投资企业中有 10.23% 的企业从当地政府获得过启动资金，实证模型中的系数为 -0.80，即企业如果能够从当地政府获得启动资金会降低企业为新增投资进行借贷的概率（10.4%）。

目前，西部地区还处于经济快速增长的起步阶段，在资本形成的过程中，政府作用的重要性仍然比较突出。就区域内资本形成总额在政府和私人部门之间的分布状况来看，西部区域内资本形成的 1/3 以上由政府实现，而在东部地区只稍多于 1/4 的区域内资本形成由政府实现。西部地区的企业较依赖政府的扶持，当企业能从政府获得低成本的启动资金，企业向外界借贷的意愿自然会降低。

五 融资环境对企业绩效的影响

（一）变量定义及模型估计

对企业绩效的评估，一般运用企业各项财务指标进行定量分析，但本章基于调查问卷的数据是非定量的，并且具体的财务数据是很难从企业得到的，只能根据被访者的主观感受来评价企业状况。所以我们设定如下的函数用 Y^* 来表示企业绩效。

$$Y^* = \alpha_0 + \alpha^T X_i + \varepsilon \qquad\qquad (9-5)$$

Y_i^* 可以用 $K \times 1$ 向量 X_i 来表示，不能解释的部分我们假设服从 Logistic 分布。因为 Y^* 是一个分类变量，我们按以下的方法把企业的绩效情况分为 3 类：

$$当\ t_{j-1} \leqslant Y_i^* \leqslant t_j 时, Y_i = j, j = 1 到 3$$

$$Y_i = \begin{cases} 1 \Rightarrow 状况恶化, if -\infty \leqslant Y_i^* < t_1 \\ 2 \Rightarrow 状况不变, if t_1 \leqslant Y_i^* < t_2 \\ 3 \Rightarrow 状况改善, if t_3 \leqslant Y_i^* \end{cases} \qquad (9-6)$$

Y 是根据问卷调查设计的一个编码数据，让被访者评价近三年来企业绩效状况，用三个等级来评分（1 = 恶化，2 = 不变，3 = 改善）。问卷中绩效状况用产出水平、进出口、工时、机械化水平、产品质量、劳动雇用、劳动力技能、生产能力和利润等状况来综合表示，由于这 10 个变量存在共线性的问题，并且无论单独哪个变量也不能全面反映企业的整体状况，所以对绩效变量进行 K 均值聚类，把样本聚为三类，企业绩效恶化编码为 $Y = 1$，企业绩效不变编码为 $Y = 2$，企业绩效改善编码为 $Y = 3$，这样保证绩效变成一个效用递增的有序变量。

解释变量来源于问卷中预计对企业绩效会产生影响的各政策变量。除融资环境外，共有 4 种政策变量，税收政策包含 4 个子变量（附录一 A1 - A4），土地政策包含 3 个子变量（附录一 B1 - B3），投资服务包含 3 个子变量（附录一 D1 - D3）和劳动力使用政策包含 4 个子变量（附录一 E1 - E3）。融资环境使用和 MNL 模型中一样的 5 个变量，其他所有的政策变量我们用聚类分析的方法聚为 5 类，得到一个新的综合变量。除了融资环境变量外，还要加上产业、地区这两个属性变量。因为 Y 是有序变量，这样我们可以用有序 Logistic 模型（Ordered Logistic）来估计企业绩效状况 Y。在建模前还要先对各自变量的线性相关性进行检验，得到如图 9 - 7 的结果，各变量没有显著相关关系，可以放在模型中进行回归。

	policy	X_1	X_2	X_3	X_4	X_5
policy	1.0000					
X_1	−0.0603	1.0000				
X_2	−0.0638	0.4999	1.0000			
X_3	−0.2216	0.2194	0.1695	1.0000		
X_4	0.0403	0.2691	0.5275	0.1891	1.0000	
X_5	0.0007	0.0217	0.2321	0.3601	0.3567	1.0000

图 9 − 7　变量线性相关性检验

（二）模型结果分析

用 STATA10 软件进行回归，分别建立如表 9 − 16 所示的 3 个模型，模型一只有政策变量，模型二包括了产业因素，模型三在模型二的基础上加入了地区因素。模型结果如表 9 − 16 所示。

表 9 − 16　融资环境对企业绩效影响的模型

变　量	模型一	模型二	模型三
国内金融监管	− 0.274	− 0.296	− 0.235
	(0.253)	(0.255)	(0.276)
便捷的信贷审批程序	0.342	0.373	0.521*
	(0.283)	(0.284)	(0.329)
周边国家的金融机构服务	− 0.160	− 0.204	− 0.651**
	(0.28)	(0.223)	(0.271)
开发区为企业贷款提供的行政便利	0.393*	0.352	0.168
	(0.263)	(0.265)	(0.283)
在申请过程中的非正规费用或礼物	0.049	0.099	0.104
	(0.270)	(0.279)	(0.289)
其他政策因素	− 0.040	− 0.040	− 0.019
	(0.128)	(0.128)	(0.132)
Cut1	− 0.549	− 0.636	− 2.032
	(1.105)	(1.124)	(1.386)
Cut2	2.037	1.967	0.737
	(1.119)	(1.135)	(1.369)

续表

变　量	模型一	模型二	模型三
产业变量以制造业及其他产业作为参照组			
资源基础产业		0.485	0.519
		(0.587)	(0.587)
服务业		−0.138	−0.089
		(0.397)	(0.456)
地区变量以越南老街作为参照组			
西双版纳			0.859
			(0.674)
红河			−0.422
			(0.645)
德宏			−1.242*
			(0.635)
Log Lik	−129.85	−129.371	−123.651
LR	6.76	7.72	19.16
Pseudo − R²	0.0254	0.0290	0.0719

注：变量显著性水平，***$P<0.01$，**$P<0.05$，* $P<0.1$。

在绩效的 3 个模型中，加入了产业和地区因素的模型三拟合度最好，在所有的变量中只有"便捷的信贷审批程序""周边国家的金融机构服务""开发区为企业贷款提供的行政便利"这 3 个变量较为显著。

1. 便捷的信贷审批程序

在 ORL（Ordered Logistic）模型中，考虑了产业因素和地区因素的模型三中"便捷的信贷审批程序"的系数显著地为 0.521，说明融资环境中的该因素对企业绩效产生影响，便捷的信贷审批程序能改善企业的绩效。这可能是因为信贷审批流程越便捷企业融资效率越高，企业资金运作速度的加快就促进了企业的发展，这解释了为什么便捷的信贷审批程序会增加企业绩效。

2. 周边国家的金融机构服务

在 ORL 模型中，考虑了产业因素和地区因素的模型三中"周边国家的金融机构服务"的系数显著地为 – 0.651，说明融资环境中的该因素对企业绩效产生重要影响，周边国家的金融机构服务能改善企业的绩效。因为与其他内陆的城市相比，云南省边境地区企业更容易获得周边国家的金融服务，这就拓宽了企业的融资渠道，尤其是在企业的进出口贸易中为企业提供金融支持，能够增加企业利润，改善企业绩效。

3. 开发区为企业贷款提供的行政便利

在 ORL 模型的第一个模型中，不考虑产业和地区因素，该变量系数是显著为正的，但是系数较小为 0.393，说明开发区为企业贷款提供的行政便利可以一定程度上改善企业的绩效状况。由于政府的政策倾斜对企业的发展是极为有利的，获得行政便利的企业在融资过程中也更能获得银行等金融机构的信任，相当于有政府为其担保，这样就提高了融资的效率，改善了企业的绩效。

六　结论与政策含义

西部地区融资环境相对薄弱，中小企业融资更为困难。本章以中国 – GMS 边境地区企业为例，这些企业多为中小企业，融资普遍困难，大部分启动资金来源于自有储蓄，尤其是民营企业更是主要依靠自有储蓄，抵押担保不足以及机构效率低下等原因严重阻碍着企业为新增投资的借贷。

本章利用多项 Logit 模型分析融资环境对中小企业初始投资行为的影响和二项 Logit 模型分析融资环境对它们新增投资行为的影响，以及融资环境对企业绩效影响分析。结论表明，融资环境会影响企业的投资决策，良好的融资环境尤其会增加资源寻求型企业在中国 – GMS 边境地区投资的概率，这可能是因为资源型企业初始投资量大，没有融资很难支持企业的发展；融资环境对企业的新增投资也会产生影响，良好的融资环境会增加企业的投资，其中四大银行贷款和企业金融支持对企业为新增投资进行借贷的影响最大，这是因为中国 – GMS 边境地区基本上从属于中国西南地区，该地区经济落后，资本市场弱势，融资渠道狭窄，企业大部分通过银行融资，所以银行信贷情况对企业的借贷意愿影响最大。

依据上述分析，本章提出如下的政策启示。

（一）改善金融监管环境，推进人民币区域化

结合上文的 MNL 模型结论分析我们发现，国内金融监管环境对企业的投资决策有很重要的影响。对中国－GMS 跨境经济区来说，在加强对人民币跨境结算监管的同时要进一步推进人民币区域化。

在推动贸易便利化和经济一体化的进程中，使用人民币在贸易和投资中计价，开展跨境贸易人民币结算，推动人民币逐步成为这一区域的结算货币，对于人民币区域化和中国－GMS 金融合作将具有重要意义。基于人民币区域化的金融合作，会形成带动区域经济发展的"雪球效应"。而当前，人民币仍处于区域化的初级阶段，主要在周边地区的边境贸易、跨境劳务收入与旅游消费的支付等方面流通，对于中国－GMS 跨境经济区内企业的跨国投资，只能使用本国的资产进行抵押贷款，而无法用投资所在国的资产回到本国申请贷款，这使得企业的跨国投资积极性受到很大束缚。同周边国家采用人民币结算，不但能大大降低汇率波动的风险，而且可以稳步推进人民币的区域化、国际化，让人民币在该地区发挥更大的影响力。但是人民币结算试点在金融监管方面还是存在很多问题，导致人民币在云南边境口岸地区货币兑换受阻，具体表现如下：（1）中国人民银行规定边境地区外汇指定银行可以加挂人民币对毗邻国家货币的汇价，但收兑的外币要自行消化，这导致正规金融机构虽开办人民币兑换周边国家货币业务，但由于无法平盘而发展停滞；（2）外汇局批准的特许兑换公司由于暂未取得人民币兑换周边货币的资格和人民币跨境调运的资格而无法开展兑换业务；（3）"地摊银行"非常活跃但缺乏监管，增加了企业的汇率风险；（4）从国际结算的角度来看，国外分支机构和代理行的数量少，地区分布不均衡。从大湄公河次区域项目合作发展的角度看，分支机构少及代理行的缺失，会造成今后大湄公河次区域内资金运动成本的提高，阻碍大湄公河次区域内贸易、投资的发展。

针对人民币区域化过程中存在的诸多问题，可行的解决思路是：（1）要加强对边境地区"地摊银行"的监管，减小企业的汇率风险；（2）加大对正规金融机构的本外币兑换业务的支持力度，批准特许兑换公司的兑换业务并对其进行监管；（3）加大金融基础设施建设，增加分支机构和代理行的数量。

（二）简化信贷审批流程，提升银行放贷效率

便捷的信贷审批程序对企业的投资决策和企业绩效的改善都有非常显著的影响，因此简化信贷审批流程成了改善中国－GMS边境地区融资环境促进经济发展的重要方面。

国有商业银行贷款审批制度最为复杂，流程最长，总行、省行、二级分行按照各自审批权限三级审批贷款，从客户提出申请到贷款批准要20多个环节，不仅重复劳动而且效率很低，没有根据风险高低设计不同的业务流程，无法满足市场竞争的需要。

为了提升放贷的效率，首先银行应当完善业务流程，各级行要在机构和人员配置上与其业务状况相适应，各行信用审批部门要积极配合信贷管理部门进一步整合审查审批流程，合理划分业务权限，实行一站式审批，改变一笔业务层层审查审批的模式，确保审批效率进一步提高。其次根据次区域经济合作的特点，应当健全信用体系，利用信用建设帮助有关地区快速建立覆盖GMS核心区域所有企业的征信体系，及时更新和公布企业信用状况，这不仅能提高各大银行信贷审批的速度，也能减小银行放贷过程中的风险。

（三）发展金融服务业，拓展企业融资渠道

周边国家的金融机构服务不仅对企业投资决策有影响，也能显著地改善企业的绩效，四大国有银行的贷款支持对企业是否为新增投资进行借贷也有显著的影响。这说明中国－GMS边境地区企业普遍面临着金融服务不足、融资渠道狭窄的困境。

在我国，由于政府在很大程度上控制着正规金融的信贷权，通过各种各样的信贷导向政策导致了信贷分配中的规模和所有制歧视。这样众多民营企业的信贷缺口无法得到满足，非正规金融市场仍将持续存在。这种情况在日本、美国等发达市场经济国家也存在。正规金融市场和非正规金融市场之间存在着局部均衡，非正规市场有其存在的合理性，并且价格与正规金融市场是统一的。因此，政府应当正视其存在的合理性，适时地推进非正规金融市场的合法化。对于我国商业银行体系内来说，促进贷款主体

的多样化就是要继续鼓励和扶持中小型股份制商业银行的发展壮大，增强其对国有商业银行的竞争力，加速银行体制改革，降低市场集中度。同时也可以继续引入外资银行进入我国金融市场，让它们在公平、公正、公开的原则下自由和健康竞争。

针对中国－GMS次区域经济合作过程中如何构建良好的金融服务平台，拓宽企业融资渠道，可行的解决思路是：（1）试行区域性金融改革，建立GMS中小型股份制金融机构，以高度市场化的项目运作为基础加强金融合作，消除制度因素的过度控制。（2）国有商业银行应加强在GMS经济合作中的参与性，贯彻国家的区域产业政策，加大对基础性产业和主导产业的扶持力度，尤其是加大对工业基地项目的投资力度，要有适度的利率浮动，既降低企业的融资成本又能调动储蓄吸引资金。（3）发挥地方性金融机构区域优势进入周边国家发展业务。地方性金融机构总部设在地方，对周边市场很熟悉，决策也比较灵活，因而在云南省及相邻省份的地方性金融机构应抢先开拓周边国家的金融市场，为边境地区企业提供便捷的融资渠道。（4）发展民间合作银行或小额贷款公司，促进非正规金融市场对正规金融市场的补充作用，真正实现两个市场间的均衡。

（四）政府助力，改善融资环境

1. 深化金融市场改革，降低信贷寻租成本

由融资环境对企业新增投资影响的二项离散选择模型分析表明，信贷寻租成本影响着企业的投资决策和经营效率，要改善融资环境就需要降低信贷寻租成本。降低商业银行信贷寻租行为成本的根本是打破致使租金不断生成的制度因素，要逐步实现信贷资金配置的完全市场化，而在现阶段则应当围绕完善市场结构进行相应改革。这就包括：（1）放弃利率限制和信贷导向政策。进一步放弃利率限制，实现利率水平决定的完全市场化是遏制租金生成的根本方法。同时，信贷导向政策加剧了资本供给的稀缺性，激励了企业的寻租行为。解决办法就是放弃利率限制和信贷导向政策，将资金的利率水平和配置方向交由市场决定，进而产生最大的市场效益。（2）引导市场结构的调整。针对细分后部分信贷市场上竞争不足的情况，要积极引导这些市场调整结构，关键在于引入竞争，放开市场准入的限制，避免市场集中度过高，并将其制度化。

2. 发展担保行业改善融资环境

企业尤其是中小企业难以从商业银行获取贷款的一个重要原因就是经营不稳定、资信度差，银行向其贷款时的风险较大。在这种情况下，建立企业的融资担保体系就成为当务之急。虽然企业信用担保不是政府行为，但它却属于政府扶持下的担保机构的市场行为，政府在其中的作用主要是引导社会资本和银行资本流向，引导商业担保机构和企业互助担保机构为企业提供担保服务。具体来讲，在构建企业融资担保体系中，政府主要应该做好以下工作：一是尽快制定相应的法律、法规，营造良好的法律支持环境；二是由政府财政拨出专款，形成融资担保基金的主要资金来源；三是可以尝试建立中央和地方政府分级担保制度；四是由政府和商业性保险机构共同出资设立再保险机构，对担保公司提供其担保债务的保险，以加大担保公司对中小企业的金融支持力度。

第十章

跨境经济合作的区域经济影响分析

一 引言

中国陆地边界线总长 2.2 万多公里，开放边境地区对实现区域一体化具有重要的战略意义。

我国西南与老挝、越南、缅甸等东南亚国家毗邻，加强与这些国家的经济与贸易关系具有良好的政策基础。2007 年国务院出台了"兴边富民行动"的"十一五"规划，将民营资本引入边境地区，就贸易、教育、工程建设等方面对边境建设提出了具体的要求。2011 年 5 月 6 日，《国务院关于支持云南省加快建设面向西南开放重要桥头堡的意见》出台，强调了建立西南边境地区（云南）对于打通东南亚、南亚贸易通道的重要意义，并制定了加强基础设施和减少贫困人口等发展目标。2012 年 5 月 16 日《云南省人民政府关于加快推进边境经济合作区建设的若干意见》发布，针对麻栗坡（天保）、耿马（孟定）、腾冲（猴桥）、孟连（勐阿）、泸水（片马）边境经济合作区的建设提出了工作思路和具体目标。2013 年，国家主席习近平提出了"丝绸之路经济带和 21 世纪海上丝绸之路"（简称"一带一路"）倡议，这为提升经济全球化的国际区域经济合作提出了新的模式。2014 年，李克强总理在博鳌亚洲论坛年会上特别强调中国将在实施"一带一路"倡议的进程中，推进与周边国家的跨境经济合作。2015 年 12 月 24 日《国务院关于支持沿边重点地区开发开放若干政策措施的意见》出台，指出边境地区是我国通过"一带一路"倡议深化与周边国家合作的重要平台。2016 年 10 月 21 日《云南省人民政府关于支持沿边重点地区开发开放若干政策措施的实施意见》出台，从完善基础设施建设、促进要素流通、提高社会服务水平、减少贫困人口等 8 个方面对沿边地区的建设提出了发展思路。

我国西南边境地区的发展进程远落后于国内其他区域。一方面，内陆边境地区的经济发展远落后于沿海地区。根据国家统计局的数据可以看出，2014 年东部地区人均可支配收入是东北地区的 1.32 倍，是西部地区的 1.7 倍。另一方面，西南边境的经济发展水平不及东北沿边地区。东北地区依托于早期的重工业基础，其基础设施建设、产业发展水平、城市化程度远高于西南地区。

在国家战略和大的政策方针指导下，如何更有效率地推动沿边地区的经济建设是我国西南边疆开放过程中亟待解决的问题，政策的制定需要明确政府投资、私人投资和跨境贸易对区域经济的影响。本章通过设定政府投资、私人投资和进出口贸易增长的不同情景，利用投入产出法分析不同情景下对就业、税收和增加值的影响，最后根据分析结果提出政策建议。

二　文献回顾

跨境经济合作是指在毗邻国家的边境区域通过一系列合作制度安排，使区域内主体享有特殊的产业政策、财政税收政策、金融扶持政策等，使各项要素能够自由地跨境流动，并吸引要素资源向边境地区迅速集中。以克鲁格曼为代表的新经济地理学派通过建立市场潜力模型分析了区域间产品与市场的联系，认为自由贸易能够促使制造业向边境地区迁移，增加边境地区的劳动力人口，提高居民收入水平，扩大市场需求，对地方的经济发展有显著的正向作用（Krugman，1998）。根据新经济地理理论的核心边缘模型，制造业倾向于向生产成本、运输成本等各项投入成本低，具有利于生产的自然条件、社会环境、市场环境的区域集中，从而会产生正向的集聚效应推动地方经济发展（Harris，1954；Krugman，1990），也即边境地区有可能被建设成新的经济核心。然而，由于边境地区存在人口分散、产业落后、基础设施匮乏等问题，因此需要政府以优惠的政策引导资本、劳动力等要素向边境地区流动。

在理论上边境地区的贸易自由对地方经济有拉动作用，但是由于各国边境地区社会经济环境存在多样化特征，其空间经济效应存在差异，因而关于边境地区的开放对区域经济影响的经验研究仍没有一个确定的结论（Niebuhr，2002）。部分学者认为集聚效应只有在极低的交通运输成本条件下才有明显的正向作用，但对边境地区来说，要素在集中过程中会加剧厂商之间的竞争，进而推高工资水平、土地价格等，提高厂商生产成本，最终导致制造业逐渐向周边区域以非线性方式扩散，集聚效应对地区经济没有直接的影响（Ottaviano & Puga，2003）。对周边地区来说也存在两种相互作用的效应，一方面，边境地区城市化进程的加快、基础设施的完善等，最终在核心区域产生正向溢出效应并拉动区域经济发展；另一方面，资源流向核心区域从而对周边地区产生负向的经济扩散效应（张军涛和刘建国，2011）。

下面主要从产业结构及宏观收入、就业、总产出两个层次四个方面讨论跨境经济合作对区域经济的影响。

从中观层面来看，沿边开放带来的产业与地区经济之间的相互作用有显著差异。总体而言，边境开放对产业的影响表现出阶段性特征，并且在当前中国经济条件下产业结构升级的经济增长效应不明确（姚书杰，2016）。就具体的地区而言，东北、西北、西南边境地区的地方性政策侧重点不同，对地区间产业结构以及经济效益的差异有明显影响，而产业结构也是导致西部地区内部的经济发展差距的重要因素（黄伟新和龚新蜀，2014）。许多学者认为加强边境地区的基础设施建设及与国内其他区域的交通基础设施联系，能够扩大地方的内向开放程度，与制造业的发展有强联系，对边境地区的发展尤为重要（程艺和刘慧，2016）。但产业结构的不均衡发展最终对区域经济产生负向作用。制造业的集中会降低西部城市的经济效率并挤出部分有效率的投资，但制造业与生产性服务业共同集聚会显著促进西部城市的经济效率（于斌斌和杨宏翔，2015）。以内蒙古为例，有研究表明，政府资金集中改善了基础设施建设、促使第二产业迅速发展，但第一产业及卫生事业等方面的发展不均衡，最终导致地方生产总值、就业水平以及居民收入的增长趋势没有显著的变化（王飞和严涛，2011）。

从宏观层面来看，学者普遍认为沿边开放对区域经济有积极作用（郭树华和蒙昱竹，2016）。欧盟在推进欧洲大市场形成的过程中建立了有效的跨境资源流通渠道，如通过厄勒松大桥实现了丹麦与瑞典之间劳动力市场的融合；北部半球帽计划（North Calotte）促进了芬兰、瑞典、挪威的边境城市的产业升级，扩大了欧洲东西部之间的贸易规模（王雅梅，2006）。

若单独考虑边境开放对居民收入、就业情况的影响，则可见存在差异。通过托宾模型从全国地级市的开放程度分析，贸易开放不仅能够提高本区域收入水平，也能提高相邻区域的收入水平（姚鹏和孙久文，2015）。然而对边境地区的影响目前仍有争议。在"兴边富民"行动下，尽管内蒙古边境地区第二产业迅速发展，基础设施建设显著加强，但当地农牧民收入增速并无变化（王飞和严涛，2011）。在北美自由贸易协定（NAFTA）的背景下，美加墨边境地区就业增长率、人均收入增长率较低，且失业率水平保持不变（David & James，2002）。

因此，为了在国家"一带一路"等战略与政策框架下有效地促进跨境经济合作，需要明确跨境贸易与投资等活动对区域经济（包括国内生产总值、就业和税收等）的影响，从而确定跨境经济合作的政策重点并采取有针对性的政策措施。

三　研究方法及数据分析

（一）数据来源

投入产出模型的基础数据源于云南省42部门的投入产出表（2012）。投资与跨境贸易数据源于近几年云南省政府出台的政策文件以及相应年份云南省统计年鉴和云南省商务厅的统计数据。

（二）评估模型

投入产出分析主要通过一系列线性方程解释经济系统内每个产品与服

务之间的投入与产出平衡，进而分析和考察国民经济各部门在产品和消耗之间的数量依存关系（Leontief，1989）。投入产出方程可写为：

$$X = AX + D \qquad\qquad (10-1)$$

式中，X 是部门总产出的列向量；A 是技术系数，本质上用来描述产品与服务在部门之间的流动；D 是对部门产出的最终需求的向量。

本章利用影响力系数和感应度系数来衡量云南省产业之间的关联关系。其中影响力系数衡量了经济系统内某一产业增加一单位最终产品需求时对整个产业波动的影响，计算公式如下：

$$F_j = \frac{1}{n} \sum_{i=1}^{n} b_{ij} \Big/ \Big(\frac{1}{n^2} \sum_{j=1}^{n} \sum_{i=1}^{n} b_{ij} \Big) \qquad\qquad (10-2)$$

式中，n 表示产业数量，$\sum_{i=1}^{n} b_{ij}$ 表示里昂惕夫逆矩阵 $B = (I-A)^{-1}$ 的行向量加总。它衡量了国民经济中某一产品部门增加一个单位最终产品时，对国民经济各部门所产生的生产需求波及程度（Rasmussen，1957）。影响力系数作为后向关联的指标在经济研究中被广泛应用。

相应的，前向关联可以通过感应度系数来测算，它通过衡量国民经济各部门增加一单位最终产品时其中某一部门由此受到的影响。具体公式定义为：

$$F_i = \frac{1}{n} \sum_{j=1}^{n} b_{ij} \Big/ \Big(\frac{1}{n^2} \sum_{j=1}^{n} \sum_{i=1}^{n} b_{ij} \Big) \qquad\qquad (10-3)$$

式中，$\sum_{j=1}^{n} b_{ij}$ 是里昂惕夫逆矩阵的行元素加总。

在给定的经济系统内部，最终产品生产与消费的变化对宏观经济的影响分为三类：直接影响、间接影响和引致影响。直接影响指直接由某一部门生产以及消费本部门产品所产生的对经济体的影响；间接影响指某一部门的生产活动从其他部门获取商品、原材料以及服务，进而间接拉动相关产业所产生的联动效应；引致影响是指受生产活动扩张所直接或间接影响的部门，其雇用的劳动力的支出随着生产扩张而增加。由于直接或间接效应影响了这个群体的工资水平，因此他们在经济系统中维持家庭的开支随之改变。

根据投入产出法的具体分析方法可以看出，跨境经济活动的影响能通过相关部门的后向联系和作为中间投入的其他部门来评估。因此，可以基于目前我国西南边境的具体经济情况设定不同的情景，然后通过需求驱动的投入产出模型来评估不同情景下跨境经济合作对区域经济的影响。

由于某个部门经济活动的扩张对整个经济的影响不仅仅局限于它所直接创造的价值，各个产业部门之间存在一定的关联性，一个部门最终需求的增加对整个经济系统的影响远超过初始变化。以投入产出模型为基础，由矩阵（10 - 4）和（10 - 5）可以分别计算出直接影响及间接影响：

$$I + A \qquad\qquad\qquad (10 - 4)$$

$$(I - A)^{-1} - (I + A) \qquad\qquad\qquad (10 - 5)$$

式中，A 代表投入产出表的直接消耗系数矩阵。

引致影响可使用一个扩展的投入产出模型计算：在直接消耗系数矩阵中加入居民收入系数的行向量和家庭对产品和劳务的消费倾向列向量[①]，即将家庭的收入和消费作为内生变量引入投入产出模型。其原因在于：一方面，在各部门产品的生产过程中，居民的劳动报酬与原材料、燃料、电力等中间投入品的消耗一样，与产量有显著的线性关系，随着产量的扩大，劳动报酬所得也随之增加；另一方面，居民劳动报酬和居民消费对各部门的生产具有联动效应，产出的增加会提高居民收入、扩大居民消费，最终刺激所有产业产出的提高。

扩展后的矩阵（A_E）表示为：

$$A_E = \begin{bmatrix} A & H_c \\ H_r & h \end{bmatrix} \qquad\qquad\qquad (10 - 6)$$

式中 A_E 是扩展后的技术系统矩阵，维度为 43×43；H_c 是家庭对产品和劳务的消费倾向列向量；H_r 是居民收入系数的行向量，h 是居民对居民的支付系数，在文中假定为 0。

---

① 具体做法：在投入产出表中，居民收入系数的行向量利用每一部门的劳动者报酬除以每一部门的总产出得到；家庭对产品和劳务的消费倾向列向量利用每一部门的居民消费额除以总居民消费额得到。

乘数矩阵 $(I-A_E)^{-1}$ 与矩阵 $(I-A)^{-1}$ 的区别是：后者只反映通过中间投入所引起的对各部门产出的直接和间接需求；而前者不仅反映了通过中间投入而引起的各种直接和间接需求，而且反映了由于劳动报酬增加，居民消费需求增加而引起的对各部门产出的直接和间接需求。因而，引致影响的乘数矩阵表示为：

$$(I-A_E)^{-1} - (I-A)^{-1} \qquad\qquad (10-7)$$

式中的 $(I-A_E)^{-1}$ 是 43×43 的矩阵，而 $(I-A)^{-1}$ 是维度为 42×42 的矩阵，不能直接相减，需要把 $(I-A_E)^{-1}$ 按照与 $(I-A)^{-1}$ 相同的维度与部门剪切出来后再相减。

在计算不同影响时，让 Z 分别代表直接、间接和引致影响乘数矩阵 $(10-4)$、$(10-5)$ 和 $(10-7)$，最终需求变化 (Δd) 所导致的相应各类影响 (ΔP) 计算如下：

$$\Delta P = aXZ\Delta d, X = H, T, G \qquad\qquad (10-8)$$

式中 a 是单位行矢量，作用是保证矩阵预算中的量纲一致；H 是由居民收入系数所构成的行向量[①]；T 是由生产者净税额系数所构成的行向量；G 是由增加值系数所构成的行向量；Δd 是最终需求变化量的列向量。部门及数据见下节情景设定。

（三）情景设定

我国已经出台了一系列促进西南边境地区跨境经济合作的政策，内容主要包括：第一，通过扩大政府投资完善边境地区的公路、铁路、光缆等基础设施建设，以优化经济环境吸引要素资源的流入；第二，通过税收豁免、金融扶持等政策吸引外资以推动边境地区的产业升级；第三，通过制度设计、政府机构安排等简化边境贸易流程，减小制度性贸易壁垒以扩大贸易量。这些内容可归纳为三方面的经济活动：政府投资、企业投资以及

---

① 由于劳动者不可能一年中每一天都工作满 8 个小时，因此为消除统计误差，这里对就业影响的结果换算成（人·天）单位制。具体做法：首先按单位产出的劳动力补偿额估算，然后再乘以 251 [原因：以 2016 年为基准，全年共计 365 天，周六周日计 $52 \times 2 = 104$ 天，节假日 10 天（扣除与周末重叠的），每人每年平均工作天数约为 251 天]。

跨境贸易。在政府政策的促进下，对这三方面的经济活动做出以下情景假设。

1. 政府投资情景

根据 2004 年至 2015 年关于政府投资的政策文件，政府投资主要在于完善基础设施建设，对建筑业产生了显著影响，详细情况见表 10 - 1。参考以上年份的政府投资随政策变化的特点，可以看出在数额上投资呈现出时间段内的倍增关系，即政府投资每隔几年翻一番或翻几番。

以 2013 年的政府投资额（2 亿元）为参考基准，在此基准下假设不同的政府投资增长情景：（1）政府投资增加 100%；（2）政府投资增加 150%；（3）政府投资增加 200%。

由于政府投资主要直接影响到建筑业，在计算 2013 年的基量 ΔY 时，把政府投资归类到建筑部门。

表 10 - 1　政府投资的政策文件

年份	文件名	政府投资优惠摘要
2004	云南省交通厅"兴边富民工程"	2005 ~ 2008 年，每年筹集 4 亿元，全面建成贯通云南边境 25 县的主要公路通道
2008	《云南省人民政府关于进一步扩大开放的若干意见》	2008 ~ 2012 年，省财政厅每年筹集口岸资金 1 亿元。在德宏、保山、西双版纳、红河等州市择地建设开放配套改革试验区
2009	《关于加快推进通关便利化的若干意见》	2009 ~ 2012 年，每年安排云南口岸建设专项资金不低于 2 亿元
2010	《关于进一步加强外来投资促进工作的若干意见》	对具备启动条件的省级 10 个边境经济合作区补助 3 亿元启动建设经费
2011	云南关于《兴边富民行动规划（2011—2015 年)》的具体措施意见	每年安排专项资金 2 亿元，用于"边境地区一线兴边富民片区综合示范工程"
2013	《支持红河州河口、瑞丽、版纳、跨境经济合作区域建设若干政策》	2012 ~ 2017 年，省财政每年给予河口跨境经济合作区 5000 万元综合财力补助；2013 ~ 2020 年，省财政继续每年给予瑞丽试验区 1 亿元综合财力补助；2013 ~ 2017 年，省财政每年给予磨憨跨境经济合作区 5000 万元综合财力补助
2015	《沿边三年行动计划（2015—2017 年)》	2015 ~ 2017 年，平均每年不低于 3 亿元优先用于交通、安居房等基础设施的建设

2. 企业投资情景

根据云南省商务厅外资处和云南省历年统计年鉴计算出 2010 年至 2014 年云南省沿边 8 州市实际利用外商投资额及外商投资增长率的概况，具体情况如表 10－2 所示。

表 10－2　2010～2014 年沿边 8 州市实际利用外商投资额

单位：亿美元，%

年　份	2010	2011	2012	2013	2014
外商投资	1.57	2.20	3.48	3.72	3.53
增长率	30.8	43.2	53.98	6.7	－ 5.1

资料来源：根据云南省商务厅外资处和历年云南省统计年鉴计算而来。

2013 年沿边 8 州市利用外商投资的数额达到 3.72 亿美元，其中房地产行业的投资额最高，占总投资额的 37.85%，其次依次为制造业（22.78%）、电力、燃气以及水的生产和供应业（9.51%）、批发和零售业（8.63%）、租赁和商务服务业（6%）。这五大行业的投资额占总投资额的 84.77%。

2010 年至 2014 年沿边 8 州市实际利用外商投资额的平均增长率为 25.92%，以此为基础进行情景假定。通过这五大行业企业投资中的总量和比例可以计算出基年的 ΔY，其他不属于这些行业的部门在三种情景下需求量矢量 ΔY 中所对应的数据为 0。由于制造业和电力、热力、水的生产和供应业在细分为具体部门时，其比例无法确定，因此按投入产出表相应部门最终使用额占制造业和电力、热力、水的生产和供应业最终使用额的比例来计算。

基于上述分析设定以下企业投资情景：（1）企业投资增长 50%；（2）企业投资增长 75%；（3）企业投资增长 100%。

3. 跨境贸易情景

2013 年云南省跨境贸易进出口总额为 33.34 亿美元，其中出口额为 18.47 亿美元，进口额为 14.87 亿美元。出口的商品主要为机电产品，农产品，纺织品及服装，烟草及制品，电力，锡、银等有色金属，化肥，磷化工，电子设备，农用机械，汽车，摩托车，建材，家电，日用百货等，这些产品占当年跨境贸易出口额的 80% 以上。进口的商品主要为农产品、木材、玉石、玻璃石、金属矿砂、机电产品等，这些产品占当年跨境贸易进口额的90%以上。将进出口商品根据投入产出表进行分类，细分出不同的相关部门以反映各部门的进出口变化情况。其他没有划归的部门假设进出口额变化量为0。

2010年至2014年云南省跨境贸易量的增长率如表10 - 3所示。在进行跨境贸易的情景设定时，以出口增长率平均数25.78%、进口增长率平均数25.88%为参考。在计算ΔY时，把主要进出口商品按类别归结到各部门，然后用各部门商品的比例计算主要进口和出口部门的基量。

因此，以2013年为基准年份，设定3个跨境贸易情景：（1）跨境出口贸易增长50%，跨境进口贸易增长50%；（2）跨境出口贸易增长75%，跨境进口贸易增长75%；（3）跨境出口贸易增长100%，跨境进口贸易增长100%。

表10 - 3　云南省跨境贸易进出口及增长率

单位：亿美元，%

年　份	出口额	出口增长率	进口额	进口增长率
2010	9.88	39.75	7.47	34.84
2011	12.16	23.08	7.88	5.50
2012	13.95	14.72	7.54	- 4.30
2013	18.47	32.40	14.87	97.21
2014	21.79	18.95	14.00	- 5.85

资料来源：由历年"云南省统计年鉴"整理而得。

根据上述政府投资、企业投资和跨境贸易的情景设定，得到3个综合的情景。

情景一：政府投资增加100%，企业投资、跨境贸易进口和出口增长50%；

情景二：政府投资增加150%，企业投资、跨境贸易进口和出口增长75%；

情景三：政府投资增加200%，企业投资、跨境贸易进口和出口增长100%。

四 结果与讨论

（一）产业关联关系

产业关联度主要用来衡量经济系统各产业之间相互联系、相互影响的程度，以下从影响力系数和感应度系数这两个指标进行分析。

1. 影响力系数

当影响力系数大于 1 时，表明这个部门的生产活动对其他部门的影响超过社会平均水平。结合云南省统计年鉴数据，根据式（10 - 2）算得影响力系数。结果表明，云南省 42 个部门投入产出表中有 26 个部门的影响力系数超过 1（见表 10 - 4），即这 26 个部门增加一单位最终产品时，对其他部门产生的需求推动均超过社会平均水平。其中，影响力系数排前三位的产业依次为电气、机械及器械制造业，工艺品及其他制造业和建筑业。这些部门最终需求的增加，将在很大程度上拉动其他相关部门产出的增长，进而带动整个国民经济的发展。

表 10 - 4　云南省影响力系数大于 1 的部门

部　　门	系　　数	排　　名
电气、机械及器械制造业	1.293	1
工艺品及其他制造业	1.276	2
建筑业	1.264	3
交通运输设备制造业	1.237	4
金属制品业	1.230	5
通用、专用设备制造业	1.220	6
金属冶炼及压延加工业	1.219	7
燃气生产和供应业	1.214	8
非金属矿物制品业	1.202	9
化学工业	1.193	10
纺织服装鞋帽皮革羽绒及其制品业	1.191	11
石油加工、炼焦及核燃料加工业	1.181	12
通信设备、计算机及其他电子设备制造业	1.178	13

续表

部　门	系　数	排　名
金属矿采选业	1.170	14
非金属矿及其他矿采选业	1.166	15
造纸印刷及文教体育用品制造业	1.134	16
仪器仪表及文化办公用机械制造业	1.130	17
木材加工及家具制造业	1.121	18
电力、热力的生产和供应业	1.102	19
租赁和商务服务业	1.098	20
煤炭开采和洗选业	1.060	21
纺织业	1.040	22
卫生、社会保障和社会福利业	1.008	23
综合技术服务业	1.002	24
居民服务和其他服务业	1.002	25
研究与试验发展业	1.000	26

2. 感应度系数

根据式（10 - 3）算得感应度系数（见表 10 - 5）。结果表明，有 16 个部门的感应度系数超过 1，其中有 5 个部门的感应度系数超过 2。当全社会最终产品均增加一个单位时，这 16 个部门为其他部门的生产提供的最终产品数大于 1，即其他产业部门对这些高感应度系数部门的依赖性比较高，它们带动整个经济发展的力度最大。以交通运输及仓储业为例，其感应度系数为 2.421，即当社会各部门最终产品均增加一个单位时，交通运输及仓储业为其他部门生产的最终产品增加 2.421 个单位，则该部门的增长速度是社会平均水平的约 2.421 倍。

表 10 - 5　云南省感应度系数大于 1 的部门

部　门	系　数	排　名
交通运输及仓储业	2.421	1
金属冶炼及压延加工业	2.137	2
化学工业	2.124	3
煤炭开采和洗选业	2.111	4
批发和零售业	2.007	5

部　门	系　数	排　名
电力、热力的生产和供应业	1.962	6
农、林、牧、渔业	1.858	7
石油加工、炼焦及核燃料加工业	1.813	8
通用、专用设备制造业	1.581	9
金属矿采选业	1.390	10
金融业	1.334	11
造纸印刷及文教体育用品制造业	1.295	12
通信设备、计算机及其他电子设备制造业	1.201	13
租赁和商务服务业	1.143	14
信息传输、计算机服务和软件业	1.143	15
交通运输设备制造业	1.018	16

（二）影响乘数

基于式（10-8），对 Δd 做标准化处理（即用 Δd 中的每一个元素除以 Δd 的总和），即得到每万元出口、进口、企业投资和政府投资分别对就业、税收和增加值的影响乘数，结果如表 10-6 所示。影响乘数的大小反映出贸易与投资对区域的影响力。影响乘数越大，对区域经济的促进作用越大。

表 10-6　出口、进口和投资的影响乘数

影响种类	出　口	进　口	企业投资	政府投资
对就业的影响［单位：（人·天）］				
直接影响	46.07	-49.55	20.60	33.72
间接影响	27.79	-25.14	14.67	30.61
引致影响	58.12	-58.77	27.75	50.62
总影响	131.98	-133.46	63.02	114.95
对税收的影响（单位：万元）				
直接影响	0.10	0.08	0.13	0.08
间接影响	0.08	0.07	0.05	0.09
引致影响	0.14	0.15	0.07	0.13
总影响	0.32	0.30	0.25	0.30

续表

影响种类	出　口	进　口	企业投资	政府投资
对增加值的影响（单位：万元）				
直接影响	0.56	−0.58	0.75	0.47
间接影响	0.44	−0.42	0.25	0.52
引致影响	0.80	−0.81	0.38	0.70
总影响	1.80	−1.81	1.38	1.69

从对就业的影响而言，出口、企业投资和政府投资都对本地区就业具有正向影响，进口由于产品的替代生产作用对本地区就业具有负向影响。从数值上看，出口的就业影响最大，其次是政府投资，企业投资的就业影响最小。然而，进口具有与出口影响绝对数值相当的负向影响，进出口的净就业影响由商品的产业结构所决定。相比较而言，企业投资的就业影响较小，说明目前在边境地区投资的产业不具有很强的就业效应。从影响类型看，引致影响最强，其次为直接影响，间接影响最弱。特别是，政府投资的引致影响较强，这与建筑业的劳动密集特征相关。

贸易和投资都对税收具有积极作用，且单位影响大致相当。与就业影响不同的是，由于收取进口税的原因，进口对税收的影响是正向的。从影响类型看，企业投资的直接影响乘数最大，但是其间接影响乘数最小；政府投资对税收的引致影响乘数最大；引致影响下，进口对税收的影响乘数最大，但是从数值看进口、出口和政府投资的影响乘数相关不大。

与对就业的影响类似，增加出口、企业投资和政府投资有利于提升增加值，而增加进口的影响则相反。出口对增加值的总影响乘数最大，其次为政府投资，最小的为企业投资。然而，企业投资对增加值的直接影响最强，政府投资对增加值具有较强的间接影响和引致影响。进口与出口影响乘数的绝对值大小相当，但是影响相反。但是由于进、出口商品的产业结构不同，它们两者之间的影响不是相互抵消的关系。

（三）不同情景下的经济影响

1. 对就业的影响

基于前述的情景设定，根据式（10－8）可分别计算出进口、出口、企业投资、政府投资对就业的影响，结果如表 10 – 7 所示。

在不同情景下，随着贸易与投资额的增加，对就业的影响也增加；就某一特定情景而言，合计的引致影响最大，其次为直接影响，而间接影响最小。

由于跨境贸易额远大于企业投资额和政府投资额且云南省在跨境贸易中具有贸易顺差，跨境贸易的净就业影响比企业投资和政府投资的就业影响大。另外，由于企业投资额大于政府投资额，企业投资对就业的影响大于政府投资（表 10 – 7）。

表 10 – 7　不同情景模式下对就业的影响

单位：（万人·天）

情　景	出　口	进　口	企业投资	政府投资	合　计
直接影响					
情景一	1965.19	– 1167.59	183.50	67.44	1048.54
情景二	2947.79	– 1751.38	275.24	101.16	1572.81
情景三	3930.38	– 2335.18	366.99	134.88	2097.07
间接影响					
情景一	1185.61	– 592.42	130.61	61.22	785.02
情景二	1778.42	– 888.63	195.91	91.84	1177.54
情景三	2371.23	– 1184.83	261.22	122.45	1570.07
引致影响					
情景一	2479.39	– 1384.96	247.17	101.25	1442.85
情景二	3719.08	– 2077.44	370.76	151.87	2164.27
情景三	4958.78	– 2769.92	494.34	202.49	2885.69
总影响					
情景一	5630.19	– 3144.97	561.28	229.91	3276.41
情景二	8445.29	– 4717.45	841.91	344.87	4914.62
情景三	11260.39	– 6289.93	1122.55	459.82	6552.83

出口的正向总影响最强，企业投资次之，政府投资最弱；进口的总影响为负。由于基数大的原因，出口对就业和增加居民收入具有很大的影响，例如在情形一中能创造 5630.19（万人·天）的工作机会，增加劳动者报酬 29.28 亿元。出口的引致影响和直接影响较强，间接影响相对较小。

原因在于：主要出口商品为机电产品、农产品和纺织品及服装，这些产品的出口多为劳动密集型产业，直接增加了对劳动力的需求；同时，也提高了家庭部门的收入水平和消费能力，加强了家庭部门与生产部门之间的联动效应，因而具有较强的引致影响。

2. 对税收的影响

从表 10 - 8 可看出，随着贸易和投资额度的增加，对税收的影响显著增加；出口和进口对税收具有较强的正影响，企业投资和政府投资对税收的影响相对较小。原因在于：进出口的总额远大于企业和政府投资总额，且进口商品也属于课税对象，故而进出口对税收的贡献最大。

相对各自的直接影响和间接影响而言，进出口和政府投资具有较强的引致影响；企业投资具有较强的直接影响，但是间接影响和引致影响较小。

出口对税收的引致影响最强，主要原因在于：出口量的增加会提升云南省经济总产出，居民平均收入水平和消费能力随之增加，进而增大居民利税总额；同时，2013 年云南省跨境进出口总额远大于企业投资和政府投资的总额，出口量的增加带来居民收入水平的极大程度提升，因此家庭部门和生产部门之间的联动效应将产生巨大的影响，最终出口所引致增加的税收较大。

表 10 - 8　不同情景模式下对税收的影响

单位：亿元

情　景	出　口	进　口	企业投资	政府投资	合　计
直接影响					
情景一	4.08	1.95	1.13	0.16	7.32
情景二	6.12	2.92	1.70	0.24	10.98
情景三	8.16	3.90	2.27	0.33	14.66
间接影响					
情景一	3.24	1.76	0.40	0.18	5.58
情景二	4.87	2.64	0.61	0.28	8.40
情景三	6.49	3.52	0.81	0.37	11.19

续表

情　　景	出　　口	进　　口	企业投资	政府投资	合　　计
引致影响					
情景一	6.17	3.45	0.62	0.25	10.49
情景二	9.26	5.17	0.92	0.38	15.73
情景三	12.35	6.90	1.23	0.50	20.98
总影响					
情景一	13.49	7.16	2.15	0.59	23.39
情景二	20.25	10.73	3.23	0.90	35.11
情景三	27.00	14.32	4.31	1.20	46.83

企业投资对税收的影响中，直接影响较强而间接影响和引致影响较弱的原因在于：企业在边境地区投资，会直接购买各种生产资料，这一过程将产生大量直接税收；边境地区的产业基础薄弱，且现有产业与产业关联度较低，间接影响较弱；另外，由于现有产业的劳动报酬率小，居民的消费能力低，因而源于家庭消费引致影响也小。

3. 对增加值的影响

促进贸易和投资有利于提升增加值，然而由于贸易和投资的总量依然较小，对增加值的贡献还不大。2013 年云南省的地区生产总值为 11720 亿元，在 3 个不同的情景下，贸易和投资的增加对云南省地区生产总值贡献率分别为 0.42%、0.64% 和 0.85%。

对增加值的影响主要源于跨境贸易，在 3 个不同的情景中，通过增加进出口将为云南省的地区生产总值分别贡献 0.29%、0.42% 和 0.64% 的份额。相比较而言，企业投资和政府投资对增加值的贡献较小。

表 10 - 9　不同情景模式下对增加值的影响

单位：亿元

情　　景	出　　口	进　　口	企业投资	政府投资	合　　计
直接影响					
情景一	23.71	- 13.62	6.67	0.95	17.71
情景二	35.57	- 20.42	10.01	1.42	26.58
情景三	47.42	- 27.23	13.34	1.90	35.43

续表

情　景	出　口	进　口	企业投资	政府投资	合　计
间接影响					
情景一	18.81	-9.90	2.23	1.05	12.19
情景二	28.22	-14.85	3.34	1.57	18.28
情景三	37.62	-19.80	4.45	2.10	24.37
引致影响					
情景一	34.20	-19.11	3.41	1.40	19.90
情景二	51.30	-28.66	5.11	2.09	29.84
情景三	68.40	-38.21	6.82	2.79	39.80
总影响					
情景一	76.72	-42.63	12.31	3.40	49.80
情景二	115.09	-63.93	18.46	5.08	74.70
情景三	153.44	-85.24	24.61	6.79	99.60

　　出口对增加值的总影响中，引致影响最强，间接影响最弱。边境地区出口量的增加，会促使企业在本地雇用更多的劳动力，提高家庭部门的收入水平和消费能力，对商品的需求也随之增加，这将促使企业进一步提高产能，贡献更多的增加值，因而引致影响更强一些。企业投资对增加值的总影响中，直接影响最强，间接影响最弱。其主要原因与对税收的影响类似，边境地区产业基础薄弱，企业之间的关联较弱，间接影响也较小。政府投资具有较强的引致影响和间接影响，直接影响较弱。这主要是因为政府投资集中于基础设施的建设，对增加值所带来的直接影响较小，但由于建筑部门与其他部门具有较强的产业关联关系，这有利于提升其他部门的增加值，进而通过增加居民收入产生较强的引致影响。

五　结论与政策含义

　　如何有效率地推动沿边地区的经济建设是我国西南边疆开放过程中亟待解决的问题，政策的制定需要明确政府投资、私人投资和跨境贸易对区域经济的影响。本章利用投入产出模型评估了政府投资、企业投资和跨境贸易在不断增长情景下对云南省就业、税收和增加值的影响。得到如下结论。

第一，电气、机械及器械制造业，工艺品及其他制造业和建筑业的影响力系数较大，而交通运输及仓储业、金属冶炼及压延加工业和化学工业的感应度系数较大，说明这些产业与其他产业的关联度较高，这些产业的发展对整个区域经济发展的影响较大。

第二，单位投资量和出口量对就业、税收和增加值具有较明显的乘数效应，这反映出在边境地区投资和进行跨境贸易具有较大的发展潜力。进出口对就业的影响较大，乘数绝对值相当，但方向相反；政府投资的就业影响乘数略小些，企业投资的就业影响乘数相对要小得多，但均对就业有促进作用。单位价值的进口、出口、企业投资和政府投资对税收的影响大致相当，但是存在影响类型的差异，其中进出口和政府投资对税收有较强的引致影响，而企业投资具有较强的直接影响。进出口的增加值影响乘数绝对值相当，影响相反；企业投资对增加值的直接影响最大，比较而言，增加出口额和政府投资对提升增加值具有较强的间接和引致影响。

第三，虽然就单位数量而言，贸易和投资额对区域经济具有明显的促进作用。但就相对区域经济总量而言，在边境地区投资和进行跨境贸易仍然存在明显的不足，对区域经济总量的影响较小。例如，以 2013 年云南省的地区生产总值（11720 亿元）为基准，在 3 个不同的情景下，跨境贸易和投资的增加对云南省地区生产总值的贡献率分别为 0.42%、0.64% 和0.85%。其中，这些贡献主要源于跨境贸易，企业投资和政府投资的贡献相对要小得多。

第四，虽然进出口对就业和增加值具有相反的影响，且乘数的绝对值相近，但是云南省在跨境贸易上的顺差及进出口产品产业结构的差异使得跨境贸易对云南的就业和增加值具有明显的促进作用。

通过上述分析，我们可以得到以下政策启示。

第一，发展具有强影响力和感应度的产业更有利于促进区域经济的发展。可结合跨境贸易产品的产业及边境地区投资企业的现状，促进跨境产业链的建立，并对其进行优化。

第二，边境地区投资和跨境贸易的潜力没有得到充分的发掘，应结合交通物流等基础设施建设，通过双边协商，进一步减少跨境贸易障碍，从而更好地发挥跨境贸易对云南经济的促进作用。

第三，目前企业投资额较小，投资的产业类别比较有限。投资政策一方面要促进投资额的增加，另一方面也要重视产业的多样化发展，从而增强企业投资的间接和引致影响。

第四，结合进出口和政府投资，促进企业投资。一方面，可在边境地区建立进出口产品加工基地，这既可以增加企业投资也能降低进出口原材料或初级加工产品的交易成本；另一方面，由于政府投资对区域经济具有较强的间接和引致影响，可以扶持与建筑业相关的企业（如建材企业）到边境地区投资。

第十一章

跨境经济合作区的原理与影响因素

在当前全球化时代，跨境经济和政治发展被提到了一个崭新的高度。政治边界和国家实体地界依然分明，一旦边界功能发生变化，边界区域的地位和跨境关系的特点也会发生变化。全球互通性通过多边和区域合作框架得以深化和扩展，跨国合作组织、区域及全球价值链在不断形成，普遍的新自由主义私有化趋势已经减少了边缘政治的重要性。在过去的20年里，出现了多种跨境合作形式。在北美，跨境合作涉及"自下而上"过程中的地方政府行为和非政府行为，已吸引数国参与合作。在欧洲，采取自上而下的模式建立了欧盟——一个超越民族的组织。同样，在亚洲和非洲，国家政府在国际机构的援助下致力于完善基础设施和建立联系城市的经济走廊。作为经济走廊的开发节点，跨境经济合作区是促进跨境经济发展的关键。

一　什么是跨境经济合作区

根据空间经济理论，更低的交易成本，有技能劳动力的供应，公共和基础设施的建设，以及研究与开发等的集中为地域中心创造了本地化效益和集聚化效益，经济活动因而趋向于集中在地理中心附近。由于与主要都会中心距离远，运输成本高，边境地区不受经济活动的青睐。中国西南的跨境地区尽管拥有丰富的自然资源，却不能成功地吸引FDI（外商直接投资），因为政治边界的负面影响造成了市场差距并且阻碍产业在边境地区的区位选择，所以就运输路线、市场以及社会政治因素而言，边境地区不是最有效的区位。从这个角度看，区域交通与物流基础设施是提高边境地区经济活动效率与影响的核心，它们的完善有利于促进商品与要素的流动。然而，由于受到非经济障碍的影响，区域交通与物流基础设施的完善并不能促使跨境地区自发地形成生产网络。新区域主义论认为这些非经济障碍主要源于文化、历史、制度或社会差异，这些差异的综合影响构成了边界效应，大量研究表明，边界效应会使贸易流量急剧减少。因此，交通走廊对边境地区的发展至关重要，但它们本身并不能促进经济活动的开展，深度的区域经济一体化需要建立能够降低边界效应的跨境经济合作区。

跨境经济合作区是指在两国边境附近划定出特定的区域作为跨边界线的经济区，赋予该区域财政税收、投资贸易、海关法规、产业发展等方面的优惠政策，在这个区域内商品、资本、技术可自由流动。与边境经济区不同的是，边境经济区局限于一国境内，而跨境经济区是一个跨越边界线的经济区。

就硬件而言，跨境经济合作区将由生产区、商业区、现代的基础设施和先进的跨境设施构成。其中，企业生产区将具有工业生产、产业孵化、投资金融服务和业务开发服务等功能；商业区内的经济活动将包括免税商品贸易、专业化市场、跨境旅游、国际会展、贸易促进和金融服务等。从软件上看，跨境经济合作区的运行需要政府的支持，包括制定跨境经济合作区的政策和吸引企业到跨境经济合作区投资的政策；还需要跨境经济合作区共管与主权共享的制度安排。特别是，主权的共享要求相邻两国政府均对本国所涉及的跨境经济合作区的区域做出一定的主权让渡，进而对边界两边的主权让渡区实施共管和主权共享。

二　跨境经济合作区的基本原理

基本经济理论的核心是运输费用在空间配置活动中发挥调节作用，并且边境地区之所以成为一个非受欢迎的经济活动地区主要是因为其距离主要城市中心太远（Dimitrov，2002）。从这个角度看发展区域运输和物流基础设施是加强边境地区效率和影响力的核心。发达的交通基础设施和该地区各国的连接性将促进要素和商品的跨边界流动。边境的开放为企业在跨境地区进行大型市场交易提供了可能性，使边境地区获得一定程度的吸引力。然而，运输和物流设施的创建并不必然导致边境地区生产网络自动地发展。新地方主义将此归因于非经济障碍，如边境地区的文化、历史或社会差异。换句话说，即使这些障碍完全消失，跨境经济互动水平仍将因为现存的非经济障碍而低于相应的国家内部的经济互动水平（Brenton and Vancauteren，2001；Afouxenidis and Leontidou，2004）。因此虽然运输通道可被视为与边境地区发展直接相关，但不能自发地推动边境区域的经济活动。

新区域主义强调在边境区域发展完全集成的生产网络的需求，这种需求有领土的基础，而不仅仅是增加有着狭隘功能基础的地区间跨境贸易。明显地，这种在国家支持下促进贸易以建立正式的边境和跨境经济特区的途径超越了发展交通设施，它要求建设工厂和构建基础设施，并反过来包含利用互补资源和跨境市场的投资与边境经济活动流程。边境经济特区的发展可能将边境周围转化为经济增长的中心，受经济和社会边缘化影响的边境地区人民将会受益。边境地区的经济发展有益于东道国，也可能在邻国的发展中发挥重要作用。以下论述边境地区的发展渠道。

（一）边境资源的利用

一般而言，边境由于它们的气候条件、要素禀赋、空间接近外国市场和发展跨境向后及向前联系的其相对高的潜力，有着独特的空间优势。它们缺乏经济活动，生产能力闲置。边境经济区域可通过吸引投资以挖掘这些优势，并带来好处。例如中国云南边境地区的气候条件有利于咖啡生产，中国政府正在积极促进该地区的咖啡生产，扩张至数千公顷。缅甸沿边的跨境经济合作区将有助于降低运输成本和提高其在这个领域的竞争力。因此，边境地区对未充分利用的当地资源进行开发，可为现代工业和出口导向型增长提供基础（Crush and Rogerson，2001：86）。

（二）利用跨境互补性资源

边境地区互补品的进口是可能的。那些并存于边境间的互补资源，与成本优势产品的生产息息相关。特别是，边境地区的相对发达和欠发达经济区提供各自边境地区的有区位相对优势的边境互补品。当企业垂直联系呈现出后向和前向一体化的机遇并且空间集聚的激励较强时，边境地区将获得特殊的地理优势（Niebuhr and Stiller，2002）。在大湄公河次区域，各国在经济发展上差距很大，泰国、越南和中国是相对发达经济体，柬埔寨、老挝和缅甸（CLM）仍处于初级发展阶段。跨境经济合作区提供了一个不发达的相邻经济体通过边境经济区域参与到相邻发达国家生产网络的机遇。例如，CLM经济体能够向跨境经济合作区中在主要进口品（材料、部件和组件）、技术和资金拥有相对优势的泰国及中国提供廉价的劳动力，这意味着边境产业增长需要一定程度的跨境流动的生产要素。

（三）将边缘转化为核心

跨境经济合作区从本质上讲，是地域上集中的政府推动的企业集群，包含固有的有效基础设施优势、优质的服务、良好的商业环境、效率的监管和最少的繁文缛节。由于从集群产业及相关产业的供应商的发展趋势来看，它们进一步扩张，这将导致该地区企业间竞争和与其他集聚经济体的竞争，反过来会刺激研发，产生新技能和服务。边境产业可借助密切合作、隐性知识、低通信成本和其他源于近距离产生的特色优势，加强地区对外商直接投资的吸引力。通过这种方式，创新和高效运转的集群可以构成区域增长的驱动力。

（四）低公用设施成本

不发达国家的跨境经济合作区企业可通过边界连接自身和相邻国家，以降低业务和服务链成本。在边境地区，不发达国家的企业也可以更好地利用发达邻国提供的电力、水和通信等服务设施。因此，跨境经济合作区能够提供有效的跨境基础设施和机构，最终提高边境地区的竞争力。

（五）市场和规模经济的扩张

边境区域接近新兴跨境市场，因此为企业跨境扩张经济活动提供新的机遇，同时为消费者提供一个更宽的和更高质量的产品和服务市场，这增加了边境经济区域中国内市场部分的竞争，有利于获得新的进口来源。另外，它们同样为跨境国家的企业创造商业机会，边境产业代表小型地方供应商和分包商的重要客户，导致技术和管理技能向本国企业转移。这尤其适用于中小企业的情况，它们通常比大企业更加面向相邻的国家，它们比大企业经历更多的国际增长的内部约束，如有限的资本、管理、时间和经验（Buckley，1989）。不同类型的跨境中小企业伙伴关系的效力近年来已经显现出来。例如，从 20 世纪 80 年代起，中国南部各省经济的成功主要是因为高效的跨境中小企业联盟和包括中国内地在内的合资企业和香港的中小企业（Ze – wen et al.，1991）。新加坡、马来西亚和印度尼西亚部分地区之间的联系也有助于该地区的繁荣（Ohmae，1995）。

缅甸曾经遭受来自美国、欧盟（EU）和其他西方国家的各种经济制裁，这与落后的基础设施一道阻碍了缅甸经济参与全球化和区域生产与分销网络。然而政府已经开放边界，以接受来自跨境经济合作区中相邻的中国云南省和泰国带来的好处，这对该国的边境区域发展产生至关重要的影响（Kudo，2007）。

（六）和平稳定

现实主义的政治学者更多地关注经济合作和民族（跨国的）国家在实现这些目标中扮演的角色，尽管它们在这种经济合作的方式上有所不同。通常认为在经济快速转型的时期，对不同国家民族间的经济问题有一个清晰的共同认识，国家民族合作比它们单独行动在物质上将获得更多。跨境经济合作区将扩展到政治合作。尽管现实主义者声称经济相互依存关系增加了冲突的可能性，但其他派的政治学者认为贸易伙伴之间的经济相互依存关系使得战争更加不可能。经济合作区的繁荣不仅有利于经济福利的最大化并且最终导致这些地区的和平与繁荣。

政治合作，和平和安全是 GMS 首创精神，意义重大。该区域几个世纪来遭受战争、革命和政治冲突，严重影响了地区经济发展的进程。当 1993 年创立大湄公河次区域经济合作区时，存在对其结果的大量怀疑，如 GMS 国家（越南、老挝、柬埔寨、泰国和中国）能否将它们的差异和历史上的对抗放在一边以合作推进。无论如何，对特定边境区域的交通和经济走廊发展的关注产生了对地区稳定和持久和平至关重要的信心和共同的责任感。

三　跨境经济合作区的作用

在全球化的时代，跨境的经济发展与政治合作显得日益重要。跨境经济合作区的构建对促进边境地区的经济发展具有重要意义。根据亚洲开发银行提出的 GMS 经济走廊计划，涉及中国的南北经济走廊包括：中国昆明—老挝—泰国曼谷、中国昆明—越南河内—海防、中国南宁—越南河内，以及中国昆明—缅甸。在中国政府的推动下，南北交通走廊建设进展明显，这为建立中国—越南、中国—老挝和中国—缅甸跨境经济合作区奠定了重要的基础。跨境经济合作区将成为经济走廊的重要节点，是促进跨境经济发展的重要机制。

GMS 边境经济区对建立区域或全球产业链起着一定的作用。它们是贸易走廊的节点，连接着中国与其他 GMS 国家的产地与市场，并为边界两边（尤其是中国）的资源型产业提供粗加工产品。虽然边境经济区对建立次区域发展经济走廊具有重要作用，但是边境经济区并不能从本质上提高边境地区的发展能力。就 GMS 的区域经济而言，边境经济区本身是一个国家产业链的边缘部分，依附于国内更发达的地区，它们对区域经济增长的贡献非常有限，不足以起到经济增长极的作用。然而，与边境经济区不同的是，建立跨境经济合作区的一个重要目标是培育经济增长极，对促进区域经济的发展具有重要作用。

首先，跨境经济合作区并不是由边境经济区简单地扩大或合并而成，除发挥国际经济合作的作用之外，它还能提高当地的发展能力。尤其是，在建立跨境经济合作区的过程中，人力资本与产业发展的服务都将得到提升，其中投资服务和市场服务是重点。因此，除了区位优势与资源优势，跨境经济合作区将能培育出更高级的比较优势，从而产生区域经济一体化的动态效应。

其次，跨境经济合作区的建立可以解决跨境公共产品（如固体垃圾处理和污水处理）和低成本公用物品（电和自来水）不足的问题，这与公共产品和公用物品费用分摊的问题紧密相连。投资公共产品和公用物品具有高风险性，私有企业不愿意投资。另外，公共产品和公用物品的使用者分布不集中，导致投资效率低下。跨境公共产品的供给是边境地区发展的基础。在公共产品和公用物品投资上，跨境经济合作区既是投资主体也是受益方。跨境经济合作区内企业集中也可以提高公共产品投资的效率。

跨境经济合作区是当地企业融入区域或者全球产业链的平台。它能促进产业结构优化，规避邻国间在产业发展上的无序竞争，并促进邻国间在国际分工上的合理化与深度化。在中国与其他 GMS 国家的跨境地区，企业通过向其他地方的企业提供商品而融入区域产业链。边境地区参与区域和国际劳动分工由所供应货物种类和产品加工的深度所决定。促进边境地区参与国际劳动分工，需要引进 FDI，从而增强当地产业的支撑能力和建立起出口加工基地，这也是建立跨境经济合作区的一个主要目标。将国内资本和国外直接投资吸引到跨境经济合作区，是 GMS 国家的共同愿望，这有助于开发丰富的当地资源，促进工业和贸易的发展，创造就业机会，提高地方政府和人民的收入。

在上述提到的作用中，交易成本的降低是跨境经济合作区的软优势，而公共产品的供应则是硬优势。构建中国与其他 GMS 国家间的跨境经济合作区，需要将两种优势进行组合，从而培育除了区位优势和资源优势以外的第三种竞争优势。创造第三种竞争优势的目的是使边境地区参与区域或国际产业链，并提高边境地区的自我发展能力。

四　跨境经济合作区的发展历程和模式

（一）发展阶段

跨境经济合作区的发展可以划分为三个阶段（见图 11-1）。在第一阶段，边界两方的合作主要体现为边界两边经济区之间的经贸往来关系，边界效应对经济活动的负面影响没有得到改善；在第二阶段，边界两方达成了一定的合作协议，边界效应被逐渐削弱，但还未形成一个统一的组织；

到了第三阶段，边界效应被大大削弱，边界两方的经济区形成一个整体，并由统一的正式组织进行规划、协调与管理。

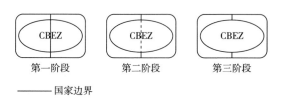

第一阶段　　　　第二阶段　　　　第三阶段

————国家边界

图 11 – 1　跨境经济合作区（CBEZ）三个发展阶段

上述划分立足于宏观视角，然而对跨境经济合作区而言，判断其是否得以发展，或发展程度如何，另一个重要视角是立足于微观。跨境经济合作区的微观主体是边境产业（border industry），在一个成熟的跨境经济合作区内，必定存在一定数量的大型边境产业实体。

影响边境企业发展的因素主要包括服务链成本（service link cost）和相关基础服务（utility service）[①]，边界效应的强弱将直接影响服务链成本，服务链成本又会对边境产业的成长产生作用，映射到跨境经济合作区发展阶段上，归纳如图 11 – 2 所示。

在第一阶段中，服务链成本异常高昂，各个经济体之间彼此封闭，边境产业稀少（只有少量非法的、非正规的、小规模的走私户）；对当前各类跨境经济合作区而言，处于这一阶段的合作区已相当罕见，以 CLMV 国家（包括中国、老挝、缅甸和越南）为例，这一阶段主要发生在 20 世纪 50 ~ 70 年代，整个世界处于一种冷战状态，各个经济体之间相对封闭。

随着各个经济体相继开启"开放"战略，它们之间的关系不再彼此封闭，服务链成本大幅度下降，廉价且丰富的劳动力资源等区位优势，催生边境产业不断增加。然而，开放政策下对产业部门的吸引力随着其他发达区域的不断发展（特别是集聚因素的影响）而逐渐下降，边境产业随之减少，这一阶段称作第二阶段。总而言之，这一阶段的主要特征可概括为：

————

① 服务链成本：在产业链体系下，不同地区所形成的产业园区可看作这个体系上的生产模块，因联系不同生产模块而发生的成本称作服务链成本。相关基础服务包括电力、水力、通信资源等，这些基础服务越健全，交通等基础设施建设越完善，不同生产模块之间的服务链成本越低廉。

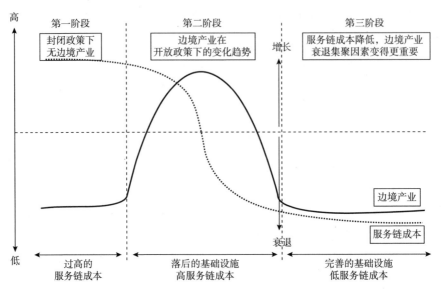

图 11-2　三个阶段下边境产业与服务链成本间的关系 （来源：Kudo，2009）

服务链成本下降，基础设施相对落后，边境产业数量"先增后减"。

经济发达地区（特别是大都市区域）可提供高质量劳动力资源，也可提供高效率和低廉的运输服务，更重要的是，这些区域能够形成"集聚效应"，随着产业升级（产业由劳动密集型转向技术密集型），"集聚效应"对产业的吸引力不断增强。虽然跨境经济合作区内服务链成本变得更低，相关基础设施越发完善，但合作区内"集聚效应"很弱，这将导致边境产业数量下降，这一阶段即为第三阶段。其主要特征为：服务链成本低廉，基础设施完善；但相比较第二阶段来说，边境产业反而出现衰退。

（二）跨境经济合作区模式

跨境经济合作区主要包括生产区（enterprise zones）和商业区（commercial zones）。其中，生产区包括产业园、产业孵化园、风投机构和服务机构；商业区包括免税商店、专业化市场、旅游业、展览中心、贸易便利化和金融服务。

一个成熟的跨境经济合作区应当具备强劲的生产区和繁荣的商业区，即商业区和生产区均有一定程度的发展。当跨境经济合作区成长到一定阶段，商业区内的产品市场日益完善，金融服务业、旅游业、展览中心逐步健全，这将对生产区的发展产生正向刺激作用；反过来，生产区的发展，会增加商品种类，提高居民收入水平，产业链条不断强化，将进一步提升商业区繁荣度。

　　这种均衡式的发展模式，可称为"均衡型"跨境经济合作区模式（见图11-3）。在这个模式下，A国的生产区不仅与自身的商业区发生作用，而且与B国的生产区和商业区同时发生作用；换句话说，整个合作区双边国家联系紧密，产业部门、商业部门和政府部门之间配合较好，合作区进入一种"良性"循环状态。

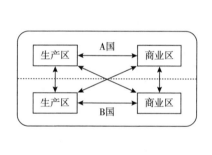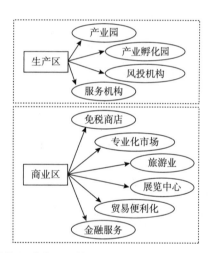

图 11-3　"均衡型"跨境经济合作区模式

　　然而，这种发展模式显然具备一个前提条件，即双边的生产区和商业区均发展至一定阶段。在现实经济中，跨境经济合作区多处于筹备或幼年阶段，生产区和商业区的发展程度均相对较低，因此"均衡型"的发展模式不适用。那么，这里就存在一个问题，即如何引导双方的生产区和商业区发展，以达到"均衡型"发展的要求。正如前文所言，跨境经济合作区包含生产区和商业区两个主体功能区，在合作区的发展初期，在资源有限的约束条件下，全面发展这两个功能区是非常困难的；此外，不同地域的跨境经济合作区具有异质性，因此依据侧重点不同，可将跨境经济合作区划分为"生产主导型"和"商业主导型"合作区模式（见图11-4）。

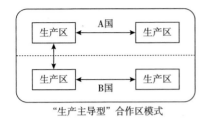 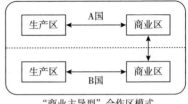

"生产主导型"合作区模式　　　　　　　　　"商业主导型"合作区模式

图 11 - 4　两种侧重型跨境经济合作区模式

若边境地区具有一定的资源优势（如自然资源、劳动力等要素优势），"生产主导型"合作区模式将更适合跨境经济合作区的发展。以自然资源为例，边境地区的自然资源丰富，对于资源密集型的产业来说，这将是一个吸引力很强的比较优势；具有这类优势的跨境经济合作区，侧重发展生产区要优于侧重发展商业区。

跨境经济合作区内前期产业的发展，与发展环境密切相关。以产业孵化园为例，通过建立并逐步完善产业孵化环境，不仅有助于外来企业入驻，而且可刺激边境地区产业发展；同时，政府出台政策和法规，降低双边生产区在产业链上的服务链成本，弱化边界效应，这将加强两个生产区在产业链上的关联度，实现"共赢"。在这种发展模式，生产区的发展一定程度上快于商业区的发展，由于前期的侧重点主要集中于发展双边生产区，可认为它是一种非均衡型的发展模式。随着生产区不断发展，即便商业区发展相对滞后，但这类集中资源发展一类功能区的发展模式，可能更适合跨境经济合作区初期。

若边境地区具有较强的潜在市场，如人口基数很大，侧重发展商业区将更适合跨境经济合作区的初期发展。通过发展商业区，提高本地居民收入水平，引导潜在市场转化为消费市场；消费市场的扩大，将进一步繁荣商业区，这是一个良性循环。

具体而言，商业区包含若干个子功能区，在合作区发展初期，全面发展商业区的各个子功能是不适合的，因为对诸如金融服务等子功能区来说，初期的边境产业稀少，对这一功能的需求较弱。对于旅游业、免税商店等子功能区，侧重发展它们将有助于吸引外来消费，拉动本地产品市场成长，产品市场的逐步繁荣将内在驱动商业区完善其功能。相比较"生产主导型"跨境经济合作区模式，"商业主导型"模式可能更适合合作区的初期发展，以旅游业为例（特别是跨境旅游业），由于本地居民的消费能力较弱，旅游业的发展将吸引外来消费者，增强本地市场的潜在消费能力，刺激本地市场繁荣壮大；本地市场的繁荣，将提高本地居民的收入水平，边境区域可提供更加优质的商业服务，旅游体验进一步提升，这将是一个良性循环。遵循这种发展逻辑，商业区得到不断发展，生产区也必然随之发展，最终跨境经济合作区能够脱离幼年阶段，为均衡型发展模式提供条件。

五　影响跨境经济合作区成功的因素

在传统框架下，跨境经济合作区的成功有三个至关重要的因素：企业特定因素、宏观环境因素和微观环境因素。

跨境经济合作区的成功与合作区企业的成功是紧密相连的。为了成功，边境企业必须是一类有效地适应固有且多样性文化的组织（Jackson & Schuler, 2001）。社会资本、信任和其他人文多样性因素在判断企业和企业家在价值增加过程中发挥何种作用上，扮演着重要的角色。

环境因素包括区域内与投资相关的各项条件：高质量基础设施、财政激励、行业法规的豁免和放松及有效的公司治理，前三者为宏观环境因素，后者为微观环境因素。这些因素直接对跨境经济合作区的表现产生积极影响。在跨境经济合作区的背景下，Wang et al.（2011）分析了这些因素在中缅和中越跨境经济合作区的成功中扮演的角色。

跨境经济合作区成功的关键因素通常是双重的：区域互联互通和边境贸易便利化。运输通道被看作非洲和亚洲的次区域层面在追求基础设施开发和贸易便利化战略过程中的一个重点领域。当前，存在大量的走廊发展途径和不同形式的走廊管理机构，如私营部门领导安排形式、亚非地区的国家当局操作形式等。

然而新区域主义关注更广泛的和内在联系的一系列影响边境经济区域成功的因素：区域治理、区域制度、区域金融系统、社会资本和政治合作等。

（一）区域治理

区域治理模式包括两种形式：区域间治理和跨区域治理。前者依靠政府与它的各个部门和机构或准政府机构的跨境合作（无论是在多方还是联合层次上），这是一种保持边界两边各部分完整性的方式；而后者是一种通过跨区域或区域间层面在不同的具体问题上合作以实现各方互利共赢的管理方式。相比之下，后一种形式更适合跨境经济合作。这里的管理或治理，指调整一类超越边界并且延伸到各个方面（政治、经济、社会、文化和环境等）的行为方式的机制。边境经济特区的发展涉及更广泛的跨地区的概念、区域间完全不同的领土治理、功能型政府，并且可能涉及新形式的多层次治理。Amin（1999）突出强调了这种建立地方政府结构和支持地方财政自主权的需要。它们的积极举措和权力可以调动来自不同渠道的资源以解决共同的问题并实现共同的发展目标。

例如在欧洲，Euregios 是为管理这些地区而建立的独立的治理机构。Euregios 是独一无二的拥有合法身份的跨境机构，各种任务和丰富的资源通常在边境地区的开发和管理中扮演着核心角色。边境两方和它们的地方当局参与到它的组建中。这些 Euregios 已经在刺激边境地区经济发展上取得了很大的成功。相比之下，北美缺乏一个总体的层级制度来推进空间政策和跨境网络（Clarke，2002）。跨境合作涉及"自下而上"进程，包括非正式的、松散的和特定行业的跨境网络及国家与非国家行为体的联盟（PRI，2006；Clarke，2003；Blatter，2001；Scott，1999）。跨国组织大多是私人创建，充斥着制度空白（PRI Briefing，2006）。为更有效地解决问题和提高跨境活动的全球竞争力，北美需要采用更为综合的方法（Lennox，2008）。

（二）区域制度

Krätke（1999）和 DiGiovanna（1996）强调经济发展模式和一组特定的制度形式之间的相互影响，特别强调监管的区域模式——那些影响因素在一个民族的框架下有着地域性的差别，如劳动力和工资关系、产业组织、公司间关系、金融机构、国家干预的形式和地区行为主体形成的政治联盟的形式。焦点应集中在创建一个不歧视地区外来参与者的综合区域市场，这需要协调的监管政策，包括技术的和其他标准、工作许可、税收政策、人们的活动和相关政策。

（三）区域金融系统

聚集的生产活动也对金融市场和金融制度提出了特殊的要求。另外为在该地区提供金融服务，也可以作为一个出口金融服务的基础。

（四）社会资本

社会资本被定义为"社会组织的特性，例如信任、规范和网络，通过促进协调行动以提高社会效率"（Putnam，1993）。社会资本的一个重要特征是正式和非正式的人际沟通和交流网络，例如邻里协会、商业协会、合作社、合唱社团、体育俱乐部和有群众基础的党派。Putnam（1993）认为这类网络社区越密集，其公民越可能为共同利益合作；此外，社会资本可能比物质或人力资本对政治稳定、政府效率和经济进步来说更重要。这在跨境层面尤其重要，因为制度嵌入性已被边界打乱。新地区主义关注更广泛的和相互关联的因素并且重视地区作为分析和政策的重点，有效淡化国家民族和边界的持续重要性。Amin（1999）提出了在边境区域背景下 5 种直接相关的经济治理的一般公理：第一，政策应该针对关联的网络而不是单个公司；第二，从安全战略、学习和适应角度来说应该鼓励程序性和递归性的行为；第三，政策应针对市场和政府之外的多元化组织机构；第四，"制度厚度"应通过企业支持系统、政治制度和社会公民权加以提升；第五，政策应该上下文特定并且对当地的路径依赖敏感。跨边境区域应当构成有约束性吸引力的"学习"或"知识"型地区（Morgan，1997）。

（五）政治合作、经济发展水平、贸易与投资障碍

在国家层面上，跨国合作是指政治当局之间的联系。在政治方面，国家的政策、态度和政策历史在形成跨境环境下的经济发展中十分重要。如果要实现互惠互利，国家必须以补充和支持的方式作用于边界双方。新现实主义认为没有政治合作经济合作不可能成功——政治精英拥有实权。但

他们同样认为即使有政治合作也不一定导致经济合作——经济部门组织疑心太重，它们害怕自己的利益受损。新现实主义认为欧盟是民族国家自身利益的表达而并不能反映出走向经济合作的脚步。而且，欧盟本身不会促进经济合作，因为它仍在民族国家政府的手中，对经济组织没有有效实权。

贸易关系和经济合作最终依靠专业化水平和市场规模（Dimitrov et al., 2003）。因此边境企业发展水平较高的国家更有可能成功。在大湄公河次区域，除非缅甸对邻国开放它的边界，否则基础设施薄弱和工业环境缺失将阻碍其跨境经济合作区的建立。

减少或消除像关税这样的贸易壁垒和其他投资壁垒，对边境地区经济活动有着积极的影响。Emerson et al.（1992）指出沿边或边境区域最有可能因为降低边界沿线经济成本而受益于更大的整合。通过提高利用规模经济效益的能力和改进的效率将会促使收入、产出、就业和整体经济福利的显著性增加。对一项通过增加欧盟单一和综合市场的跨境经济活动的项目带来的福利收益有着多种估计。经验表明，那些地区通常非常开放并且出口占它们所有产出品的比例远远大于其他一些国家。

总之，一系列微观和宏观因素在边境经济区的经济增长和投资活动中扮演着重要的角色。促进边境地区合作包括跨边境地区经济一体化和跨部门合作及一系列的活动者——整个社会经济系统和行政机构。它基于对市场并不总是有效运转的承认，并且认为政府或国家行为必须弥补或纠正其缺陷（Musgrave and Musgrave，1984）。国家是在包括经济和政治维度上有效发展跨境经济活动的不可避免的关键角色。承认国家间变化的经济和政治关系，独特的、变化的和局部特定的现代资本主义的国界的本质，以及所有这些因素对经济活动的影响，特别是对边境领土权纷争的影响，有助于理解边界双方监管模式的认识方式，以及国家边界如何破坏这些监管模式。

Kiprianoff（2005）提出，边境经济合作的障碍很大程度上关系到跨境经济合作区发展，并且可能会对边境地区企业的绩效产生负面影响。研究发现企业在国家调查中并不担心潜在的障碍，如基础设施的质量（道路、邻近的检查站），而是关注更广泛的问题，如在发展跨境关系中的援助问题、政治稳定问题、腐败问题、汇率变化，以及每个国家的金融状况等。调查公司并不认为跨边境地区共同语言的缺乏是互动的主要障碍，但对伙伴间合作目的和合作形式的共同理解似乎是成功合作的先决条件之一。有建议指出合作各方应该看到通过合作可以获得的好处（Kiprianoff，2005），逻辑上看，人们更关心潜在的利益，而不在乎合作双方利益的实现方式是否一致。此外，社会资本可以应用于琐碎的贸易商和小公司，也应用于区域内的其他行为者和代理方，形成各种商业联系或个体熟识关系。这些社会关系是减少与贸易和商业相关的风险的主要工具（Williams and Balaž，2002；Wallace et al.，1999）。

第十二章

构建跨境经济合作区的制度经济学分析

顺应中国经济深度融入世界经济的趋势，推进"一带一路"建设，需完善对外开放战略布局，提高边境经济合作区、跨境经济合作区发展水平（十八届五中全会公报，2015）。自2000年10月中国政府提出"西部大开发"战略，到十八届五中全会公报，在这十余年里，推进边境、跨境经济合作区建设作为促进边疆地区和周边国家的经济发展的"引擎"之一，已日渐受到重视并得到积极的探索和实践。

1987年4月，中共中央、国务院在批转《关于民族工作几个重要问题的报告》中强调指出，新疆、西藏、云南等省区具有对外开放的优越地理条件，应充分利用这些优势搞好开放，加快自身经济的发展。之后，为进一步实施沿边开放战略，国务院自1992年起陆续发布一系列文件，批准黑河、绥芬河、珲春、满洲里、二连浩特、伊宁、博乐、塔城、畹町、瑞丽、河口、凭祥、东兴、丹东等14个城市为沿边开放城市。步入21世纪，新疆、内蒙古、云南、广西等省区陆续开启跨境经济合作区建设，扩大口岸城市贸易、建立边境工业园区。总体而言，经过几十年的发展历程，中国与周边国家之间的跨境经济合作正不断加强，但目前唯一的跨境经济合作区是2006年经国务院批准设立的中哈霍尔果斯国际边境合作中心；同时，国家推进跨境经济合作区建设，主要目的在于拉动西部经济发展、缩小东西部之间差距。

然而，多数跨境经济合作区推进缓慢。为什么推进跨境经济合作区建设的过程会如此困难？最主要原因在于：探索并设计出一套合理的制度机制体系以保证跨境经济合作区市场化运行和发展很棘手。为解决这一问题，本章将基于制度经济学分析框架试图寻找到一种合理的制度机制模型来分析它，并给出相应的政策启示。

一　文献回顾

跨境经济合作区是国际区域一体化的一种形式，但由于国际区域一体化无法消除区域内的"边界效应"，成熟的跨境经济合作区却可以消除"边界效应"，因此它可被看作国际区域一体化的深化形式。

一般而言，国际区域一体化可从市场一体化（market integration）、功能一体化（functional integration）和制度一体化（institutional integration）三个方面推进（Soesastro，2006）。目前，国际区域一体化的代表理论有关税同盟理论、自由贸易区理论、共同市场理论、协议性分工原理和综合发展战略（梁双陆、程小军，2007）。市场一体化主要可体现在两个方面：商品市场一体化和要素市场一体化。关税同盟理论和自由贸易区理论是基于区域内成员国间的生产要素无法流动的假设，这两个理论主要侧重分析商品市场一体化；而共同市场理论则允许区域内的生产要素进行流动，它更注重分析要素市场一体化。功能一体化强调区域内各国政府能够采取集体性的计划、行动或战略，如不同国家具备不同的相对比较优势，它要求政府能够根据各自优势生产商品，满足区域内消费需求同时降低成本提高资源配置效率，这一理论属于协议性分工原理；再如区域内不同国家发展水平不一，往往会形成"中心－外围"经济体系，为推进功能一体化，各国政府需做出集体性决策以保障"合力"最大，这一理论属于综合发展战略。制度一体化首先要求找到区域内各国政府制度体系的相同点，进而建立一套合理的、兼顾的制度体系。如就法律体系而言，欧盟的一个突出特征是它具有一套不同于一般国际组织，也有别于各国的法律体系，借此保证区域一体化运行（张海冰，2005）。虽然这些理论的侧重点存在差异，但并不意味着在推进过程中这三个一体化是割裂的；相反，它们之间存在着千丝万缕的联系，特别是制度一体化，它可看作其他两个一体化的基础，区域内存在一套合理的制度体系将有助于市场一体化和功能一体化的推进。然而，区域内成员国越多、体制越复杂，设置出一套合理制度体系的难度会越大；因此，国际区域一体化所面临的最大难题正是如何寻找并设置一套适合区域发展的制度体系。

作为深化形式的跨境经济合作区，它首先需要面对的也是这个难题。一般而言，不健全的制度体系主要可从两个方面影响跨境经济合作区的推进：一方面，区域内不健全的制度体系将阻碍跨境贸易发展（Haggard et al.，2012），不健全的制度体系下将存在各种贸易壁垒、会增加贸易的交易成本，阻碍商品在区域内自由流通；另一方面，一国的制度体系是吸引外国投资者的一个至关重要的区位优势（Bevan et al.，2004），同样对本国投资者也会产生类似作用（North，1990），这些投资者在做"是否进入"决策时会考虑诸如政府政策、知识产权保护和政治风险等因素（Haggard et al.，2012），跨境经济合作区具备一套完善的制度体系将有助于吸引投资。然而，跨境经济合作区多应用于发展中国家，制度环境复杂。以中国为例，与之接壤的国家的制度体系部分是不健全的，甚至一些接壤国的政局会不稳，在这一背景下寻找适合跨境经济合作区发展的制度体系将更加困难。

推进跨境经济合作区发展，需逐步削弱"边界效应"中的负面影响。一般而言，边界效应对次区域经济合作的影响可归纳为屏蔽效应和中介效应，屏蔽效应会增加次区域合作的交易成本，使跨界经济交往的频率明显降低，中介效应则发挥着相反的作用（李铁立，2005）。同时屏蔽效应是人为的，而中介效应是天然的，因此屏蔽效应可以向中介效应转化（屠年松，2015）。由于影响边界效应的因素主要包括本国偏见（Head & Mayer，2000）、货币（Rose & Van，2001）和文化差异（黄新飞，2013）等，若想实现屏蔽效应向中介效应转化的目的，需从这些因素下手。这些因素中，多数因素与制度体系有关联，一套完善的制度体系安排有助于推进区域货币一体化，加深国家之间的文化交流、弱化文化差异和本国偏见。

综上所述，合理的制度体系安排是推进跨境经济合作区发展的基本条件，然而国内外从规范的制度经济学框架下分析这一问题的文献几乎没有。正是在这一背景下，本章首先从制度经济学规范分析跨境经济合作区推进过程中可能存在的问题；其次，以中缅瑞丽－木姐为例，就其存在的主要问题做案例分析。

二　制度经济学分析

（一）层次分析

　　跨境经济合作区的发展依赖于良好的制度安排，从规范的制度经济学分析框架来看，这一良好的制度安排应依次满足四个层次的要求。第一层次，嵌入式的社会背景；第二层次，制度环境；第三层次，治理；第四层次，资源配置和就业。因此本章将遵循这四个层次，依次分析跨境经济合作区发展过程中所存在的制度问题；针对后三个层次，为确保相关问题得以解决，需提供相应的机制设计，本章的分析框架如图 12 - 1 所示。

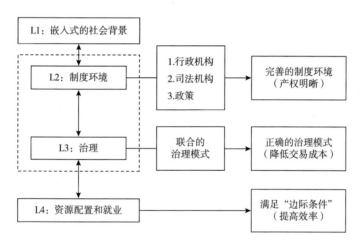

图 12 - 1　规范的制度经济学分析框架
资料来源：Williamson（1998）改编。

1. 嵌入式的社会背景

　　嵌入式的社会背景主要包括非正式制度和宗教等，它们往往是自发形成的，且短期内不容易发生改变。非正式制度指人们在长期社会交往中逐步形成，并得到社会认可的约定俗成、共同恪守的社会准则，包括价值理念、风俗习惯、社会传统、道德伦理和意识形态等。跨境经济合作区涉及两个国家，国民的价值观念、风俗习惯等存在较大程度的差异，这些因素可能会对跨境经济合作区的发展产生阻碍作用。短期内，促进合作区内非正式制度和宗教融合是一件非常困难的事情，但随着跨境经济合作区不断发展，双边国民文化、经济交流活动的不断加深，双边嵌入式的社会背景相互作用，这些因素对合作区发展的阻碍会逐步减弱。因此，对于第一层次所引发的问题，首选应对策略为"暂行搁置"，即优先解决中短期内可解决的问题，推进跨境经济合作区发展，这一发展将促进区域内嵌入式社会背景的融合，嵌入式社会背景的融合又会进一步推进合作区发展，进而形成一个"良性循环"。

2. 制度环境

制度环境是跨境经济合作区发展的基石，营造完善的制度环境，可为产权明晰提供保障。产权明晰主要包括两方面内涵：法律意义上的产权明晰和经济意义上的产权明晰。法律意义上的产权明晰有两层含义：（1）宏观上产权拥有较完整的法律地位，微观上产权具备较健全的法律程序；（2）最高占有权和实际支配权的"权益"都能得到保障。经济意义上的产权明晰，指产权在经济运行中是明晰的；产权的权、责和利在企业运行中得到完全的、彻底的界定和保障，这样的产权在经济上是明晰的。

一般而言，制度环境主要包括行政机构、司法机构和政策三个部分。经济意义上的产权明晰，行政机构发挥着重要作用；法律意义上的产权明晰，司法机构举足轻重；在产权明晰问题上，不同区域存在着不同的异质性，可借助政策来调整。

行政机构的职能是保障经济意义上的产权明晰，使跨境经济合作区有序运行和各项经济活动正常开展，它主要包括指导委员会、管理委员会和争端解决机构三类机构。指导委员会由跨境经济合作区各方政府的高级代表组成，为跨境经济合作区的最高决策机构，可以审议和决定涉及跨境经济合作区的任何重大事项；管理委员会由各方选派相同数量的人员组成，是跨境经济合作区协议的执行机关，直接和具体负责跨境经济合作区的日常管理工作；争端解决机构由各方选择相同数量的人员组成，主要解决跨境经济合作区日常运行中所发生的争端。

司法机构的职能是保障法律意义上的产权明晰，进而约束跨境经济合作区内参与者和管理者的行为，保证合作区依规则运行。由于跨境经济合作区不是一个独立的疆域，而是分别属于合作区的各方领土，因此任何一方的司法机构无权对整个跨境经济合作区行使管辖权；同时，跨境经济合作区不是一个独立的法域，无独立和完善的法律体系；因此，在跨境经济合作区内建立完整的司法机构是不恰当的。在跨境经济合作区内，司法机构主要包括两类：民事司法机构和刑事司法机构。就民事司法机构而言，为处理各类经济纠纷、民事纠纷问题可考虑设置"跨境经济合作区仲裁庭"；为监督、约束管理者的行为，可考虑设置"跨境经济合作区纪律检查委员会"。就刑事司法机构而言，双方国家可依属地管辖原则或属人管辖原则商讨"跨境经济合作区协定"，以处理合作区内所发生的刑事案件。

政策在跨境经济合作区发展过程中，不仅发挥"催化剂"的作用，而且可对产权明晰实践过程中存在的漏洞进行相应调整。从政策作用的对象来看，它可分为产业类、贸易类、金融类和文化类政策等。产业类政策主要用于激励合作区已有产业发展和吸引外来产业入驻；贸易类政策主要用于促进商品在区域内流通，减少贸易阻力；金融类政策可为企业融资提供便利，如减少融资成本、增加融资渠道等；文化类政策可促进两国人民之间的文化交流，弱化因文化、传统等差异对跨境经济合作区发展所产生的负面影响。

3. 治理

推进跨境经济合作区发展，完善的制度环境是基石，但为保证这些制度环境发挥应有作用，还需正确的治理模式相配合。正确的治理模式，可使得各机构有效运转，削弱合作区发展阻力，降低各类交易成本。

治理模式可从结构、管理和政策三个方面来把握。结构方面，重点是如何组建政府机构，包括行政机构和司法机构；管理方面，重点是怎样聘用、管理和激励政府部门的工作人员，以及如何有效地控制政府的财政资源；政策方面，重点是政府工作人员在政策中应该起什么样的作用，以及政策如何对私人部门施加更广泛的影响（Peters，1996）。

（1）组建政府机构

对跨境经济合作区而言，组建政府机构不同于国内政府机构的组建，它至少涉及两个主权国家。首先，跨境经济合作区的最高决策机构为指导委员会，由各方委任的高级代表组成，这一最高机构在跨境经济合作区前期发展中发挥着至关重要的作用，它决定着合作区的地域范围、框架、发展规划等核心问题。这些核心问题会涉及主权，较为敏感。以发展规划为例，因目的、文化、政治、产业基础等方面的差异，两国所制定的发展规划会有差异，有的部分相容性会很低，虽然它们可通过协商来逐步统一发展规划中相容性较高的部分，但对于那些相容性很低的部分，唯一的解决之道是主权让步，即一国放弃部分发展规划，接受对方的。一般而言，指导委员会的规模较小，且永久性存在，对跨境经济合作区的日常运行不做过多干预。

其次，管理委员会是跨境经济合作区的执行机关，为基层性行政机关，由各方选派相同数量的人员构成，直接与合作区内的企业、消费者等私人部门接触。管理委员会的工作人员与私人部门接触频繁，对私人部门的了解甚于指导委员会，因而在具体性的政策、行为章程等制定过程中，应重点考虑基层机关的意见，或者部分政策章程可交由管理委员会制定。在任何政治体制下，政府机构中的基层工作人员对政策有相当的影响力（Lipsky，1980）；因为大部分政府政策并不是取决于政治家和高级官员，而是取决于基层官员和工作者——如警察、税务人员、社会工作者等，他们每天需要就各种个案做出决策，拥有一定的自由裁量权，因此为保证政策的有效性，有必要加强他们在政策制定过程中的参与度。

由于管理委员会是直接参与跨境经济合作区日常运行的行政机关，所需处理事务庞杂，特别是前期，如果管理委员会规模小、部门分工不明晰，易造成事务挤压，滞缓合作区发展，这就要求管理委员会具有相当规模、部门分工明晰。然而，"相当规模、部门分工明晰"的度难以把握，随着合作区的不断发展，管理委员会的机构可能越来越庞大、臃肿，若管理委员会的各部门均为永久性机构，势必会产生负效应。因此，管理委员会不同于指导委员会，它的部分机构应保持弹性、非永久性，应视合作区发展情况，设置临时性行政机构。

再次，在跨境经济合作区发展过程中，往往有可能产生各种争端，需依靠争端解决机构处理。争端解决机构由各方选派相同数量的人员构成，也属于基层性行政机关。争端的类型很多，包括经济上、文化上、企业与消费者、企业与政府、消费者与政府等；类似于管理委员会，争端解决机构的部门需明晰职能；但各类争端永久性存在，对应部门也必须永久性存在。跨境经济合作区发展前期，由于运行体系、机制不健全，各类争端频发，需要相当数量的工作人员；但随着合作区不断发展，各类争端会逐步减少，同时政府人员的工作经验不断丰富，争端解决机构应缩减人员数量。遵循这一逻辑，争端解决机构的部门设置为永久性的，但机构内的工作人员应保持弹性。

最后，跨境经济合作区内司法机构的组建不同于国内。第一，跨境经济合作区无法形成独立"法域"，组建完整的司法机构缺乏法律基础，且成本太大；第二，跨境经济合作区的核心是经济发展，司法机构的重点任务是约束消费者、生产者和管理者的行为，保护他们的财产权、人身权等权益；第三，跨越国境的司法机构，需考虑两国机构设置上的差异，司法机构为强制性机构，若未考虑差异性而组建出一个非协调的司法机构，它将很难发挥应有作用。此外，跨境经济合作区内司法机构虽然为永久性机构，由双方政府选派相同数量的人员组成，但机构应包含什么部门、所有部门是否应永久性存在，这却是一个不断探索的过程；因此在前期，司法机构应优先组建一般化的部门，用于处理一般化问题，随着合作区发展的推进，对所出现的特殊化问题，可考虑设置特殊事务处理部门。

（2）管理方面

为发挥政府机构作用，管理上需从以下四个方面着手：①跨境经济合作区的政府机构人员如何聘用；②如何管理工作人员、约束其行为；③在行为约束的前提下，如何激励工作人员发挥最大作用；④如何有效控制政府的财政资源，避免"公为私用""错配财政资源""财政支出持续增加"等情况的发生。

工作人员的聘用存在两种方式：永久聘用制（公务员制）和临时聘用制（合同工制）。永久聘用制的优点包括工作人员的事务处理熟练度会不断提升、担责会督促工作人员形成自我约束等；缺点包括永久性聘用因缺乏竞争会滋生工作人员的怠工情绪、增加政府的财政预算等。临时聘用制的优缺点则恰好与永久聘用制相反。对跨境经济合作区的政府机构而言，单纯选择任何一种聘用制都是盲目的、不可取的，应依据两种聘用制的优缺点，结合不同机构部门的职能、性质和特点，以及跨境经济合作区发展阶段，具体部门具体阶段具体选择。

以管理委员会为例，下辖工业园管理机构、土地管理机构、城市管理机构等。在跨境经济合作区前期，土地管理、工业园管理等机构的事务较多，但随着跨境经济合作区不断发展，此类事务会相应减少，同时机构的办事效率须相应提升。因此，前期此类机构对工作人员的数量需求较大，中后期则需要缩减用人规模，故对此类机构而言，重要工作位置的人员聘用可采用永久制，普通工作位置的人员则可采用临时制。

工作人员的管理，可从义务与权利两方面着手。义务，即工作人员应该做什么、有哪些职责、应被禁止做什么等；权利，即工作人员享受什么待遇、有哪些福利等。目前，对工作人员的管理倾向于制定各类守则、奖惩规章等，它的优点是将他们的义务和权利规则化、条例化，工作人员能够遵循守则或规章办事、减少犯错概率。跨境经济合作区的初期，守则规章可能是不完善的，但通过不断摸索，这一缺陷能够逐渐被弥补；但是这也随之产生一个弊端，即守则或规章越完善，工作人员越容易依规则办事，他们的积极性会被极大削弱，政府机构会陷入"低效率运行"困境。

如何激励工作人员的办事效率、提高积极性？正如上述所言，守则或规章会对工作人员产生约束作用，让他们产生依赖性；因此为提升工作人员的积极性，需借助各种激励手段。对工作人员的激励包括两类：约束下的奖励规章，对工作人员会产生激励作用，但由于部分工作成果无法度量、奖励规章细则化难度大，这类激励的效果有限；放松软性约束（如办事的具体操作），可提高工作人员的参与度，促使他们拥有更为灵活的办事方式。基层工作人员的办事效率是政府机构效率的直观反映，他们需要处理日常各类事务，这些事务或多或少具有一些特殊性（不同个体的事务存在一定差异），若约束太强，势必会削弱他们的能动性，降低办事效率；因此，放松软性约束不失为良策，但需注意的是，对于强制性约束（如法律约束），却不可放松，应当加强管理。

政府的财政资源用于公共服务的提供、工作人员的劳务支出等，跨境经济合作区内"公为私用""错配财政资源""财政支出持续增加"等情况的发生，不仅会降低资源利用率、加重财政负担，而且可能引发政府机构的争端（这一点有别于国内财政资源失效控制的后果）。因为跨境经济合作区内政府机构的财政来源于区域内税收、双边中央财政转移等，任何一方在财政资源利用上出现错误，将导致资源利用率下降、财政负担增加，税收和转移相应增加，这种因一方行为导致的财政资源失效控制，势必会引起另一方的不满，争端随之发生。政府财政资源的控制，直接影响着跨境经济合作区的发展，但错误控制的情况不可避免，为尽最大可能减小争端所引发的后果，政府可从以下方面入手：强性约束应加强，这是控制工作人员行为的硬性约束，可对"公为私用"情况发挥较强的杜绝作用；跨境经济合作区的发展无前例可依，摸索发展路径的过程中，政府很难判断哪些决策是有效果的，因而"错配财政资源""财政支出持续增加"的情况无法避免，政府高层间应加强交流；此外，可考虑"多支出、多转移"原则，即财政资源中来源于中央财政转移的部分，可依据各方支出的比例来决定转移的份额。

（3）政策方面

政策的目的在于对私人部门施加影响，以促使它们朝着计划的方向发展。为实现这一目的，需从两个方面着手：政府工作人员在政策中应起什么样的作用，以及政策如何对私人部门施加更广泛的影响。

政府工作人员在政策中的作用主要体现为两点。第一，在政策制定阶段，基层工作人员是否参与政策制定或他们的意见是否得以在政策制定过程中为高层所考虑。正如前文所言，基层工作人员直接与私人部门联系，对私人部门的了解要远甚于政府高层，在政策制定过程中综合考虑他们的意见，将使得政策的适用性更强。第二，在政策实施阶段，将面临各种各样的问题和阻碍，即便高层在制定政策的过程中充分考虑基层工作人员的意见，问题和阻碍依然会存在，这时基层工作人员的作用更明显；比如政策一般具有时滞性，当它开始发挥作用时，制定政策的背景已经发生变化，或出现偏差，这就要求高层给予基层工作人员一定的自主性，以针对具体环境对政策做变动。

任何政策都具有一定的适用范围，制定出更具普适性的政策可削减政策制定成本、政策实施成本。如何拓宽政策对私人部门的影响？一个可行的策略是制定出更具一般化的政策，同时给予基层工作人员更多的自主性。在政策对不同个体施加影响的过程中，所遇到的问题存在差异；然而政策一般由政府高层制定，且基本内容一旦制定便无法更改。若政策的直接执行者即基层工作人员不具备较强的自主性，且政策非一般化，那么他们很难依据具体情形对政策进行适当调整，以适应不同个案问题。

4. 资源配置和就业

在完善的制度环境和正确的治理模式的前提下，发展跨境经济合作区的核心是促使区域内资源达到最优配置。资源配置可通过动力机制、信息机制和决策机制等经济机制相互配合来实现。动力机制，资源配置的目的是实现企业、个人或政府等经济主体的最佳效益，对利益的追逐和竞争行为成为各经济主体配置资源的动力（以企业为例，它的动力机制有两个：第一，企业追求自身利益行为；第二，优胜劣汰的市场竞争法则）；信息机制，为了选择合理配置资源的方案，需要及时、全面地获取相关的信息作为依据，而信息的收集、传递、分析和利用是通过信息机制完成的；决策机制，资源配置的决定权可以是集中的或分散的，集中的权力体系和分散的权力体系，存在着不同的权力制约关系，因而形成不同的资源配置决策机制。

制度环境和治理模式与三种机制之间关系密切。首先，完善的制度环境能够保护各经济主体的私有产权，基于"逐利性"的动力机制将实现良性循环（企业有效地配置资源，将获得更多受保护的利益，这些利益又反过来刺激企业尝试更有效的资源配置方式，进而形成良性的循环动力机制）；其次，完善的制度环境和合理的治理模式有助于信息机制的形成，完善的制度环境意味着恰当的机构设置和正确的治理模式，意味着各机构联系紧密，在这些条件下，信息的传导、处理等效率会提升，信息机制日渐完善；最后，正确的治理模式将培养出更具效率的决策机制，跨境经济合作区内具备正确的治理模式，资源配置的决策权将分配得更合理，同时各经济主体之间能够有机配合，相应决策更具高效率。

跨境经济合作区内资源配置是否有效率，一个至关重要的判断标准是区域内的"边际条件"是否满足。经济学中，当三个"边际条件"[①] 得到

---

① 交易的边际条件，任意两种商品的边际替代率对于消费该两种商品的所有消费者而言，都是相等的；要素替代的边际条件，任意两种投入要素的边际技术替代率对于任意使用这两种要素投入的产品而言，都是相等的；产品替代边际条件，任意两种商品在消费者的边际替代率必须等于生产中的边际转换率。

满足，则资源配置效率达到帕累托最优。在理想状态下，即在外部性不存在的环境中，三个"边际条件"很容易满足；但外部性问题不可避免，一旦外部性出现，无论外部经济还是外部不经济，"边际条件"会遭到破坏，资源配置将偏离帕累托最优状态。如何解决经济活动的外部性对资源配置的影响，科斯的"产权定理"给出了一个有效的办法。依据"科斯定理"，在交易成本很低时，只要产权明晰，无论所有权的最初配置状态如何，都可以达到最优配置状态。在合作区内，完善的制度环境，使产权明晰得以保障；正确的治理模式，将降低经济活动的交易成本，换句话说，只要制度环境和治理模式得以合理化，合作区将存在一种内生的机制来促使资源配置自发趋于效率。

（二）存在的问题

正如上述所言，良好的制度环境可保障产权明晰，正确的治理模式可极大减少交易成本；在交易成本较小时，无论所有权的最初配置状态如何，只要产权明晰，资源配置都可以自发趋于最优效率。然而在推进跨境经济合作区发展的实践过程中，无论制度环境建设还是治理模式选择，都会存在一些问题，致使合作区内部分产权难以明晰，交易成本较高。

1. 合作区内企业的产权明晰问题

不同于国内产权明晰，在跨境经济合作区内，产权明晰需考虑国别因素对其影响；无论法律意义上还是经济意义上，源于两国的企业在合作区内很可能有不同的境遇。产权明晰的主要内容包括产权主体、主体权责、产权边界和产权关系；在合作区内，这些方面呈现的问题不一。

首先，对私有企业而言，产权主体是清晰的；但对于国有企业而言，产权主体比较模糊，表现出资本所有者和经营者均缺位的特点。不过，对多数待构建的跨境经济合作区而言，其经济主体为私有企业，因此产权主体问题在合作区内为非主要问题。

其次，产权主体的权责关系主要涵盖所有权之间，所有权与经营权，经营权之间的权、责、利关系（即各产权主体要行使自己的权利，履行自己的职责，同时也要让自己的利益得到保障）。在各自的国家中，各自拥有一套权责关系处理的规则；但在跨境经济合作区内，各自的处理规则会存在差异，甚至冲突，因此如何协调并统一好它们之间的处理规则，是合作区内权责关系所需面对的主要问题。

再次，产权可横向分解为使用权、收益权、处置权和让渡权，纵向分解为出资权、经营权和管理权，依据存在方式又可分为价值形态产权和实物形态产权等；若不同产权的边界混淆不清，就很难分清责和利，引起利益、责任纠纷，交易成本提高，最终降低市场的资源配置效率。在跨境经济合作区内，产权边界问题主要体现在国别标准的不一，即使两国的各自产权边界清晰，但界定标准却往往存在差异，这种差异性的界定标准若无法得到统一，合作区内的产权边界依旧会陷入混沌状态。

最后，产权关系是产权明晰的一个重要方面，产权关系涵盖各类权利之间的关系，如出资权与管理权或经营权之间的关系；类似于权责关系协调和产权边界界定，在跨境经济合作区内，所需面对的问题也是因规则或标准不一致而导致的产权关系混乱。

综上所言，跨境经济合作区内产权明晰问题源于规则和标准的不一致，因此评价合作区的制度环境是否完善，一个判断方法为：在当前制度环境下，差异性界定标准和处理规则能否得以统一。

2. 治理模式选择困境

对于跨境经济合作区而言，确立正确的治理模式，将保证制度环境中的各级机构和政策有效运行，最终达到降低交易成本的目的。然而，跨境经济合作区是一种新型的国家间合作形式，它有别于国内的治理模式探索，主要体现在两方面：第一，国别不同，本国治理模式存在差异，在合作区内，双边国家往往偏爱于那些已探索的并适合自身发展的治理模式；第二，合作区内必须形成一种统一的治理模式。

对于完整主权国家而言，探索一种适合自身发展的治理模式是国家治理的首要任务。一般而言，完整主权国家的政局稳定性、持续性越强，对适合自身发展的治理模式探索的程度越高；在这一背景下，处于这一主权国家下的企业会不断对自身做调整，以适应本国背景。在摸索跨境经济合作区的治理模式过程中，国家之所以偏好于适合自身发展的治理模式，主要原因在于合作区内的治理模式偏离国内治理模式越远，无论企业还是国家，都需耗费成本去调整；以企业为例，当所耗成本高于其在合作区内的未来预期收益，它可能选择放弃落户合作区。

跨境经济合作区虽是一种新型的国家间合作形式，但在建设和发展过程中，它需要统一的治理模式为其护航。合作区内的治理模式是非统一的，将很容易导致区域内的市场规则混乱，规则变动频繁，进而增加企业的交易成本。

通过上述分析，跨境经济合作区在探索并最终确立治理模式的过程中，存在一个"偏好与统一"困境，即国家坚持自身已探索的治理模式（偏好）与跨境经济合作区需要一种统一的治理模式（统一）之间的矛盾。

3. 合作区内的市场失灵

公共产品供给不足和市场处于非完全竞争状态是跨境经济合作区市场失灵的两个重要表现。不同于本国内，合作区内的市场失灵有其特殊之处，主要体现为如下几方面。

公共产品一般由国家提供，部分公共产品的成本很高。以公路、铁路等交通设施为例，跨境经济合作区的发展与交通设施建设密切相关，便捷的交通有助于拉近合作区与消费市场之间的距离；由于合作区涉及跨境因素，交通设施的建设便不再取决于一个国家，如何规划、如何建设，由谁出资建设等问题，将成为合作区及周边地区在提供交通设施这类公共产品时所需面对的主要问题。简而言之，这类成本高且必要的公共产品往往面临"供给"难题。

在跨境经济合作区建设初期，要素市场和产品市场往往不完善，这将导致中小型企业不愿意在合作区内扎根。因为对中小型企业而言，在市场不完善的背景下，市场风险性高和波动性频繁，而中小型企业自身抗风险能力弱，除非未来预期收益足够大，否则这些企业多持"观望"态度。因此，初期在合作区内扎根的企业多是大型企业或国有控股企业，这将很容易形成一种局面：大型企业将很容易成为合作区内的双边垄断企业，市场呈现严重的非竞争状态。

4. 利益分配的问题

利益分配问题，关乎着跨境经济合作区能否稳定地发展；国家之所以会推进跨境经济合作区建设，一个根本出发点是它能够拉动边境地区经济发展。利益分配不合理，会滋生矛盾、引发冲突，致使合作区无法稳定发展；利益分配合理（即"双赢"），则加强国家之间的联系，合作区发展进入"快车道"。

总体而言，跨境经济合作区的核心目标是利益分配下的资源配置效率提升，配置效率和利益分配在合作区中能否统一地实现，直接关乎着合作区是否得以壮大。

（三）所需机制设计

机制设计的目的是实现核心目标，良好的机制设计可促使配置效率与利益分配之间形成一个"良性循环"（通过摸索逐渐解决产权明晰、治理模式和市场失灵等问题，资源配置效率能够得到提升，总经济利益增加，这将刺激国家的主动性，通过协商的方式以保证利益合理分配；利益合理分配又会加深加快国家对产权明晰问题的摸索，进一步增加总经济利益）。为形成"良性循环"，需要依靠三类机制来实现：第一类机制为约束"自利性"机制，以解决产权明晰和治理模式中的统一问题；第二类机制为补偿机制，以解决市场失灵问题；第三类机制为适用性机制体系，以引导利益分配趋于合理。

1. 约束"自利性"机制

对跨境经济合作区而言，两个国家的产权明晰标准和治理模式均存在差异。出于自身利益考虑，每个国家都偏好于设置对本国有利的产权明晰标准和治理模式。显然，这种"自利性"的驱动力将阻止跨境经济合作区形成一套统一的产权明晰标准和治理模式。因此，合作区需要一种约束"自利性"的机制。

在本国内，"自利性"会驱动国家政府不断摸索，建立符合本国发展的产权制度和治理模式；但在合作区内，基于本国国情所探索出的产权制度和治理模式，可能不适合他国国情，坚持自己的标准和模式，势必会阻碍国家间合作，导致跨境经济合作区发展滞缓。因此，可否建立一种约束"自利性"的机制，使得国家不再过分坚持自己的制度和模式，转而彼此让步、协商出一种对彼此相对有利的制度和模式呢？为探索这种机制，可从以下几个方面来说明。

首先，双方国家渴求探索出这种机制，并愿意让这种机制发挥作用。

跨境经济合作区的做大做强，必定惠及双方国家；若双方寸步不让、坚持自己的标准和模式，跨境经济合作区可能就会无法发展，这是一个"囚徒困境"；反之，双方互相让步，合作区发展得以顺利开展，将开创一个"双赢"局面。

其次，约束"自利性"机制是温和的。并非所有的产权明晰标准和治理模式都存在不可调和的差异，绝大部分的标准和模式虽有差异，但双方都愿意妥协，它们之间能够找到一个"双赢"均衡点。因此，约束"自利性"机制不是一种强制性机制，而是一种温和的、引导性机制。

最后，这种约束"自利性"机制是一种自下而上的。国家层面可为跨境经济合作区提供框架性的产权制度和治理模式，但具体适用合作区发展的细则条文则需要基层机构在实践过程中不断探索、出台。约束"自利性"机制并不意味着限制双方基层机构探索适合自身发展的标准和模式，当细则性的标准或模式被探索出来后，应当在两国之间进行协调，最终制定一种相对"双赢"的标准或模式。

2. 补偿机制

跨境经济合作区及周边地区的公共物品供给不足是其市场失灵的一个重要表现，特别是交通设施建设，这直接影响着企业是否愿意在合作区内投资；然而，交通设施建设一般成本较高，而涉及跨境的交通设施建设必定会有一个出资比例，如何设置一个合适的出资比例，直接关乎合作区及周边地区的交通设施建设。

若跨境经济合作区双方国家的经济实力相近，出资比例相同是一个不错的选择；这种情形下的交通设施供给问题比较容易解决，也不需要机制来促进它实现。若合作区双方国家的经济实力相差很大，出资比例便成一个问题；这个问题主要体现在两个方面：第一，依经济学逻辑，强国的出资比例应当更大，但问题是强国为什么要接受这一结果；第二，即便强国愿意出资更多，但这一比例如何确定。为解决这一问题，可否设计出一种补偿机制，使得强国愿意高比例出资？这一机制可从以下几个方面考虑。

首先，补偿机制意味着强国高比例出资不是无偿的，这是这个机制必须得以保证的。若强国高比例出资得不到相应的补偿，那么这种机制即便设计出来，它也很难发挥作用。补偿的方式有很多，可以未来补偿（如未来的利益分配过程中，强国获取的份额更多一些），也可以当期补偿（如合作区内的行政机构或司法机构中，强国占有更多的席位，拥有相对较强的话语权）。

其次，补偿机制应是一种自发性的，存在内生驱动力来吸引强国主动高比例出资。比如补偿机制内可设计一个层级回馈制度（类似私人部门的绩效工资），即强国相对出资比例有数个级别，级别越高的给予相应的补偿越丰厚，同时，这种补偿机制也具有强制性，即无论当期补偿还是未来补偿，都是能够实现的。

总体而言，跨境经济合作区内的其他市场失灵问题，类似于解决交通设施供给的方法，可通过补偿机制来处理。但由于问题很多，一种机制不是"万金油"，需要不断探索以寻找不同的机制来解决它们。

3. 适应性机制体系

相比较其他问题来说，利益分配问题更为复杂，因为它涉及国家层面、企业层面和个人层面，单单想借助一种机制来解决利益分配问题，几乎不可能。以企业为例，它们是跨境经济合作区发展的微观主体，企业发展壮大，合作区也随之繁荣。企业入驻合作区，核心目的就是赚取更多利益，且总所得要高于其他区域；在一条价值链上，强国企业因掌握核心技术可能获取大量利益，弱国企业则收益较少，这种不合理的利益分配格局将增加冲突发生的概率。冲突一旦爆发，强国企业可能会蒙受损失，甚至损失达到一定程度后，它们可能会从合作区内撤出。因此，对于跨境经济合作区而言，解决好利益分配问题是重中之重。

在强国－弱国所构建的跨境经济合作区内，就企业层面而言，最佳的合作方式是：双方企业能够处在一条或多条价值链上，比如强国企业参与制造业（产业链下游），弱国企业参与原材料加工业（产业链上游），由于弱国企业所发展的原材料加工业类似于一个完全竞争市场，它们在市场内没有太强的话语权，在市场规则下，强国企业必定会压低这些初级加工物的价格，致使利润大量流入强国企业。理论上，这里应当存在一种约束机制，双方政府通过协商应当在产业链上游设置一个最低价格，以保证弱国企业能够获得一定的利润，同时强国企业的积极性又不至于大幅度削弱。

同样在此背景下，产业链下游保持高利润率势必会吸引强国其他同行企业，但先入驻合作区的企业会自发形成"准入门槛"（比如先入驻的企业在合作区内声誉更高，无论要素市场还是产品市场，它都有潜在的优势），这将阻止同行企业的进入。因此，合作区内应当设置一种激励机制，以鼓励其他同行企业进入产业链下游，越多同行企业入驻合作区，产业链下游的市场会逐渐趋于完全竞争状态。在这种机制引导下，利益分配不合理格局会得到改善，且产业链下游竞争性越强，这种局面的改善度越高。

通过上述分析，约束性机制和激励性机制一定程度上都能够解决企业层面的利益分配不合理问题，而且每一类机制所适用的阶段也有所差别（如约束性机制可适用于合作区发展初期，市场规模较小；激励机制则更适用于合作区发展中后期，市场规模较大），因此可以将这些机制统称为适应性机制体系。不难看出，单解决企业层面的利益分配问题就不止借助一种机制，更不用说解决所有层面的利益分配问题，它需要更加复杂的实用性机制体系。

三　案例研究

中缅瑞丽－木姐跨境经济合作区地处中国西南，合作区两边的经济发展水平相对落后，交通等基础设施建设不完善；但与此同时，合作区内的边境贸易活动频繁，中方制造业比较发达，缅方自然资源丰富，劳动力成本低廉，将这一地区发展成为跨境经济合作区，不仅充分利用它们的优势，而且可拉动双方边境地区的经济发展，这是一个"双赢"的规划。

以橡胶产业为例，缅方的气候环境适合橡胶树大范围种植，劳动力价格低廉，具有生产要素的比较优势；中方的技术条件和工业基础较好，国内市场对橡胶相关产品的需求强，具有技术和市场优势。同时，从国家发展战略来看，中国和缅甸都重视边境地区经济发展，希望借助跨境经济合作区的发展来拉动边疆地区经济、改善居民生活福利；为达到这一目的，双方政府已出台大量相关政策以鼓励产业发展。此外，橡胶产业的产业链较长，发展长链产业对经济拉动效应更加明显，国家对这类产业的支持力度也更大一些。笔者将从两个层次来分析橡胶产业与跨境经济合作区之间的关系。首先，从技术层次分析中缅边境地区在整个橡胶产业链上的位置；其次，由于边境地区具有生产要素比较优势（天然橡胶的供给）和靠近潜在市场优势（缅方对摩托车需求量大，引致轮胎高需求），我们以"天然橡胶－子午线轮胎"产业链为例，分析中缅边境橡胶产业的发展困境和原因。

（一）中缅边境地区在整个橡胶产业链上的位置

整个橡胶产业链可分为上游（橡胶种植）、中游（橡胶加工）和下游（橡胶制品）三个部分。其中，橡胶种植包括橡胶树种植，胶水、杯胶和白片生产等；橡胶加工包括浓缩乳胶、标胶、烟片、绉片胶、烟片复合和标胶复合等；橡胶制品则包括乳胶制品和干胶制品两个大类（参见图 12 - 2）。

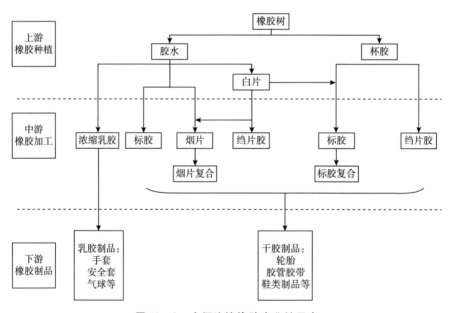

图 12 - 2 中缅边境橡胶产业链示意

橡胶产业链的上游——橡胶种植具有低技术、低附加值的特征。中缅边境地区拥有橡胶种植的天然优势，由于橡胶种植对技术的要求较低，无论自己种植还是雇人种植，橡胶园的拥有者只需对种植者简单培训，他们便拥有橡胶种植能力。一般而言，中缅边境地区的天然橡胶生产者多将胶水直接风干，制炼成杯胶或白片。

对橡胶产业链的中游——橡胶加工而言，烟片复合和标胶复合对生产技术、生产设备和生产环境的要求严格，中缅边境地区的人力资本和技术层次很难满足生产条件。浓缩橡胶所需的技术较低，但中缅边境地区具备生产浓缩橡胶能力的生产者较少。

在橡胶产业链的下游——橡胶制品环节，相对干胶制品而言，乳胶制品中部分商品对生产条件的要求较低，如普通手套、气球等。干胶制品对生产技术要求较高，特别是实验类胶管、轮胎等，但一般鞋类胶所需技术较低，中缅边境地区进行一定升级后，具备生产这些一般商品的能力。

总体而言，从中缅边境地区所掌握的生产技术和拥有的生产条件来看，该地区在整个橡胶产业链上处于一个劣势位置，它主要承担上游和部分中游环节，这些环节的附加值较低，而诸如轮胎等高附加值商品则不在此地生产。然而，中缅边境地区具有资源禀赋优势，同时由于缅方对摩托车需求量高，中缅边境地区对轮胎的需求高，进而使得中缅边境地区具有"靠近潜在市场"的优势。

围绕这一问题，下面将分析"天然橡胶－子午线轮胎"产业链上，中缅边境地区的发展困境和原因。

（二）中缅边境橡胶产业的发展困境和成因

1. 发展困境

中缅边境的橡胶产业发展陷入困境，主要表现在上游链发展滞缓、中下游加工企业少和捕获的附加值低三个方面。

其一，上游链发展滞缓，缅方的天然原胶（橡胶）无法顺利进入中方边境地区，体现为两点：第一，缅方所种植的天然原胶经边境进入中方的阻力较大；第二，缅方的天然原胶多直接风干装罐、"舍近求远"地销往中国东部沿海地区。天然原胶的销路窄，"舍近求远"所引致的高昂运输成本，将导致缅方种植户不愿意种植橡胶，上游链发展滞缓。

其二，中下游加工企业少，橡胶产业的中下游链（子午线轮胎生产企业）包括混炼胶生产商、半成品部件生产商、轮胎成品生产商和轮胎销售商；目前，在中缅瑞丽－木姐跨境经济合作区及周边地区没有一家轮胎生

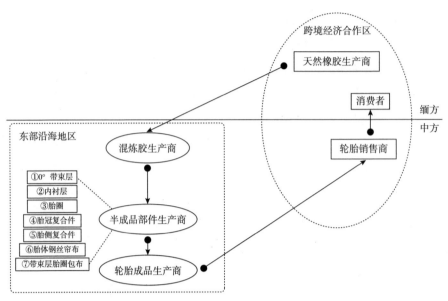

图 12 - 3　中缅边境橡胶产业发展困境

产环节企业，有数量较多的轮胎销售商。这一现状的存在，进一步恶化边境地区天然橡胶销售困境，滞缓上游链发展。

其三，中缅跨境经济合作区在整个天然橡胶产业链上的附加值获取较少，合作区内缺乏橡胶中下游企业入驻，同时上游链企业直接以原胶形式将天然橡胶销往中国东部沿海地区，一则原胶体积大、运输成本高，二则原胶价格低，故而从整个合作区利益获取来看，所获附加值较少。

2. 成因

为脱离这一困境，制度环境和相关机制设计无疑是重中之重，好的制度环境和机制设计可使橡胶产业发展内生化，即这一过程中存在一种内生的驱动力，使橡胶产业能够依据市场规律自然发展壮大。为改变制度环境、设计合理机制，需首先分析哪些因素导致中缅边境地区的橡胶产业发展滞缓。

（1）产权问题是企业进行跨境经济合作考虑的首要问题，中缅边境地区的橡胶产业链的培育亦不例外。在中缅边境地区，特别是缅方地区，制度环境相对恶劣，相关法律条例、规章制度匮乏，橡胶产业链上的企业在这一区域内发展，产权是否得以明晰将是一个挑战。由于中缅跨境经济合作区还处于摸索阶段，区域内对产权界定的法律、规章，以及政府行政部门如何建立、运作都是待议的。这一背景下，跨境经济合作区在产权明晰问题上可能是一个"争议"之地；橡胶产业链上的企业是逐利的，即便合作区内存在高利润率，产权无法得到合法保护，企业依然会选择放弃。因此，橡胶产业链的发展，前提是跨境经济合作区产权得以明晰。

（2）贸易壁垒的影响，增加橡胶产业链间的交易成本。以中方天然橡胶进口关税为例，自 2007 年以来，中国技术分类天然橡胶（包括标准胶、天然乳液和浓缩天然乳液）进口关税，经历了一个"先降后升"的趋势（见表 12 - 1），这是一种波动趋势；同时近几年橡胶价格大幅度下跌（天然橡胶期货价格由 2011 年 12 月底的 43500 元/吨下跌至 2015 年 12 月底的 10540 元/吨），2016 年以来其价格虽有上扬趋势，但总体而言，天然橡胶的价格对种植户来说缺乏"诱惑性"。中方进口关税税率的波动，干扰缅方种植户的预期，进而对"是否扩大种植规模"决策产生一定影响（橡胶从种植到割胶需要 7~8 年，缅方边境地区的橡胶多销往中方，若中方进口关税税率波动反复，将导致缅方种植户不愿意贸然扩大种植规模）；同时，天然橡胶价格的下探，进一步影响缅方天然橡胶的供给。

表 12 - 1　中国技术分类天然橡胶进口关税变化统计

年　份	关税（从低计征关税）
2007~2009	20%（从价税）或 2600 元/吨（从量税）
2010~2012	20%（从价税）或 2000 元/吨（从量税）
2013~2014	20%（从价税）或 1200 元/吨（从量税）
2015 年至今	20%（从价税）或 1600 元/吨（从量税）

数据来源：中国海关信息网。

（3）"销路问题"凸显。中方边境地区缺乏橡胶中下游企业，缅方所生产的天然胶的销路是一个问题。现行的解决办法是，缅方将天然胶风干装罐，"舍近求远"地销往中国东部沿海地区；这样做提高了运输成本，影响了销路。"销路问题"的存在进一步恶化天然胶市场环境，迫使缅方不愿意扩大橡胶上游链。

那么，为什么天然橡胶中下游链企业不愿意去中缅边境地区投资？第一个原因是中缅边境地区的劳动力素质普遍较低，轮胎企业所需求的技术工人、技术研发人员在边境地区很难得到满足。第二个原因是电力、交通等基础设施不完善，橡胶产业属于高耗能产业，对电力依存度高，边境地区的电力规模和高压规格无法满足这些下游企业发展的需要；中方轮胎企业打开中缅边境地区市场，包括树口碑、扩大销售渠道等，需要较长一段时间，交通设施不完善将直接影响这一过程的实现，同时中方企业可能考虑到前期"产能过剩"无法得到解决，而放弃在边境地区建厂（交通设施完善的背景下，即便中缅边境地区的新兴市场未打开，中方企业可通过将产品外销来解决前期的"产能过剩"问题；若交通设施不完善，运输成本过高，"产能过剩"问题很难解决）。第三个原因是子午线轮胎生产环节中，半成品部件生产环节、成品组装环节对生产环境要求很高，无论技术含量还是机器设备需求等，在中缅边境地区都很难满足。

（三）政策启示

中缅跨境经济合作区想吸引橡胶产业链上的企业，需从以上因素作为着眼点入手；制度环境的完善，以保证跨境经济合作区内产权明晰，这一条件对任何产业链都至关重要。然而，制度环境的摸索期较为漫长，所涉及的问题较多，这里很难提出具体的政策建议。因此，本章的政策启示如下。

（1）在既定关税背景下，中国地方政府可给予轮胎企业补贴，以促使中方企业稳定收购缅方橡胶。由于中国对天然橡胶的消费强，本国产量无法满足需求，如图12-4所示，2002~2015年，中国的天然橡胶消费年平

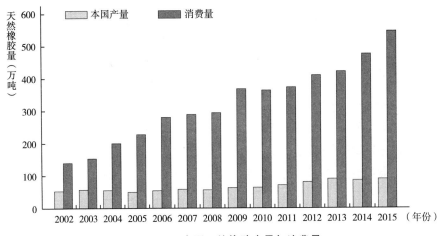

图12-4 中国天然橡胶产量与消费量

均80%来源于进口，供给缺口很大。在这种情形下，通过补贴的方式来保证中国企业能够稳定收购缅方橡胶，引致缅方愿意多种植橡胶，中方的天然橡胶缺口也得以弥补，将是一个双赢的过程。

（2）中缅双方可鼓励私人部门或政府部门出资在边境地区建立职业技术学校，以培养本地居民的职业技能，提高边境地区的劳动力素质；劳动力素质的提高，不只对橡胶产业链产生作用，对其他产业链的发展也有很强的正效应。同时，加强边境地区居民交流，适度放开劳动签证要求，让边境地区所建立的职业技术学校能够惠及双方。

（3）电力、交通等基础设施的建设，涉及公共产品提供，一般成本投入较大；但由于中方企业对电力、交通等依赖性要远强于缅方，轮胎制品除销往缅方市场以外，另一个大型潜在市场在中方，因此，中方可首先加强己方相关基础设施建设，发挥带头作用，以吸引天然橡胶 - 子午线轮胎产业链中下游企业进入跨境经济合作区。当然，子午线轮胎生产环节中的半成品部件生产和成品组装环节对生产环节要求苛刻，中短期内它们很难入驻合作区；相反，混炼胶生产环节相对要求较低，而且相对原胶出售来说，混炼胶胶片的体积小、价格高，运输较为方便，因此加强合作区的基础设施建设，将有助于吸引混炼胶生产商，进而增加合作区在天然橡胶 - 子午线轮胎产业链上的利益获取。

第十三章

总结：结论与政策含义

本书从理论上研究了跨境经济合作的基本原理、作用及发展模式；从实践上针对我国西南边疆多民族地区——云南省在推进跨境经济合作建设中的若干关键问题进行了深入研究。主要结论与政策含义如下。

一　如何促进沿边地区的对外合作

跨境经济合作能通过加强跨境贸易和吸引外来投资促进区域经济发展和提升国际经济合作关系，并提高当地的发展能力。换句话说，跨境经济合作将是区域经济发展的"催化剂"。

首先，跨境经济合作区的建立可以通过降低边界效应大大地降低交易成本，从而促进跨境贸易。特别是，在我国实施"一带一路"倡议下，丝绸之路经济带的国际贸易活动必然受到边界的阻碍作用，而建立跨境经济合作区是降低边界效应的一种重要途径。

其次，边境地区通常具有当地的优势资源，边界两边存在互补性生产要素，这为边境地区吸引投资提供了基础，而跨境经济合作区不仅为外来投资提供优惠政策，还成为投资者的生产基地。因此，跨境经济合作区是当地企业融入区域或者全球产业链的平台。它还能促进产业结构优化，规避邻国间在产业发展上的无序竞争，并促进邻国间在国际分工上的合理化与深度化。

再次，跨境经济合作区可将边缘转化为核心，推动新经济增长极的形成。跨境经济合作区从本质上讲，是地域上集中的政府推动的企业集群，有着固有的有效基础设施优势、优质的服务、一个良好的商业环境和最少的繁文缛节。跨境经济区内利益相关者、集群产业及相关产业所构成的网络可最终加强该地区企业间竞争、规模经济的形成及与其他集聚经济体之间的竞争，进而刺激研发，促进新技能和服务的出现。创新和高效运转的集群可以构成区域增长的驱动力。

最后，跨境经济合作区有利于促进区域和平稳定。在经济快速转型的时代，对不同国家民族间的经济问题形成一个清晰的共同认识：国家民族合作比单独行动将在物质上获得更多，跨境经济合作区将蔓延到政治合作。跨境经济合作区的繁荣不仅有利于经济福利的最大化，更有利于这些地区的和平与繁荣。

二　如何促进跨境贸易

对云南省与越南、老挝和缅甸这三个经济体的跨境贸易分析结果表明，云南省在推进与这三个经济体跨境贸易深化过程中，来自老挝的阻力最大、越南的阻力最小。因而，云南省应结合当前国家沿边开放等相关政策，以及与不同国家相关基础设施建设，在考虑阻力大小的基础上，分层次推进。

双边经济体的语言趋同、人民币区域一体化、加强边界两边传统文化交流和增强私人部门投资与消费能力均有助于削弱本国偏见的影响力。云南省在深化与越老缅三个经济体跨境贸易过程中，可在跨境贸易集中区设置语言培训机构，并充分发挥边界两边语言相通的优势；同时，可在跨境贸易集中区推行人民币结算，逐步扩大结算范围。

就云南省与老挝的跨境贸易而言，由于老挝方市场主导的贸易较弱，双边政府可以通过加强政府主导的经济活动、增加民间社会团体往来，促进边界两边传统文化交流，提升老挝国民收入水平，增强私人部门投资与消费能力。

由于企业在产品和原材料通关过境时会遇到困难，这需要通过中央政府间的政策协调，建立一套完整、适用的通关过境政策，以减少跨国经济活动的交易成本。

另外，由于边界两边的贸易政策存在差异和冲突，这需要加强双边高层之间的沟通，加强对外贸易政策方面的协商，进一步弱化跨境贸易的阻力。

三 如何促进吸引外来投资

通过对云南省红河、西双版纳和德宏及越南老街的企业投资行为的调研发现，在这些地区投资的企业主要是资源型的，大部分投资来自国内企业，而国外直接投资的数量很少；跨境贸易主要是进口资源和出口最终产品，产业链薄弱。

研究结果表明，企业的投资动机与企业所投资区域内的激励政策和基础设施密切相关。不发达的交通运输设施是制约边境经济发展的主要因素；大部分企业都关心政策措施，如税收优惠政策和土地使用政策，因为这些政策可以直接降低投资和生产成本；许多企业都面临融资困难和向当地银行或其他金融机构贷款的困难；这些地区劳动力素质低下，企业高度期望获得劳动力培训支持；除基本的基础设施以外，物流仓储设施也应得到改善。

为促进边境地区吸引外来投资，可采取以下对策。

（1）从投资环境的角度，有必要维持资源的可得性，挖掘市场潜力，改善政府治理。但是主要的方向应致力于改善基础设施状况，包括交通运输和公共事业，特别是物流系统。

（2）在云南，边境地区的投资激励政策与中国西部大开发相关政策是一致的，并没有特殊政策。由于经济发展水平滞后，流向边境地区的投资甚至比中国西部许多其他地方的更少，因此，激励政策的制定应该突出"边境地区"的优势。

（3）跨境经济区在商品、劳动力和其他生产要素实现简捷、方便和低成本跨境流动方面具有最大的比较优势，但是企业在产品和原材料通关过境时会遇到困难。因此，应通过国家之间的政策协调，制定完整和适用的通关过境政策，以降低跨国经济活动的交易成本。

（4）劳动力的素质对当地投资企业也是一个关键问题。除了制定相应政策以吸引外来人才外，提高当地人力资本素质也是有必要的；否则，人才的紧缺将成为跨境经济区建设的瓶颈。除了政府的努力，还应该引进专业的教育培训机构，或者鼓励企业开展教育培训，对符合条件的企业给予特殊优惠政策。

（5）边境地区金融业发展滞后，大部分企业的投资来源于自有资金，极少获得当地金融机构的融资支持。当地也缺乏货币结算机构，在跨境贸易中存在大量的非正式机构。管理机构需要加强对企业的财政金融服务，最好引入一些战略性的金融企业，为跨境经济区企业提供投融资服务、保险和货币结算服务。

四　如何促进跨境地区的产业发展

目前，中国（云南）与越老缅三国产业的整体质量并不高，也难以引入高质量的加工制造企业。这些地区的产业结构过于偏重于资源型产业，从长远发展来看，需要制定产业导向政策。

研究表明：首先，云南省与越老缅的产业关联度较强，具有很好的产业合作基础，其中采掘业的关联度最强，金融业的关联度最低；其次，云南省与越老缅的比较优势与其要素禀赋密切相关，但是在比较优势上存在差异；再次，云南省与越老缅在资源产业和劳动密集型产业的互补性较强，资本密集型和技术型制造业的互补性较弱。因此，云南省应该通过大力发展农产品以及资源型行业来促进跨境经济合作。具体对策包括如下三方面。

（一）培育跨境支柱产业

各经济体在自然禀赋和技术水平等方面具有极大的相似性，跨境经济合作区主导产业选择的重点应该放在同时具有比较优势和互补性且关联性强的资源密集型和劳动密集型产业上，包括农产品、有色金属冶炼及压延加工业、采掘业、纺织业、食品加工业等产业，发挥支柱产业的比较优势和带动效应来推动跨境经济合作。

（二）构建跨境产业合作带

中国（云南）－越南跨境合作区应该重点培育农产品、有色金属冶炼及压延加工业、交通运输设备制造业、纺织业等优势产业；中国（云南）－老挝跨境经济合作区应该重点培育农产品、采掘业、有色金属冶炼及压延加工业等优势产业；中国（云南）－缅甸跨境经济合作区应该重点开发农产品、纺织业、有色金属冶炼及压延加工业等优势产业。这样能够提升产业合作层次，形成以优势产业为主导，产业配套完善、规模优势明显、辐射带动作用强的优势产业集群。

（三）构建跨国产业链

中国（云南）与越南、老挝和缅甸应该加快农业、林业、纺织业、采掘业等产业的跨区域重组和资源合理配置，通过专业化分工加强产业间的横向和纵向联系，扩大生产规模，形成具有区域优势的集群式产业链，建立区域产业合作机制，使双方的发展更加融合到国际分工体系中去。

五　跨境经济活动对区域经济有何影响

跨境经济合作通过促进跨境贸易、吸收外来投资和增加基础设施投资来带动区域经济的影响。

笔者设定了三种情景：（1）政府投资增加100%，企业投资、跨境贸易进口和出口增长50%；（2）政府投资增加150%，企业投资、跨境贸易进口和出口增长75%；（3）政府投资增加200%，企业投资、跨境贸易进口和出口增长100%。

政府投资、企业投资和跨境贸易对云南省就业、税收和增加值具有以下影响。

第一，单位投资量和出口量对就业、税收和增加值具有较明显的乘数效应，这反映出在边境地区投资和进行跨境贸易具有较大的发展潜力。进出口对就业的影响较大，乘数绝对值相当，但方向相反；政府投资的就业影响乘数略小些，企业投资的就业影响乘数相对要小得多，但均对就业有促进作用。单位价值的进口、出口、企业投资和政府投资对税收的影响大致相当，但是存在影响类型的差异，其中进出口和政府投资对税收有较强的引致影响，而企业投资具有较强的直接影响。进出口的增加值影响乘数绝对值相当，影响相反；企业投资对增加值的直接影响最大，比较而言，增加出口额和政府投资对提升增加值具有较强的间接和引致影响。

第二，虽然就单位数量而言，贸易和投资额对区域经济具有明显的促进作用，但对区域经济总量而言，在边境地区投资和进行跨境贸易仍然存在明显的不足，对区域经济总量的影响较小。例如，以2013年云南省的地区生产总值（11720亿元）为基准，在三个不同的情景下，跨境贸易和投资的增加对云南省地区生产总值的贡献率分别为0.42%、0.64%和0.85%。其中，这些贡献主要源于跨境贸易，企业投资和政府投资的贡献相对要小得多。

第三，虽然进出口对就业和增加值具有相反的影响，且乘数的绝对值相近，但是云南省在跨境贸易上的顺差及进出口产品产业结构的差异使得跨境贸易对云南的就业和增加值具有明显的促进作用。

考虑到跨境经济合作的区域经济影响，可从以下方面通过政策完善促进跨境经济合作。

第一，电气、机械及器械制造业，工艺品及其他制造业和建筑业的影响力系数较大，而交通运输及仓储业、金属冶炼及压延加工业和化学工业的感应度系数较大，说明这些产业与其他产业的关联度较高，这些产业的发展对整个区域经济发展的影响较大。

第二，在边境地区投资和促进跨境贸易的潜力没有得到充分的发掘，应结合交通、物流等设施的建设，通过双边协商，进一步减少跨境贸易障碍，从而更好地发挥跨境贸易对云南经济的促进作用。

第三，目前企业投资额较小，投资的产业类别比较有限。投资政策一方面要促进投资额的增加，另一方面也要重视产业的多样化发展，从而增强企业投资的间接和引致影响。

第四，结合进出口和政府投资，促进企业投资。一方面，可在边境地区建立进出口产品加工基地，这既可以增加企业投资也能降低进出口原材料或初级加工产品的交易成本；另一方面，由于政府投资对区域经济具有较强的间接和引致影响，可以通过扶持与建筑业相关的企业（例如建材企业）到边境地区投资。

六 如何为建立跨境经济合作区构建制度基础

不健全的制度体系下，存在各种贸易壁垒，这会增加贸易的交易成本，阻碍商品在区域内自由流通。投资者在做出"是否进入"跨境经济合作区的决策时会考虑诸如政府政策、知识产权保护和政治风险等因素，完善的制度体系是吸引投资者的一个至关重要的区位优势。因此，对现有相关制度进行完善和建立所需的新制度是推进跨境经济合作区建设的关键。

由于建立跨境经济合作区所涉及的制度众多，本章从经济学的角度，本着明晰产权、降低交易成本和提升经济效率这三个目标，提出以下制度对策。

（一）完善制度环境

制度环境主要包括行政机构、司法机构和政策三个部分。经济意义上的产权明晰，行政机构发挥着重要作用；法律意义上的产权明晰，司法机构举足轻重；在产权明晰问题上，不同区域存在着不同的异质性，可借助政策来调整。这需要通过边界两边政府间的商议，建立统一且与两国政治体制相容的制度架构。

（二）建立合适的治理模式

治理模式可从结构、管理和政策三个方面来把握。结构方面，重点是如何组建政府机构，包括行政机构和司法机构。管理方面，重点是怎样聘用、管理和激励政府部门的工作人员，以及如何有效地控制政府的财政资源。政策方面，重点是政府工作人员在政策中应该起什么样的作用，以及政策如何对私人部门施加更广泛的影响。

（三）在完善的制度环境和正确的治理模式的前提下，发展跨境经济合作区的核心是促使区域内资源达到最优配置

资源配置可通过动力机制、信息机制和决策机制等经济机制相互配合来实现。资源配置的目的是实现企业、个人或政府等经济主体的最佳效

益，对利益的追逐和竞争行为成为各经济主体配置资源的动力，这需要相关机制来激励和保障。为了选择合理配置资源的方案，需要及时地、全面地获取相关的信息作为依据，而信息的收集、传递、分析和利用要通过信息机制来完成。资源配置的决定权可以是集中的或分散的，它们存在着不同的权力制约关系，因而需要建立不同的资源配置决策机制。

七 建立跨境经济合作区面临的主要挑战

跨境经济合作区的成功与否受到边界两边经济体的性质、结构与动态发展的影响，也受到跨境地区所采用的治理方式及其在边界两边差异的影响；在政治层面，国家的政策、态度和政治历史对引导跨境背景下的经济发展具有重要作用；边界两边货币、法律法规、税收系统、配套产业和政策的不同可能成为推进跨境经济合作的障碍。因此，跨境经济合作区的建立将是一个"干中学"（learning by doing）的过程，不仅需要政府间的磋商与合作，也需要公共部门与私人部门的参与。具体而言，建立中国与其他 GMS 国家间的跨境经济合作区面临着以下主要挑战。

（一）构建跨境经济合作区的条件差

中国云南 - 越南、中国云南 - 老挝和中国云南 - 缅甸跨境地区的经济基础和自我发展能力都很薄弱，包括交通障碍、落后的基础设施、脆弱的生态系统、工业化水平低和大量的贫困人口，等等。这些地区所吸引的投资主要是基于它们的区位优势和资源优势（Wang et al., 2010）。区位优势在于它们是连接中国与东南亚国家的陆地通道，而资源优势在于丰富的矿产和生物资源。与这些地区的比较优势相一致，这些地区的投资者以贸易和原材料的初级加工为主。在这种情况下建立跨境经济合作区的经济效益取决于区域自我发展能力的提高。例如，南非与莫桑比克边境的马普托发展走廊在贸易、投资环境的改善以及促进区域一体化上起了关键的作用，但是由于当地发展能力的缺失，对经济发展与减轻贫困所起的作用很小。

发展能力的提升需要以发展人力资本与社会资本为重点。在人力资本发展方面，需要结合跨境地区发展能力的优缺点，将人力资本的需求结构和产业支撑能力提高的导向相结合，通过政府的引导与支持来促进人力资源的培育。中国与越南、老挝、缅甸跨境经济合作区，未吸引到高质量的外来投资的一个重要原因就是人力资本匮乏。除了发展人力资本，还需要让不同的利益相关群体都参与到跨境经济区的建设中来，从而促进社会资本的发展。社会资本的一个重要特性是人际交流和沟通网络，包括正式的和非正式的，如邻里协会、商会、合作社、合唱团、运动俱乐部以及群众聚会等（Putnam，1993）。它在克服信息不对称，提高经济效益方面起着重要作用，特别是，社会资本能增强吸引投资的能力和加强产业内贸易关系，从而促进跨境产业链的形成。同时，对于政治稳定和政府效能来说，在跨境地区由于边界效应的影响，社会资本可能比实物资本或人力资本更重要。例如，在圣迭戈（美国）－蒂华纳（墨西哥）跨境地区，由于缺少协调空间政策的重要机构，许多跨国活动是通过商业部门和公共机构推动的。

（二）需要制定促进跨境经济合作区建设与吸引外来投资的政策

市场并不是总能有效地发挥它的功能，跨境经济合作区的发展既受到产业、贸易、投资等经济因素的影响，也受到主权、安全、文化、制度等社会政治因素的影响，这就需要地方政府或国家采取行动来弥补或纠正市场失灵（Musgrave & Musgrave，1984）。一方面，边境经济区所吸引投资的质量相对较低，这表明中国与西南沿边国家间的跨境地区缺乏吸引高质量投资的足够优势，也反映出边境经济区的现行激励政策在吸引投资上的作用很有限（Wang et al.，2010）。另一方面，边界两边的现行经济政策存在许多差异，跨境经济合作区的政策需要与两国的现行政策相兼容并兼顾边界两边的经济利益。

制定政策时可参考 Amin（1999）所提出的基本原则：（1）政策要针对经济体或整个产业网络而不是个别的公司；（2）应该鼓励程序式和递归式的行为，从而获得战略视野、学习能力和适应能力；（3）政策的目标应放在除市场和国家制度之外的多个组织上；（4）应通过企业配套体系、政治机构以及社会公民来加强"制度厚度"；（5）制定政策应该因地制宜并对局部路径具有敏感性。

（三）制度安排的挑战

跨境经济合作区的绩效要受到文化、社会、政治和经济差异的影响。经济体系与经济发展水平的不同、社会体系的不同、语言与文化的不同、对对方态度与行为方式的了解不足都可能导致潜在合作方对彼此的不信任，从而阻碍跨境合作（Krätke，1999；Melnikas et al.，2006）。为减少这些差异的影响，需要一个国际制度安排。

作为一个制度安排，跨境经济合作区需要相对较高程度的规范化（Formalization）、集中化（Centralization）与授权化（Delegation）。规范化是国际制度安排的根本（Keohane，1989）。高度规范化的制度安排能使跨境经济合作区成为一个正式的且相对独立的实体，从而减少跨境交易成本。集中化是指通过一个具体且稳定的组织结构和一个支持性的管理机构对集体活动进行管理（Abbott & Snidal，1998）。一个集中化的跨境经济合作区是有效管理和决策的关键，否则跨境经济合作区将会变成边境经济区的简单延伸和叠加。高度的规范化和集权化可以避免在双方边境因政治、经济和文化差异而产生的冲突。例如，跨境经济合作区的政策应该让参与国共同受益。此外，跨境经济合作区的有效运作还需要程度相对较高的授权化。授权化指授予第三方执行、解释和应用规则的权力，解决争议的权力，甚至也可能包括制定规则的权力（Abbott et al.，2000）。不同的制度形式与三个维度之间的关系以及跨境经济合作区不同发展阶段的制度如表13-1所示。显然，一个成熟的跨境经济合作区应是一个一般的正式国际组织。由于跨境经济合作区是形成于两国相邻地区的一个组织，它不可能成为像欧盟一样的超国家组织。

表 13-1　国际制度安排的基本形式与跨境经济合作区的发展阶段

规范化程度	集中化程度	授权化程度	制度形式与跨境经济合作区的发展阶段
低	低	低	非正式协议（第一阶段）
高	低	低	自我实施的协议（第二阶段）
高	高	低或中等	一般的正式国际组织（第三阶段）
高	高	高	超国家组织

资料来源：根据田野（2005）修改。

跨境经济合作区的运作涉及边界两边许多部门的管理活动，一个具有较高程度授权化的跨境经济合作区将能减少很多繁文缛节，从而降低交易成本。为了达到相对较高程度的规范化、集中化与授权化，需要一个完善的国际制度安排，这需要与具有合作意愿的邻国通过协商建立。

（四）主权让渡是建立跨境经济合作区不可避免的问题

虽然主权让渡并不意味着剥夺主权而是主权的共享，且能降低交易成本，但是它仍然是一个敏感的话题。一个国家有可能因为国家安全和主权而不愿意建立跨境经济合作区。例如，美国－墨西哥边境经济区计划给边境区域带来了就业、产出、出口和国外直接投资的高速增长，但是国家主权仍处于首要地位，而跨境经济发展问题在国家政治议程上所处的地位依然很低。因此，有必要研究跨境交易成本的来源与原因，从而找到在保持最低水平主权让渡的条件下降低交易成本的方案。

参考文献

白菊红、袁飞：《农民收入水平与农村人力资本关系分析》，《农业技术经济》2003 年第 1 期。

陈建军、肖晨明：《中国与东盟主要国家贸易互补性比较研究》，《世界经济研究》2004 年第 8 期。

陈贻娟、刘曼莉、李兴绪：《西南边疆民族地区农户贫困状况及影响因素分析——基于云南红河哈尼族彝族自治州农户的调查数据》，《思想战线》2010 年第 3 期。

程名望、史清华等：《农户收入差距及其根源：模型与实证》，《管理世界》2015 年第 7 期。

程艺、刘慧、公丕萍等：《中国边境地区外向型经济发展空间分异及影响因素》，《经济地理》2016 年第 9 期。

杜群阳、宋玉华：《中国－东盟自由贸易区的 FDI 效应》，《国际贸易问题》2004 年第 3 期。

郭树华、蒙昱竹、梁任敏：《中国沿边省会城市开放程度对经济发展的影响研究》，《华东经济管理》2016 年第 4 期。

丰军辉、何可、张俊飚：《家庭禀赋约束下农户作物秸秆能源化需求实证分析——湖北省的经验数据》，《资源科学》2014 年第 3 期。

胡大立：《产业关联、产业协同与集群竞争优势的关联机理》，《管理学报》2006 年第 6 期。

黄伟新、龚新蜀：《我国沿边地区开放型经济发展水平评价及影响因素的实证分析》，《经济问题探索》2014 年第 1 期。

黄新飞、瞿爱梅、李腾：《双边贸易距离有多远？——一个文化异质性的思考》，《国际贸易问题》2013 年第 9 期。

霍增辉、吴海涛、丁士军等：《村域地理环境对农户贫困持续性的影响——来自湖北农村的经验证据》，《中南财经政法大学学报》2016 年第 1 期。

金祥荣、朱希伟：《专业化产业区的起源与演化：一个历史与理论视角的考察》，《经济研究》2002 年第 8 期。

雷著宁：《印缅边贸现状与印度东向贸易通道的选择对区域经济合作的影响》，《东南亚南亚研究》2008 年第 Z2 期。

刘彬彬、陆迁、李晓平：《社会资本与贫困地区农户收入——基于门槛回归模型的检验》，《农业技术经济》2014 年第 11 期。

刘婧、郭圣乾：《可持续生计资本对农户收入的影响：基于信息熵法的实证》，《统计与决策》2012 年第 17 期。

刘林、李光浩、王力：《少数民族农户收入差距的经验证据：物质资本、人力资本抑或社会资本》，《农业技术经济》2016 年第 5 期。

刘卫锋、何霞：《一种新的灰色关联度模型》，《统计与决策》2011 年第 14 期。

李逢春：《中国对外直接投资推动产业升级的区位和产业选择》，《国际经贸探索》2013 年第 2 期。

李红：《边境区、产业带、自贸网：中国—东盟区域经济合作的三级发展系统》，《亚太经济》2006 年第 2 期。

李娟、王菲：《外商直接投资与产业集聚的形成——基于中国的实证分析》，《经济经纬》2011 年第 5 期。

李瑞林：《区域经济一体化与产业集聚、产业分工：新经济地理视角》，《经济问题探索》2009 年第 5 期。

李铁立、姜怀宇：《次区域经济合作机制研究：一个边界效应的分析框架》，《东北亚论坛》2005 年第 3 期。

李雪：《我国农村人力资本外溢与城乡居民收入差异分析》，《统计与决策》2014 年第 16 期。

路慧玲、赵雪雁、侯彩霞等：《社会资本对农户收入的影响机理研究——以甘肃省张掖市、甘南藏族自治州与临夏回族自治州为例》，《干旱区资源与环境》2014 年第 10 期。

梁双陆、程小军：《国际区域经济一体化理论综述》，《经济问题探索》2007 年第 1 期。

罗圣荣：《云南省跨境经济合作区建设研究》，《国际经济合作》2012 年第 6 期。

吕涛、聂锐：《产业联动的内涵、理论依据及表现形式》，《工业技术经济》2007 年第 5 期。

迈克尔·波特：《竞争论》，中信出版社，2003。

汤建中、张兵：《边界效应与跨国界经济合作的地域模式——以东亚地区为例》，《人文地理》2002 年第 1 期。

屠年松、罗云：《经济一体化中的边界效应研究综述》，《经济问题探索》2015 年第 10 期。

田青：《国际经济一体化理论与实证研究》，中国经济出版社，2005。

田野：《国际制度的形式选择——一个基于国家间交易成本的模型》，《经济研究》2005 年第 7 期。

王飞、严涛：《评估兴边富民行动的实施效果：以内蒙古边境旗市为例的时间序列分析》，《贵州民族研究》2011 年第 4 期。

王瑜、汪三贵：《特殊类型贫困地区农户的贫困决定与收入增长》，《贵州社会科学》2016 年第 5 期。

王雅梅：《欧盟跨境合作政策述评》，《德国研究》2006 年第 3 期。

卫龙宝、李静：《农业产业集群内社会资本和人力资本对农民收入的影响——基于安徽省茶叶产业集群的微观数据》，《农业经济问题》2014 年第 12 期。

吴淼、杨兆萍：《中国新疆与俄罗斯西西伯利亚地区经济合作模式选择》，《干旱区地理（汉文版）》2008 年第 3 期。

伍艳：《贫困山区农户生计资本对生计策略的影响研究——基于四川省平武县和南江县的调查数据》，《农业经济问题》2016 年第 3 期。

于斌斌、杨宏翔、金刚：《产业集聚能提高地区经济效率吗？——基于中国城市数据的空间计量分析》，《中南财经政法大学学报》2015 年第 3 期。

杨娟、张绘、李实：《中国农村居民的收入与农村特征关系研究》，

《财政研究》2013 年第 8 期。

杨先明：《论构建面向东南亚南亚的沿边国际产业带》，《东南亚南亚研究》2009 年第 1 期。

叶静怡、周晔馨：《社会资本转换与农民工收入——来自北京农民工调查的证据》，《管理世界》2010 年第 10 期。

姚鹏、孙久文：《贸易开放与区域收入空间效应——来自中国的证据》，《财贸经济》2015 年第 1 期。

姚书杰：《经济新常态下中国沿边开放的绩效评价——基于 1993—2014 年沿边省区面板数据的实证研究》，《经济问题探索》2016 年第 5 期。

袁晓慧、徐紫光：《跨境经济合作区：提升沿边开放新模式——以中国红河—越南老街跨境经济合作区为例》，《国际经济合作》2009 年第 9 期。

张海冰：《欧洲一体化的制度变革与创新研究》，《世界经济研究》2005 年第 2 期。

张建平、边祺：《中国东北地区与韩国产业关联现状及发展》，《社会科学战线》2009 年第 2 期。

张军涛、刘建国：《城市效率及其溢出效应——以东北三省 34 个地级市为例》，《经济地理》2011 年第 4 期。

张望：《能力视角下影响家庭贫困及其代际传递的主要因素剖析》，《农村经济》2016 年第 3 期。

臧旭恒、何青松：《试论产业集群租金与产业集群演进》，《中国工业经济》2007 年第 3 期。

赵雪雁：《生计资本对农牧民生活满意度的影响——以甘南高原为例》，《地理研究》2011 年第 4 期。

周晔馨：《社会资本在农户收入中的作用——基于中国家计调查（CHIPS2002）的证据》，《经济评论》2013 年第 4 期。

Abbott, K. and D. Snidal, "Why States Act through Formal International Organizations," *Journal of Conflict Resolution*, Vol. 42, No. 1, 1998.

Abbott, K., K. Robert, A. Moravcsi, A. M. Slaughter and D. Snidal, "The Conception of Legalization," *International Organization*, Vol. 54, 2000.

Afouxenidis, A. and L. Leontidou, *Spatial and Social Exclusion at the EU Borders: Pan - Hellenic Geographical Conference of the Hellenic Geographical Association* (Greek: University of Aegean Press, 2004).

Ali, S. and G. Wei, "Determinants of FDI in China," *Journal of Global Business and Technology*, Vol. 1, No. 2, 2005.

Alvaro, E. and L. Guasch, *Assessing the Impact of the Investment Climate on Productivity Using Finn—Level Data: Methodology and the Cases of Guatemala, Honduras, and Nicaragua*, World Bank Policy Research Working Paper, No. 3621, June 2005.

Ash, A., "An Institutionalist Perspective on Regional Economic Development," *International Journal of Urban and Regional Research*, Vol. 23, 1999.

Amiramahdi, H. and P. W. Wei, "Foreign Direct Investment in Developing Countries," *The Journal of Developing Areas*, Vol. 28, 1994.

Anderson, J. and V. W. Eric, "Gravity with Gravitas: A Solution to the Border Puzzle," *American Economic Review*, Vol. 93, 2003.

Anna, I. et al., Integration, *Regional Specialization and Growth Differentials in EU Acceding Countries Evidence from Hungary*, Paper represented at Annual INFER-Conference, May 2003.

Arneberg, M. W. and J. Pederson, *Urban Households and Urban Economy in Eritrea: Analytical*, Report from the urban Eritrean Household income and Expenditure Survey 1996/97 (Norway: Fafo Institute for Applied Social Science, 1999).

Asia Development Bank, *Corridor Chronicles: Profiles of Cross Border Activities in the Greater Mekong Subregion*, No. ARM090137, December 2008.

Asia Development Bank, *Greater Mekong Subregion Cross - Border Transport Facilitation Agreement*, No. BKK113644, 2011

Balassa, B., "Trade Liberalisation and 'Revealed' Comparative Advantage," *The Manchester School*, Vol. 33, 1965.

Banerjee, A. and G. Besley, "The Neighbour's Keeper: The Design of a Credit, " *Cooperative with Review of Applied Economics*, No. 12, 1994.

Barrell, R. and N. Pain, "Domestic, Institutions, Agglomerations and Foreign Direct Investment in Europe," *European Economic Review*, Vol. 43, No. 4, 1999.

Bevan, A., S. Esrein and K. Meyer, "Foreign Investment Location and Institutional Development in Transition Economies," *International Business Review*, Vol. 13, No. 1, 2004.

Bellido, N. E. P., M. D. Jano, F. J. L. Ortega, M. P. Martinguzman and M. Toledo, "The Measurement and Analysis of Poverty and Inequality: An Application to Spanish Conurbations," *International Statistical Review*, Vol. 66, No. 1, 1998.

Birsen, K. and I. Topcu, "Small Medium Manufacturing Enterprises in Turkey: An Analytic Network Process Framework for Prioritizing Factors Affecting Success," *International Journal of Production Economics*, Vol. 125, No. 2, 2010.

Blatter, J., "Debordering the World of States: Towards a Multi – level System in Europe and a Multi – polity System in North America? Insights from Border Regions," *European Journal of International Relations*, Vol. 7, No. 2, 2001.

Braakmann, N. and A. Vogel, "How does Economic Integration Influence Employment and Wages in Border Regions? The Case of the EU Enlargement 2004 and Germany's Eastern Border," *Review of World Economics*, Vol. 147, No. 2, 2011.

Brenton, P. and M. Vancauteren, "The Extent of Economic Integration in Europe: Border Effects, Technical Barriers to Trade and Home Bias in Consumption," CEPS Working Document No. 171, August 2001.

Broadman, G. H. and X. L. Sun, "The Distribution of Foreign Direct Investment in China," *The World Economy*, Vol. 20, No. 3, 1997.

Broek, J. V. D. and H. Smulders, *Conference Paper on the Role of Institutions in the Evolution of a Cross – border Regional Innovation System*, Paper represented at the Regional Studies Association Europea Conference, Tampere, 2013.

Brown, W. M. et al., "How Thick is the Border: The Relative Cost of Canadian Domestic and Cross – border Truck – borne Trade, 2004 – 2009,"

Journal of Transport Geography, Vol. 42, 2015.

Buckley, P. J., "Foreign Direct Investment by Small and Medium Sized Enterprises: The Theoretical Background," *Small Business Economics*, Vol. 1, No. 2, 1989.

Chapin, F. S., G. P. Kofinas and C. Folke, *Principles of Ecosystem Stewardship: Resilience - based Natural Resource Management in a Changing World*, USA: Springer Science Business Media, 2009.

Chan, R. C. K. , "Cross - border Regional Development in Southern China," *Geojournal*, Vol. 44, No. 3, 1998.

Chandler, G. N., H. Steven, "An Examination of the Substitutability of founders Human and Financial Capital in Emerging Business Ventures," *Journal of Business Venturing*, Vol. 13, No. 5, 1998.

Chatterjee, K., W. Samuelson, "Bargaining under Incomplete Information," *Operation Research*, Vol. 31, 1983.

Chauncy, D. H., "The Market as a Factor in the Localization of Industry in the United States," *Annals of the American Association of Geographers*, Vol. 44, No. 4, 1954.

Chen, N., "Intra - national Versus International Trade in the European Union: Why do National Borders Matter?" *Journal of International Economics*, Vol. 63, 2004.

Cheng, L. K. and Y. Kwan, "What are the Determinants of the Location of Foreign Direct Investment: The Chinese Experience, *Journal of International Economics*, Vol. 51, 2000.

Chowdhury, A. and G. Mavrotas, "FDI and Growth: What Causes What?" *The World Economy*, Vol. 29, 2006.

Christaller, W., *Central Places in Southern Germany*, Englewood Cliffs: Prentice - Hall, 1935.

Christian, V. M. and M. Andrea, "Regional Business Cycles and National Economic Borders: What are the Effects of Trade in Developing Countries," *Review of World Economics*, Vol. 143, 2005.

Christiane, K. B., *European Integration and the Case For Compensatory Regional Policy*, Paper represented at the 42nd European Congress of the European Regional Science Association, May 2002.

Church, A. and P. Reid, "Urban Power, International Networks and Competition: The Example of Cross – border Cooperation," *Urban Studies*, Vol. 33, No. 8, 1996.

Clarke, S. E., "Regional and Transnational Discourse: The Politics of Ideas and Economic Development in Cascadia," *International Journal of Economic Development*, Vol. 2, No. 3, 2000.

Clarke, S., "Spatial Concepts and Cross – border Governance Strategies: Comparing North American and Northern Europe Experiences," EURA Conference on Urban and Spatial European Policies, Turin, April 2004.

Collier, W. and R. Vickerman, "Cross – border Activity in the Kent – Nord – Pas de Calais – Belgium Euroregion: Some Comparative Evidence on the Location and Recruitment Decisions of Internationally Mobile Firms," Paper represetented at the 42nd Congress of the European Regional Science Association, Dortmund, 2002.

Coulombe, H. and A. McKay, "Modeling Determinants of Poverty in Mauritania," *World Development*, Vol. 24, 1996.

Crush, J. and C. M. Rogerson, "New Industrial Spaces: Evaluating South Africa's Spatial Development Initiatives (SDI) Programme," *South African Geographical Journal*, Vol. 83, No. 2, 2001.

Daniel, T., "The Case of the Missing Trade and Other Mysteries," *American Economic Review*, Vol. 85, No. 1, 1995.

David, W. Y., J. R. Giermanski and P. S. Rolando, "The Influence of NAFTA on Socio – economic Variables for the US – Mexico Border Region," *Regional Studies*, Vol. 36, No. 1, 2002.

De Mello, L. R., "Foreign Direct Investment in Developing Countries and Growth: A Selective Survey," *Journal of Development Studies*, Vol. 34, No. 1, 1997.

De Sousa, J., T. Mayer and S. Zignago, "Market Access in Global and Regional Trade," *Regional Science and Urban Economics*, Vol. 42, 2012.

Devereux, M. P. and R. Griffith, "The Impact of Corporate Taxation on the Location of Capita: A Review," *Swedish Economic Policy Review*, Vol. 9, 2002.

DiGiovanna, S., "Industrial Districts and Regional Economic Development: A Regulation Approach," *Regional Studies*, Vol. 30, No. 4, 1996.

Dimitrov, M., G. Petrakos., S. Totev and M. Tsiapa, "Cross – border Co – operation in Southeastern Europe: The Enterprises' Point of View," *Eastern European Economics*, Vol. 9, No. 6, 2003.

Dollar, D., M. Hallward – Driemeier and T. Mengistae, "Investment Climate and International Integration," *World Development* 34 (9), 2006.

Dunning, J. H., *Multinational Enterprises and the Global Economy*, England: Addison Wesley Wokingbam, 1993.

Dunning, J. H., "The Eclectic (OLI) Paradigm of International Production: Past, Present and Future," *International Journal of Economics and Business*, Vol. 8, No. 2, 2001.

Dunning, J. H., *The Selected Essays of John H. Dunning*, Vol. 1: *Theories and Paradigms of International Business Activity*, Cheltenham: Edward Elgar, 2002.

Dunning, J. H., *Trade, Location of Economic Activity and the MNE: A Search for an Eclectic Approach*, MacMillan, London, 1977.

Ellison, G. and E. L. Glaser, "Geographic Concentration in US Manufacturing Industries: A Dartboard Approach," *Journal of Political Economy*, Vol. 105, 1997.

Emerson, M., D. Gros, A. Italianer, J. Pisari – Ferry and H. Reichenbach, *One Market One Money*, Oxford: Oxford University Press, 2002.

Fu, J., *Institutions and Investments: Foreign Direct Investment in China during an Era of Reforms*, Ann Arbor: The University of Michigan Press, 2000.

Fujimura et al., "Impact of Cross – border Transport Infrastructure on Trade and Investment in the GMS," *ADB Institute Discussion Paper*, No. 48, 2006.

Fujita, M., "The Development of Regional Integration in East Asia: From the Viewpoint of Spatial Economics," *Review of Urban & Regional Development Studies*, Vol. 19, 2007.

Fujita, M. and P. Krugman, "The New Economic Geography: Past, Present and the Future," *Regional Science*, Vol. 83, 2004.

Ge, W., "Special Economic Zones and the Opening of the Chinese Economy: Some Lessons for Economic Liberalization," *World Development*, Vol. 27, No. 7, 1999.

Goel, R. K., and J. W. Saunoris, "Global Corruption and the Shadow Dconomy: Spatial Aspects," *Public Choice*, Vol. 161, No. 1, 2014.

Goldin, I., and K. Reinert, *Globalization for Development*, A publication of the World Bank and Palgrave Msvmillan, 2007.

Grilo, I., and A. R. Thurik, *Entrepreneurship in the Old and New Europe Entrepreneurship, Growth, and Innovation*, Germany: Springer, 2006.

Guan, Z. W., Z. Q. Ge and Q. X. Cai, *Technological Characteristics and Change in Small Industrial Enterprises in Guangdong Province China*, London: Practical Action Publishing, 1991.

Haggrad, S., J. Lee and M. Noland, "Integration in the Absence of Institution: China – North Korea Cross – border Exchange," *Journal of Asian Economics*, Vol. 23, 2012.

Hall, E. R., C. I. Jones, "Why do Some Countries Produce So Much More Output Per Worker than Others?" *The Quarterly Journal of Economics*, Vol. 2, 1999.

Hanson, G. H., "Integration and the Location of Activities—Economic Integration, Intraindustry Trade and Frontier Regions," *European Economic Review*, Vol. 40, 1996.

Head, K. and T. Mayer, "Non – Europe: The Magnitude and Causes of Market Fragmentation in the EU," *Weltwirtschaftliches Archiv*, Vol. 136, No. 2, 2000.

Herrmann – Pillath, C., A. Libman and X. Yu, "Economic Integration in

China: Politics and Culture," *Journal of Comparative Economics*, Vol. 42, 2014.

Ho, Y. P. and P. K. Wong, "Financing, Regulatory Costs and Entrepreneurial Propensity," *Small Business Economics*, Vol. 28, No. 2, 2007.

Hu, A. G., and S. G. Wang, *The Political Economy of Uneven Development: The Case of China*, Armonk: M. E. Sharpe, 1999.

Jackson, S. E., and R. S. Schuler, "Managing Individual Performance: A Strategic Perspective," *Psychological Management of Individual Performance*, Vol. 56, 2005.

Joachim, B., "Emerging Cross – border Regions as a Step towards Sustainable Development, " *International Journal of Economic Development*, Vol. 3, 2000.

Johnston, M., *Corruption and Democratic Consolidation*, Conference on Democracy and Corruption, Princeton University, March 1999.

Kening, L., "Foreign Direct Investment in China: Performance, Climate and Impact," University of Bradford Management Centre Working Paper, No. 9719, 1997.

Keohane, R., *International Institutions and State Power: Essays in International Relations Theory*, Boulder: Westview Press, 1989.

Kiprianoff, I., Cross – border Cooperation in the Nordic Countries. The Conditions, Barriers, and Efforts to Tackle the Challenges, 2005, http: // www. essays. se/essay/1fbe268433/.

Kirkman, B. L., K. B. Lowe and C. B. Gibson, "A Quarter Century of Culture's Consequences: A Review of Empirical Research Incorporating Hofstede's Cultural Values Framework," *Journal of International Business Studies*, Vol. 37, No. 3, 2006.

Kojima, K., *Direct Foreign Investment: A Japanese Model of Multinational Business Operation*, Praeger Publishers, New York, 1978.

Krätke, S., "A Regulationist Approach to Regional Studies," *Environment and Planning A*, Vol. 31, 1999.

Krantz, L., *The Sustainable Livelihood Approach to Poverty Reduction: An Introduction*, Sweden: Swedish International Development Cooperation Agency, 2001.

Krugman, P., *Geography and Trade*, London: MIT Press, 1991.

Krugman, P., "Increasing Returns and Economic Geography," *Journal of Political Economy*, Vol. 99, No. 03, 1991.

Krugman, A. J., "Venables. Globalization and the Inequality of Nations," *Quarterly Journal of Economics*, Vol. 110, No. 4, 1995.

Krugman, P., "What's New about the New Economic Geography?" *Oxford Review of Economic Policy*, Vol. 14, No. 2, 1998.

Krugman, P., "Increasing Returns and Economic Geography," *NBER Working Papers*, Vol. 99, No. 3, 1990.

Kuchiki, A., "Industrial Policy in Asia," IDE Discussion Papers, No. 128, 2007.

Kudo, T., "Border Area Development in the GMS: Turning the Periphery into the Center of Growth," ERIA – DP – 2009 – 15.

Kudo, T., "Border Industry in Myanmar: Turning the Periphery into the Center of Growth," IDE Discussion Paper, No. 122, 2007.

Lakshmanan, L., "Evolution of Special Economic Zones and Some Issues: The Indian Experience," Department of Economic Analysis & Policy, Reserve Bank of India, 2009.

Lennox, J., "Crossing Borders, Changing Worlds: Eighteenth – Century Nova Scotia's Atlantic Connections," *Journal of Canadian Studies/Revue d' étudescanadiennes*, Vol. 42, 2008.

Leontief, W. W., *Input – output Economics*, New York: Oxford University Press, 1986.

Lipsky, M., *Street – level Bureaucracy*, New York: Russell Sage Foundation, 1980.

Liu, X., J. Whalley and X. Xin, "Non – tradable Goods and the Border Effect Puzzle," *Economic Modelling*, Vol. 27, No. 5, 2010.

Liu, X., H. Song, Y. Wei, "Country Characteristics and Foreign Direct Investment in China: A Panel Data Analysis," *Weltwirtschaftliches Archiv*, Vol. 133, No. 2, 1997.

Lösch, A., *The Economics of Location*, New Haven: Yale University Press, 1954.

Maddala, G. S., *Limited Dependent and Qualitative Variables in Econometrics*, Cambridge: Cambridge University Press, 1983.

McCallum, J., "National Borders Matter: Canada – US Regional Trade Patterns," *The American Economic Review*, Vol. 85, No. 3, 1995.

Moe, T., R. Mishra and F. Hutchinson, "Connecting South and Southeast Asia: Implementation Challenges and Coordination Arrangements," Governance Working Papers, 2014.

Medeiros, E., "Old vs Recent Cross – border Cooperation: Portugal – Spain and Norway – Sweden, " *Area*, Vol. 42, No. 4, 2010.

Medeiros, E., "Territorial Impact Assessment and Cross – border Cooperation," *Regional Studies Regional Science*, Vol. 2, No. 1, 2015.

Melnikas, B., P. Barðauskas and V. Kvainauskienë, "Transition Processes and Integral Cultural Space Development in Central and Eastern Europe: Main Problems and Priorities," *Baltic Journal of Management*, Vol. 1, No. 2, 2006.

Michael, W. and D. Narayan, "Social Capital: Implications for Development Theory, Research, and Policy," *The World Bank Research Observer*, Vol. 15, No. 2, 2000.

Mitko, D., P. George, T. Stoyan and T. Maria, "Cross – border Co – operation in South – Eastern Europe: The Enterprises' Point of View," Department of Planning and Regional Development, School of Engineering, University of Thessaly, Discussion Paper 9, 2003.

Morgan, K., "The Learning Region: Institutions, Innovation and Regional Renewal," *Regional Studies*, Vol. 31, No. 5, 1997.

Morshed, M., "Is there Really a 'Border Effect'?" *Journal of International Money and Finance*, Vol. 26, 2007.

Mundell, R., "A Theory of Optimum Currency Area," *The American Economy Review*, Vol. 51, No. 4, 1961.

Musgrave, R. and P. Musgrave, *Public Finance in Theory and Practice*, New

York: McGraw – Hill Book Company, 1984.

Myers, S. C., "The Capital Structure Puzzle," *Journal of Finance*, Vol. 39, 1984.

Myrdal, G., *Economic Theory and Underdeveloped Regions*, London: Duckworth, 1957.

Niebuhr, A. and S. Stiller, "Integration Effects in Border Regions: A Survey of Economic Theory and Empirical Studies," HWWA Discussion Paper No. 179, 2002.

North, D. C., *Institutions, Institutional Change and Economic Development*, Cambridge University Press, 1990.

OECD, "Main Determinants and Impacts of Foreign Direct Investment on China's Economy," Working Papers on International Investment, 2000.

Ohmae, K., *The End of the Nation State*, London: Harper Collins, 1995.

Okubo, T., "The Border Effect in the Japanese Market: A Gravity Model Analysis," *Japanese Int. Economies*, Vol. 18, 2004.

Olper, A. and V. Raimondi, "Agricultural Market Integration in the OECD: A Gravity – border Effect Approach," *Food Policy*, Vol. 33, 2008.

Ottaviano, G. I. P. and D. Puga, "Agglomeration in the Global Economy: A Survey of the 'New Economic Geography', " *World Economy*, Vol. 21, No. 6, 2003.

Panagariya, A., "Unravelling the Mysteries of China's Foreign Trade Regime," *The World Economy*, Vol. 16, No. 1, 1993.

Perkmann, M., Cross – Border Regions in Europe: Significance and Drivers of Regional Cross – Border Cooperation," *European Urban & Regional Studies*, Vol. 10, No. 2, 2003.

Perroux, F., "Economic Space: Theory and Applications," *The Quarterly Journal of Economics*, Vol. 64, 1950.

Peters, B. Guy, *The Future of Governing: Four Emerging Models*, USA: University Press of Kansaa, 1996.

Pfeffer, J. and G. Salancik, *The External Control of Organizations: A Resource*

Dependence Perspective, NJ: Pearson Education, 1978.

Pham, A., "Border Trade in the GMS Ground Realities and Future Options," *Hanoi Resource Centre*, Vol. 6, 2007.

Piachaud, D., *Capital and the Determinants of Poverty and Social Exclusion*, London: Centre for Analysis of Social Exclusion, 2002.

Poncet, S., "Measuring Chinese Domestic and International Integration, " *China Economic Review*, Vol. 14, 2003.

Porter, M., "Towards a Dynamic Theory of Strategy," *Strategic Management Journal*, Vol. 12, 1991.

PRI, "The Emergence of Cross Border Regions between Canada and the US," Canada Institute at the Woodrow Wilson Centre and the CSIS Smart Border North Working Group Meeting, 23, Washington DC., May 2006.

PRI Briefing, The Emergence of Cross – Border Regions between Canada and the US Roundtable Synthesis Report, Ottawa, 2006, http://www.policyresearch.gc.ca/doclib/SR_ NAL_ CrossBorder_ 200605_ e.pdf.

Putnam, R., *Making Democracy Work*, Princeton: Princeton University Press, 1993.

Rasmussen, P. N., *Studies in the Inter – Sectoral Relations*, North – Holland: Amsterdam, 1957.

Reid, A. C. P., "Cross – border Co – operation, Institutionalization and Political Space Across the English Channel," *Regional Studies the Journal of the Regional Studies Association*, Vol. 33, No. 7, 1999.

Robert, S., "Economic Cooperation in the Greater Mekong Subregion toward Implementation by Asian Development Bank Manila," *ASEAN Economic Bulletin*, Vol. 13, No. 1, 1996.

Rodrik, D., "Feasible Globalizations," *SSRN Electronic Journal*, Vol. 29, 2002.

Roper, S., "Cross – border and Local Co – operation on the Island of Ireland: An Economic Perspective," *Political Geography*, Vol. 26, No. 5, 2007.

Rose, A. K. and E. V. Wincoop, "National Money as a Barrier to International Trade: The Real Case for Currency Union," *American Economic Review*, Vol. 91, No. 2, 2001.

Rowntree, S., *Poverty: A Study of Town Life*, Macmillan, London, 1901.

Schmitz, H., "Global Competition and Local Cooperation: Success and Failure the Silicon Valley, Brazil," *World Development*, Vol. 27, No. 9.

Scitovsky, T., "Economic Theory and Western European Integration," *Proceedings of the Royal Society B Biological Sciences*, Vol. 281, No. 7, 2014.

Scott, J. W., "European and North American Contexts for Cross Border Regionalism," *Regional Studies*, Vol. 33, No. 7, 1998.

Shah, T., "Foreign Direct Investment Flows into Development Countries: Impact of Location and Government Policy," *The Journal of Social, Political and Economic Studies*, Vol. 30, No. 4, 2005.

Shednova, N. and A. Beimisheva, "Social and Economic Status of Urban and Rural Households in Kazakhstan," *Social and Behavioral Sciences*, Vol. 82.

Soesastro, H., "Regional Integration in East Asia: Achievement and Future Prospects," *Asian Economic Policy Review*, Vol. 1, No. 2, 2006.

Stiglitz, J. and A. Weiss, "Credit Rationing in Markets with Imperfect Information," *American Economic Review*, Vol. 71, No. 3, 1981.

Stiller, S., "Integration in the German – Polish Border Region – Status Quo and Current Developments," 43rd Congress of the European Regional Science Association Peripheries, Centres and Spatial Development in the New Europe, 2003.

Sun, Q., W. Tong and Q. Yu, "Determinants of Foreign Direct Investment across China," *Journal of International Money and Finance*, Vol. 21, No. 1, 2002.

Sung, P. J. and G. M. Armstrong, "The Bases of Power in Churches: An Analysis from a Resource Dependence Perspective," *The Social Science Journal*, Vol. 34, No. 2, 1997.

Tarzi, S., "Foreign Direct Investment Flows into Development Countries: Impact of Location and Government Policy," *The Journal of Social Political and Economic Studies*, Vol. 30, No. 4, 2005.

Teague, P. and J. Henderson, "The Belfast Agreement and Cross – border Economic Cooperation in the Tourism Industry," *Regional Studies*, Vol. 40, No. 9, 2006.

Thomsen, S., *Multinational Enterprises and the Global Economy*, England: Addison Wesley Wokingbam, 1993.

Timmons, J. A., *New Venture Creation*, Chicago: Irwin, 1994.

Tinberhen, J., *International Economic Integration*, Amsterdam: Elsevier, 1954.

UNCTAD, United Nations Conference on Trade and Development, World Investment Report, New York, 1998.

Vamvakids, A., "Regional Integration and Economic Growth," *World Bank Economic Review*, Vol. 12, No. 2, 1998.

Viner, J., *The Customs Union Issue*, New York: Carnegie Endowment for International Peace, 1950.

Wallace, C., O. Shmulyar and V. Bedzir, " Investing in Social Capital: The Case of Small – Scale, Cross – Border Traders in Post – Communist Central Europe," *International Journal of Urban and Regional Research*, Vol. 23, No. 4, 1999.

Wang, Z. Q., and N. J. Swain, "The Determinants of Foreign Direct Investment in Transforming Economies: Empirical Evidence from Hungary and China," *Weltwirtschaftliches Archiv*, Vol. 131, No. 2, 1995.

Wang, Z. X., X. M. Yang and Y. Chen, "Factors Affecting Firm – Level Investment and Performance in Border Economic Zones and Implications for Developing Cross – Border Economic Zones between the People's Republic of China and its Neighboring GMS Countries," *Journal of Greater Mekong Subregion Development Studies*, Vol. 5, No. 1, 2010.

Wei, S. J., "Intra – national versus International Trade: How Stubborn are Nations in Global Integration?" *National Bureau of Economic Research*, May 1996.

Wei, Y. and X. Liu, *Foreign Direct Investment in China: Determinants and Impact*, England: Edward Elgar, 2001.

Wei, Y., B. Liu and X. M. Liu, "Entry Modes of Foreign Direct Investment in China: A Multinomial Logit Approach," *Journal of Business Research*, Vol. 58, 2005.

Weitzel, U. and S. Berns, "Cross – border Takeovers, Corruption, and Related Aspects of Governance," *Journal of International Business Studies*, Vol. 37, No. 6, 2006.

Williams, A. M. and V. Baláž, "International Petty Trading: Changing Practices in Trans – Carpathian Ukraine," *International Journal of Urban and Regional Research*, Vol. 26, No. 2, 2002.

Williamson, Oliver E., "Transaction Cost Economics: How It Works; Where It is Headed," *De Economist* 146 (1), 1998.

World Bank, *World Development Report*, Oxford: Oxford University Press, 2002.

Yin, X., China's Trade and FDI to MRB Countries: An Advocacy Document, A China – Japan Comparison of Economic Relationship with the Mekong River Basin Countries, BRC Research Report, 2008.

Zhang, K. H., "Why is U. S. Direct Investment in China So Small?" *Contemporary Economic Policy*, Vol. 18, No. 1, 2000.

附录一　调查问卷

1. 问卷编码			
2. 经济开发区名称			
3. 所在区域	国家：	；省份：	
4. 日期及时间	时间：	；日期：	
5. 调查员			
6. 开始时间			

介绍：

您好！我是来自云南大学的（姓名）。我们正在就经济开发区投资激励政策的效应及其对企业行为的影响进行调研。调查结果将为投资激励政策的改进或调整提供依据，以期促进中国与周边国家跨境经济合作的发展。您的回答仅代表您所在企业在经济开发区内的投资决策过程和主要经营方式。您所提供的任何资料仅用于研究目的，我们都将绝对保密，也不记录您的名字以及您所在企业的名称。

第一部分：企业概况

（一）基本情况

1. 企业性质

个体经营	1	合伙企业	3
有限责任公司	2		
其他请注明			

2a. 下列股权形式占贵公司总股份的比例有多大？

股权形式	比 例		
	100%	≥50%	<50%
a. 中国政府	1	2	3
b. 外国政府	1	2	3
c. 国内非国有企业，机构及个人	1	2	3
d. 外国私人企业，机构及个人	1	2	3
e. 其他请注明			

2b. 如果您选择"b"或"d"，请注明该股权持有者所属国家。

3. 企业注册信息：

注册年份	
员工数量	
在几个国家开展业务或开设子公司	
近三年的年平均营业收入	

4. 贵公司落户跨境经济开发区的方式是什么？

a. 绿地投资（新建企业）	1	b. 并购	2
c. 其他请注明			

5. 贵公司目前主要业务属于哪个（些）行业？

农业（含农、林、牧、渔业）		1
矿产开发	金属矿采选业	2
	非金属矿采选业	3
制造业	农产品初级加工业	4
	食品制造业	5
	饮料制造业	6
	木材加工业	7
	家具制造业	8
	烟草制品业	9
	蔗糖制造业	10

续表

制造业	纺织业	11
	服装制造业	12
	化工产品制造业	13
	塑料及橡胶制品业	14
	非金属矿物制品业	15
	金属冶炼及压延加工业	16
	金属制品业	17
	机械设备制造业	18
	电子设备制造业	19
	其他制造业	20
服务业	零售业	21
	批发业	22
	住宿和餐饮业	23
	旅游业	24
	汽车配件销售及维修	25
	运输与物流业	26
其他请注明		

（二）贸易情况

6. 贵公司出口哪些产品？

商品名称	SITC 分类	类别（1. 原材料，2. 零部件，3. 机械设备，4. 最终产品，5. 其他）	出口目标市场（国家）

7. 贵公司进口哪些产品？

商品名称	SITC 分类	类别（1. 原材料，2. 零部件，3. 机械设备，4. 最终产品，5. 其他）	进口国

8. 贵公司拥有下列哪种（些）贸易关系？

向国外生产商出口原材料及半成品	1	从国外生产商进口原材料	5
向国外消费者出口制成品	2	从国外生产商进口制成品	6
向国内生产商销售原材料及半成品	3	从国内生产商购买原材料	7
向国内消费者销售制成品	4	从国内生产商购买制成品	8

9. 贵公司与大湄公河次区域（GMS）国家进行贸易的商品占贵公司贸易总量的比例是多少？

国　家	占商品贸易总量的份额	
	出　口	进　口
1. 柬埔寨		
2. 中国		
3. 老挝		
4. 缅甸		
5. 泰国		
6. 越南		

（三）投资区位决策

10. 贵公司在经济开发区注册的原因有：

动　机	是	否
建立、维持区域生产基地，占有周边国家市场	1	2
获取、保障、开发企业生产所需的原材料、零部件（外资企业作答）	1	2

续表

动　机	是	否
获取、保障、开发原材料、零部件用于 GMS 地区销售	1	2
获取、保障、开发原材料、零部件用于其他市场销售	1	2
建立低成本出口产品生产基地（以 GMS 地区外的国家为目标市场）	1	2
建立低成本出口产品生产基地（以 GMS 地区为目标市场）	1	2
专有技术的生产应用	1	2
其他请注明		

11. 贵公司在本地区投资前，是否考虑过到其他国家的经济开发区或出口加工区投资？（是/否）

12. 请评价以下因素对贵公司在本地区投资影响的重要性。

（1 = 根本不重要，2 = 不太重要，3 = 重要，4 = 非常重要，5 = 最重要，9 = 不知道，说不好，不适用。）

独特的地理优势，如靠近周边原材料市场（矿产资源、木材等）	1	2	3	4	5	9
获得当地独有的资源，如矿产资源、木材等	1	2	3	4	5	9
对该地区的经济增长前景持乐观态度	1	2	3	4	5	9
利用境外地区的廉价劳动力资源	1	2	3	4	5	9
利用当地的廉价劳动力资源	1	2	3	4	5	9
当地劳动力素质高于其他地区	1	2	3	4	5	9
投资激励政策比其他地区更具有吸引力	1	2	3	4	5	9
占有当地市场	1	2	3	4	5	9
该地区政治及社会秩序稳定	1	2	3	4	5	9
法律、规章、政策稳定	1	2	3	4	5	9
地产成本较低	1	2	3	4	5	9

13. 请评价下列具体的区位特征对贵公司投资决策影响的重要性。

（1 = 根本不重要，2 = 不太重要，3 = 重要，4 = 非常重要，5 = 最重要，9 = 不知道，说不好，不适用。）

临近大城市	1	2	3	4	5	9
基于运输及贸易路线的战略区位选择	1	2	3	4	5	9
到附近机场的距离	1	2	3	4	5	9
到火车站的距离	1	2	3	4	5	9
该地区生活水平较高	1	2	3	4	5	9
该地区现有的产业集群	1	2	3	4	5	9
该地区劳动力文化程度较高	1	2	3	4	5	9
该地区娱乐设施齐全	1	2	3	4	5	9
该地区教育资源丰富	1	2	3	4	5	9
该地区生活成本较低	1	2	3	4	5	9

14. 做出投资决策时，贵公司预计经济开发区与其他区域相比的可得收益哪个更为重要？

（1 = 根本不重要，2 = 不太重要，3 = 重要，4 = 非常重要，5 = 最重要，9 = 不知道，说不好，不适用。）

政府激励政策	1	2	3	4	5	9
企业建立期间得到政府支持	1	2	3	4	5	9
基础设施建设情况（与开发区外部企业相比）	1	2	3	4	5	9
政府办事程序简化	1	2	3	4	5	9
更易获得跨境原材料	1	2	3	4	5	9
法律环境良好	1	2	3	4	5	9
较宽松的环境保护标准	1	2	3	4	5	9
较宽松的用工法律法规	1	2	3	4	5	9
与进出口市场联系更加紧密	1	2	3	4	5	9
地理上接近投资者母国	1	2	3	4	5	9

15. 请评价贵公司在经济开发区内投资时下列政策激励因素的重要性。

（1 = 根本不重要，2 = 不太重要，3 = 重要，4 = 非常重要，5 = 最重要，9 = 不知道，说不好，不适用。）

财政因素						
享受免税期	1	2	3	4	5	9
其他税收减免政策（如消费税减免）	1	2	3	4	5	9
地区政府税收减免政策（准入税、消费税、营业税、印花税/注册费）	1	2	3	4	5	9
地区政府在房地产、交通等方面给予的补贴	1	2	3	4	5	9
金融服务	1	2	3	4	5	9
优惠的土地政策（包括无偿使用土地和降低与土地相关的税收）	1	2	3	4	5	9
非财政因素						
劳动力政策方面的灵活性	1	2	3	4	5	9
投资服务，在申请程序、商业执照和经营许可办理上提供便利	1	2	3	4	5	9
较宽松的环境保护法规	1	2	3	4	5	9
在产业法规上的其他豁免政策，如进口许可证	1	2	3	4	5	9

16. 请客观衡量贵公司近三年内的业绩表现。（1 = 减少，2 = 不变，3 = 增加。）

a. 产出	1	2	3
b. 出口量	1	2	3
c. 进口量	1	2	3
d. 工时（小时/每天）	1	2	3
e. 机械化程度（如技术水平）	1	2	3
f. 产品质量	1	2	3
g. 雇工数量（包括熟练工人和非熟练工人）	1	2	3
h. 熟练工人数量	1	2	3
i. 生产规模或生产能力	1	2	3
j. 利润	1	2	3

第二部分：投资激励政策对企业的激励效果

（一）税收政策

A1. 贵公司在经济开发区内享受哪些税收优惠政策？

a. 关税	1
b. 增值税	2
c. 营业税	3
d. 土地使用税	4
e. 企业所得税	5
f. 其他请注明	

A2. 请评价下列税种对贵公司投资决策的重要性。

（1 = 根本不重要，2 = 不太重要，3 = 重要，4 = 非常重要，5 = 最重要，9 = 不知道，说不好，不适用。）

	对企业投资的影响程度					
税　种						
关税	1	2	3	4	5	9
增值税	1	2	3	4	5	9
营业税	1	2	3	4	5	9
土地使用税	1	2	3	4	5	9
企业所得税	1	2	3	4	5	9
税收政策						
税率	1	2	3	4	5	9
税收优惠规定	1	2	3	4	5	9
出口退税	1	2	3	4	5	9
免税	1	2	3	4	5	9
其他请注明						

A3. 贵公司享受的免税期是多久？　　年

A4. 请评价税收优惠政策的好处对贵公司的影响程度。

（1 = 根本不重要，2 = 不太重要，3 = 重要，4 = 非常重要，5 = 最重要，9 = 不知道，说不好，不适用。）

降低初始投资成本（如固定资产和原材料税收减免）	1	2	3	4	5	9
降低日常运营费用	1	2	3	4	5	9
降低再投资成本	1	2	3	4	5	9
其他请注明						

（二）土地使用政策

B1. 请填写下列信息：

贵公司通过何种方式获得土地？	1 = 自有/购买	2 = 租赁	9 = 不适用
贵公司是否享受土地使用优惠政策？	1 = 是	2 = 否	9 = 不适用
在经济开发区内购买或租赁土地的价格是否比其他地区便宜？	1 = 更便宜	2 = 相同	3 = 更贵
经济开发区内土地价格比其他地区低多少？（%）			

B2. 从贵公司提交土地使用申请到下发许可，共耗时几天？

B3. 请评价下列土地使用政策对经济开发区内企业的影响。

（1 = 根本不重要，2 = 不太重要，3 = 重要，4 = 非常重要，5 = 最重要，9 = 不知道，说不好，不适用。）

土地的单位使用成本	1	2	3	4	5	9
土地使用期限	1	2	3	4	5	9
土地政策稳定性	1	2	3	4	5	9
土地使用审批流程	1	2	3	4	5	9
申请过程中的非正式支出	1	2	3	4	5	9
其他请注明						

（三）金融支持

C1. 贵公司的启动资金来源有哪些？

	资金	最大份额
自有储蓄	1	1
向朋友和亲戚借款	2	2
向国外银行或援助机构借贷	3	3
向国有控股银行借贷	4	4
向私人股份银行借贷	5	5
向金融公司借贷	6	6
向朋友和亲戚以外的个人借贷	7	7
暂缓付款给供应商	8	8
变卖股票或其他资产	9	9
向母公司或子公司借贷	10	10
其他请注明		

C2. 请填写贵公司近三年新增投资的有关信息。

	是	否
是否有新增投资	1	2
是否为新增投资进行借贷	1	2
是否借助透支或信用额度获得新增贷款	1	2
其他请注明		

C3. 如果贵公司未曾为新增投资申请贷款，请说明原因。

抵押品不足	1
不愿负债	2
程序过于烦琐	3
不需要	4
认为申请不到	5
利率过高	6
现有债务负担过重	7
其他请注明	

C4. 如果贵公司的贷款申请被拒绝，原因是：

抵押品不足	1
项目未获得贷款机构认可	2
现有负债过重	3
其他请注明	

C5. 如果贵公司已进行新增投资，请填写下表：

	是	否	不知道、说不好、不适用
贵公司是否享受金融支持服务？	1	2	9
贵公司是否从四大国有银行便利地获得贷款？	1	2	9
贵公司是否从其他金融机构便利地获得贷款？	1	2	9
当地政府或机构是否为贵公司提供金融担保？	1	2	9
贵公司在借贷时是否获得利率优惠？	1	2	9
贵公司是否从当地政府获得过启动资金？	1	2	9

C6. 请评价下列金融服务对贵公司投资决策的影响程度。

（1 = 根本不重要，2 = 不太重要，3 = 重要，4 = 非常重要，5 = 最重要，9 = 不知道，说不好，不适用。）

国内金融监管	1	2	3	4	5	9
便捷的信贷审批程序	1	2	3	4	5	9
周边国家的金融机构服务	1	2	3	4	5	9
开发区为企业贷款提供的行政便利	1	2	3	4	5	9
在申请过程中的非正规费用或礼物	1	2	3	4	5	9
其他请注明						

（四）跨境经济开发区内的投资服务

D1. 请填写下列信息：

项　目	是	否	不适用
在贵公司进行投资的过程中，是否得到经济开发区管理机构的便利服务？	1	2	9

项　目	是	否	不适用
贵公司是否享受过以下投资服务？			
水、电的优惠	1	2	9
行政手续费较低	1	2	9
融资担保服务	1	2	9
金融租赁服务	1	2	9
为企业提供雇工服务	1	2	9
一站式服务	1	2	
贵公司是否享受过通关或货运服务？	1	2	9
贵公司在经济开发区内通关或货运时，是否遇到中断或延误情况？	1	2	9

D2. 经济开发区内的水电费用比区外的优惠幅度是多少？ _____ %

D3. 贵公司期待经济开发区提供哪些方面的投资服务？

项　目	详细说明
a. 水、电供应	
b. 行政手续	
c. 金融	
d. 雇工	
e. 其他请注明	

（五）劳动力使用政策

E1. 请填写下列信息：

项　目	是	否	不适用	
政府对企业雇用当地员工比例是否有最低要求？	0	1	9	如果是，　%
政府是否设置最低工资标准？	0	1	9	如果是，　元
贵公司内大部分符合需求的熟练工人是否来自当地劳动力市场？	0	1	9	
政府对工时或每月工作天数是否有限制？	0	1	9	
贵公司是否必须为员工支付保险、福利、公积金及其他津贴？	0	1	9	
政府在企业解雇员工方面是否存在限制条件？	0	1	9	

E2. 请评价贵公司对员工的培训：

E2a.

贵公司是否为员工提供正规培训？ 如果有培训，效果怎样？	是 提高生产效率	否 没有改变

E2b. 如果未提供正规培训，请评价下列因素对正规培训的阻碍作用的重要性。

（1 = 根本不重要，2 = 不太重要，3 = 重要，4 = 非常重要，5 = 最重要，9 = 不知道，说不好，不适用。）

无法确定培训的重点	1	2	3	4	5	9
缺乏专业培训机构	1	2	3	4	5	9
缺乏培训的政府激励	1	2	3	4	5	9
缺乏合适的内部培训教员	1	2	3	4	5	9
正式培训费用（企业内或外）过高	1	2	3	4	5	9
员工对于学习新技能没有兴趣	1	2	3	4	5	9
风险太大——培训后的员工可能离职	1	2	3	4	5	9
风险太大——不清楚新技能的需求是否具有持续性	1	2	3	4	5	9
不需要——员工可以在工作中学习	1	2	3	4	5	9
不需要——可以从其他公司雇用员工	1	2	3	4	5	9

E3. 如果您想通过培训提高员工素质，您希望在哪些方面得到提升？

E4. 具有下列受教育水平的雇员占贵公司员工总数的比例各是多少？

小于6年（小学文化）	%
6~9年（初中文化）	%
10~12年（高中或职业教育）	%
大于12年（本专科及以上）	%

E5. 如果贵公司必须为员工支付保险、福利、住房公积金及其他津贴，您如何评价这部分支出？

太　　多	1
无 所 谓	0
可以接受	− 1

E6. 您是否满意当地现行的劳动力使用政策？

非 常 满 意	2
满　　意	1
无 所 谓	0
不 满 意	− 1
非常不满意	− 2

E7. 您期待企业用工政策有哪些改进？

第三部分：对政府管理、基础设施及其他方面的评价

（一）要素禀赋

A1. 请评价贵公司获得生产要素的难易度。

要素 ＼ 难易程度	非常容易	较容易	很 难
高素质员工			
自 然 资 源			
资　　金			
技　　术			

A2. 贵公司获得生产要素的来源有哪些？（请注明）

生产要素 ＼ 来源	当地	国内其他地区市场	跨境地区	国际市场
高素质员工				
自 然 资 源				
资　　金				
技　　术				

A3. 贵公司使用生产要素过程中的主要障碍是什么？

A4. 您希望在使用生产要素时克服哪些困难？

（二）开发区治理（监管环境，本国宏观经济政策的稳定性）

B1. 请评价下列与经济开发区政府管理有关的因素对贵公司的影响程度。

（1＝极不明显，2＝不明显，3＝没有影响，4＝明显，5＝非常明显，9＝不知道，说不好，不适用。）

规则与程序的复杂性	1	2	3	4	5	9
规则与程序的便利性	1	2	3	4	5	9
规则执行的透明度	1	2	3	4	5	9
政府决策延迟	1	2	3	4	5	9
政府官员的态度	1	2	3	4	5	9
地区政府在提供与通关和出口所需文件时的效率	1	2	3	4	5	9
地区政府在处理劳资纠纷时的效率	1	2	3	4	5	9
政府在提供一站式服务时的效率	1	2	3	4	5	9
预报关服务（支持进行可行性研究，提供数据等）	1	2	3	4	5	9
政府在报关时提供一站式服务的效率	1	2	3	4	5	9
地区政府在企业成立后的相关服务	1	2	3	4	5	9

B2. 对贵公司落户经济开发区时的政府办事效率，您如何评价？

审批程序			审批耗时			最低资金限制		
复杂	正常	简单	很长	一般	很短	过高	一般	较低

B3. 在下列行政程序中是否经常发生除正常收费之外的支出？

（1＝从不，2＝偶尔，3＝有时，4＝经常/定期，9＝不清楚，不好说，不适用。）

审批	1	2	3	4	9
颁发（任何）许可	1	2	3	4	9

续表

通关	1	2	3	4	9
劳动监察	1	2	3	4	9
获得污染控制认证/环境监察	1	2	3	4	9
司法程序	1	2	3	4	9
公安部门办事程序	1	2	3	4	9
税务部门办事程序	1	2	3	4	9

B4. 请回答下列问题：

为处理政府管理事务，平均每周要花费多少时间？
2009 年监管机构赴贵公司进行多少次检查？
进口通关所需的平均时间（每批次货物）？
出口通关所需的平均时间（每批次货物）？

B5. 您对政府管理的改进有什么希望或建议？

（三）基础设施建设

C1. 您如何评价下列基础设施对吸引贵公司在经济开发区投资的重要性？

（1 = 根本不重要，2 = 不太重要，3 = 重要，4 = 非常重要，5 = 最重要，9 = 不知道，说不好，不适用。）

电力供应	1	2	3	4	5	9
供水设施或天然气系统	1	2	3	4	5	9
仓储及物流服务	1	2	3	4	5	9
交通设施	1	2	3	4	5	9
银行设施	1	2	3	4	5	9
高质量的电信设备	1	2	3	4	5	9
商住综合楼	1	2	3	4	5	9
社会公共事业设施，如学校	1	2	3	4	5	9
酒店/宾馆	1	2	3	4	5	9
医院/私人疗养院	1	2	3	4	5	9

续表

休闲设施	1	2	3	4	5	9
消防站	1	2	3	4	5	9
公安局	1	2	3	4	5	9

C2. 您如何评价下列基础设施对贵公司经营的作用？

基础设施 ＼ 评价	非常满意	无所谓	不满意	不适用
供水设施	1	2	3	9
电力供应	1	2	3	9
仓储能力	1	2	3	9
货物装卸设施	1	2	3	9
道路设施	1	2	3	9
物流体系	1	2	3	9
休闲设施	1	2	3	9
医疗保健	1	2	3	9
酒店与宾馆	1	2	3	9
住宅建设	1	2	3	9
环境质量	1	2	3	9
互联网设施	1	2	3	9
通信设施	1	2	3	9

C3. 最近五年，下列基础设施有何变化？

（-2 = 迅速老化，-1 = 陈旧老化，0 = 没有变，1 = 有所改善，2 = 迅速改善，9 = 不知道，不好说，不适用。）

供水设施	-2	-1	0	1	2	9
电力供应	-2	-1	0	1	2	9
仓储能力	-2	-1	0	1	2	9
货物装卸设施	-2	-1	0	1	2	9
道路设施	-2	-1	0	1	2	9
物流体系	-2	-1	0	1	2	9
休闲设施	-2	-1	0	1	2	9

医疗保健	- 2	- 1	0	1	2	9
酒店与宾馆	- 2	- 1	0	1	2	9
住宅建设	- 2	- 1	0	1	2	9
环境质量	- 2	- 1	0	1	2	9
互联网设施	- 2	- 1	0	1	2	9
通信设施	- 2	- 1	0	1	2	9

C4. 贵公司曾经历过下列服务中断吗？请评价服务中断对贵公司的影响程度。

	服务中断		服务中断造成的损失		
	是	否	损失巨大	损失较小	没有损失
公用电网电力	0	1	0	1	2
供水	0	1	0	1	2
通信及网络服务	0	1	0	1	2
交通	0	1	0	1	2
公共邮政服务	0	1	0	1	2

C5a. 贵公司需要支付给公用电网的电费是多少？元/度

您认为电费收取标准合理吗？	合理	无所谓	不合理	不知道，不好说，不适用
经济开发区内电费比其他地区优惠多少？	元/度			
近三年来电费上涨速度有多快？	迅速上涨	缓慢上涨	没有变化	不知道，不好说，不适用

C5b. 贵公司需要支付的水费是多少？元/吨

您认为水费收取标准合理吗？	合理	无所谓	不合理	不知道，不好说，不适用
经济开发区内水价比其他地区优惠多少？	元/吨			
近三年来水价上涨速度有多快？	迅速上涨	缓慢上涨	没有变化	不知道，不好说，不适用

C6. 在 C2 所列基础设施中，您最希望哪一种获得改善？这项设施的改善将对贵公司的业绩有何影响？

（四）其他问题

D1. 对投资激励政策、政府管理、基础设施和要素禀赋等方面的总体评价。

项目 ＼ 评价	非常好	较好	无所谓	较差	非常差
投资激励政策					
政府管理					
基础设施建设					
生产要素可获得性					
市场潜力					

D2. 您最希望政府解决的问题是什么？原因是＿＿＿＿＿＿＿＿＿＿。

D3. 在您看来，当地投资政策是否存在相互抵触？（抵触是指一种政策可能因为与另一政策不相容而不能执行。）

是	1	否	2

D3a. 如果存在抵触，请说明。

D3b. 您对解决此类抵触有何建议？

D4. 在您看来，跨境的两国在同类投资政策上是否存在抵触？（抵触是指一种政策可能因为与另一政策不相容而不能执行。）

是	1	否	2

D4a. 如果存在抵触，请说明。

D4b. 您对解决此类抵触有何建议？

D5. 您希望政府改善或调整哪些政策？为什么？

调查结束时间	

附录二 中国与越南、老挝和缅甸的贸易与投资政策比较

	中　国	越　南	老　挝	缅　甸
进出口政策		投资证明，投资登记证		进口许可证
		烟草、煤油、报纸杂志、有声媒体等只能由越南指定进口商进口	活动物（含鱼及水生物）、稻谷或大米、虫胶、树脂、林产品、矿产品、未加工宝石、金条、银块等商品出口需办理许可证	国营贸易不透明：天然气、煤油、石油产品和盐进口仅一家有许可权
		对外国投资商来说进口许可与进口产品分配许可证可分开。乘用车进口需要相关制造商的许可和越南交通管理部门的证明	活动物、肉制品、奶制品、稻谷或大米、蔬菜及其制品、饮料及酒和醋、饲料、水泥、燃油和天然气、损害臭氧层化学物品、生化制品、药品及医疗器械、化肥、部分化妆品、杀虫剂、毒鼠药、木材及树苗、书籍、未加工宝石、银块、金条、钢材、机动车辆及其配件、游戏机、爆炸物等25类商品进口需许可证	

续表

	中 国	越 南	老 挝	缅 甸
进口税	农业产品0～65%，非农业产品0～50%，平均税率56.8%（MFN 9.5%），农业产品68.4%（MFN 15.1%），非农业产品55%（MFN 8.6%）	进口税：平均10.4%；农产品17.4%，非农业产品9.3%（大部分0～40%的范围，敏感商品如糖、酒精、烟草、机动车辆超过40%）		关税上线18.5%，平均税率5.5%，农业产品8.9%，非农业产品5%。电子设备，交通工具0%，化学物品，烟草550%（酒精、烟草、自然文化产品，珍稀石头、机动车、交通设备40%关税）
税种	从价税	从价税		从价税
其他进口政策	进口配额：小麦、玉米、大米、食用油、糖、棉花、羊毛、羊毛条、化学肥料（小麦等7种农产品和尿素等3种化肥的进口实施关税配额管理，并对尿素等3种化肥实施1%的暂定配额税率）	进口配额：鸡蛋、糖、盐、未加工烟草		优惠关税 ATIGA：农产品0.9%，非农产品0.5%
进口税收豁免	托运费50元以下商品，广告材料及无商业价值的商品，外国政府或国际组织免费提供的商品与服务，海关检查之前受损的商品，在途商品，饮料和食品	流动资产，进口短期内再出口商品，有外交豁免的组织或个人，鼓励投资项目的相关固定资产进口，生产用的机器设备，建筑材料，油气产业所需越南没有的原材料，用于研发的商品		动物及动物产品，水果蔬菜植物，谷类，谷制品，鱼及鱼产品；进口再出口的机器设备给予退税处理；进口两年内出口商品退税，生化制品，药品及医疗器械，化肥，部分化妆品，杀虫剂，毒鼠药，木材及树苗，书籍，未加工宝石，银块，金条，钢材，机动车辆及其配件，游戏机、爆炸物等25类商品进口需许可证

续表

	中　国	越　南	老　挝	缅　甸
环保税		石油产品、煤炭、塑料袋、杀虫剂、除草剂、氟利昂征收环境保护税		
增值税	大部分商品为17%或者13%（特殊地区可能减免）	标准税率10%，干净水源、养殖、新鲜食品、糖、农业产品、技术服务、儿童玩具、教育援助征收5%的优惠税率。出口的商品服务、国际交通服务、离岸再保险信用保障、资本转换、金融衍生服务、电子信息服务0%		
贸易环境	反倾销，保护措施	反倾销，反进口补贴，进口过剩对本地企业产生威胁的保护条例		没有反倾销，反进口补贴，进口过剩对本地企业产生威胁的保护条例
出口政策		金属、兽皮、木制品、原油、矿产、煤炭、橡胶（10%），金银征收出口税。出口退税。扶持农业出口咖啡、大米，补偿肉亏损，补偿企业出口蔬菜水果、猪肉亏损	营业税指个人、法人或者机构在老挝境内进行商品买卖和服务时必须按比例缴纳营业税（部分商品除外），缴纳比例一般为5%和10%，但出口商品免交营业税	5%的贸易税，2%的营业税。宝石30%，汽油8%，柚木及柚木制品50%，木材及柚木制品50%

续表

	中　国	越　南	老　挝	缅　甸
出口限制	出口配额	农产品、渔产品、森林产品出口受管制		麻醉药品、原油、原木
出口税收减免政策	出口没有商业税			制造业出口收入税减免50%，并豁免商业税（除宝石、汽油、柚木、原木外）。经济特区内，头五年豁免出口收入税；第二个五年减免50%；出口导向型企业再投资减免50%；出口利润用于企业进口原材料与机器设备，关税豁免；投资企业进口设备、机动车、关税、商业税豁免五年；第二个五年减免50%
出口金融扶持	出口信贷、出口商业保险	出口信贷、投资信用保障、出口项目安全；无出口担保		无出口保险、信用保障
税收激励方式	领域+区位	鼓励的领域+地理位置+工程规模	行业+区位	
鼓励领域	农业新技术、农特产品开发、能源、交通、重要原材料工业高新技术、先进适用技术、新技术新设备等	生产新材料新能源、高科技和信息产品、生物科技产品、机器产品、用高新技术保护生态环境、研究发展创造新技术、刺激设施就业、基础设施项目；教育健康体育文化产业、传统手工业等	电力开发、农林商品生产和加工、养殖业、加工业、手工业、矿产业和服务业等经济活动，鼓励主要使用当地资源和劳动力。重点扶持三个产业：大米、谷类和食品生产；国内商品生产；出口商品生产	基础设施、石油天然气、制造业、矿产、不动产、旅馆、旅游

续表

	中　国	越　南	老　挝	缅　甸
激励区位	中西部	经济特区、高新技术特区、社会经济困难区、特定的工业区、社会经济特困区	区位一多山平原，没有较好的经济基础；区位二多山多平原，有较少的经济基础；区位三多山多平原，有较好的经济基础	无
进出口税减免	出口加工区内加工产品不征收增值税；从境外进入加工区的机器设备、基建物资、磨具及维修零配件免税 进入加工区的国产机器设备、原材料、零部件，无器件、包装物料及建设基础设施、加工企业办公用房所需合理数量的基建物资出口退税 境外外进入加工区的原材料、零部件包装件等物料及消耗性材料予以保税	参加展览会、介绍产品而暂人再出或者暂收出再入人的商品，可以免收出口和进口税（展会中销售商品缴税，暂人的要出，暂出的要入） 加工国外商品免进口税，加工好后出口国外免出口税 进口商品变成投资项目的固定财产可免进口税［a. 设备、机械；b. 科学－工业部确认给送工人的交通工具；c. 安装设备、机械、交通工具专用的零件、支架、附件（该规定的第a和b条）；d. 国内还不能生产建造材料］	进口的原材料、机器设备、备用品、车辆直接用于生产免除进口税（除了一些受法律管制方面） 普通商品出口免进口税（自然资源以及自然资源制成品受法律管制，所有的能源均不免出口税） 出口货物的加工品征收零关税，成品免征出口税	商业中使用的机器设备、备用品材料、在事业筹备期间减免消费税及各种国内税收；商品减免消费税及各种国内税收 用于出口的制造品税收减免 MIC允许后对原产业的扩张进口材料、机器设备等免征进口税

续表

	中国	越南	老挝	缅甸
进出口税减免	鼓励类限制乙类，并转让技术的外商投资项目，在投资总额内进口的设备和进口环节免税的进口（除列为不予免税的商品外）	科学研究及发展工艺的进口商品免进口税	老挝为发展林产工业，将森林产品的半成品出口税率定得较低，木制半成品的出口税率为20%，其他森林产品的半成品出口税率为10%，木制产品和林产成品的出口税率最高不超过3%	出口金额用于再投资减免50%收入税
	鼓励限制并转让技术的外商投资项目在投资额内进口的自用设备，免征关税和进口环节增值税	在老街关口经济区投资项目要进口原料、物资、零件、半成品可免收进口税，时限为5年，从开始生产的时候算起	对外国投资者，在一定时期内对进口设备及原材料征收1%的优惠关税	出口导向企业进口原材料、机器设备等税收减免
		科学研究及发展工艺的进口商品免进口税		进口两年内再出口的机器设备给予退税处理
		在岑街关口经济区投资项目要进口原料、物资、零件、半成品可免收进口税，时限为5年，从开始生产的时候算起		建筑行业的机器设备、材料等进口免征关税、商业税

续表

	中国	越南	老挝	缅甸
其他各项税收措施	高新技术、基础设施、农林牧渔、环保、安全生产：高新技术企业15%的优惠税率，小微企业20%的优惠税率	健康教育高科技基础设施软件，鼓励的经济特区经济困难区域，10%～20%的优惠税率	医疗健康（免利润税）：区位一15年，区位二10年，区位三3年；另外提供5年的合作利润税减免	筹备完成后，商业产品头3年进口原材料进行消费税各种国内税减免
	西部地区国家鼓励类外资企业征收15%的企业所得税		用于扩张的利润免利润税	投资者加大投资扩张产业，可以享受扩张使用原材料机器设备用品消费税国内税的减免
	国家重点扶持基础设施项目，三免三减	自然资源32%～50%的税率	农业手工业（免利润税）：11～10年（区域一第1层次免10年），12～6年（区域一第2层次免6年），13～4年（区域一第3层次免4年，依此类推）；21～8年，22～4年，23～2年；31～6年，32～2年，33～1年	调整储备资金五年再投资进行利润的收入税减免
	在环保节能节水和安全生产方面采购设备采购投资可从应纳税所得额抵扣	健康教育高科技基础设施软件，鼓励的经济特区经济困难区域，10%～20%的优惠税率	鼓励领域利润税为0%～20%（常规35%）	允许扣除基期设备等资本资产的贬值
	研发费用50%扣除，按无形资产150%摊销	大型制造业项目：高新领域或者支持纺织、服装、IT、机器产品，国内没生产的产品使用10%或17%优惠税率支持15年或10年	外国所有企业仅在老挝境内部分征收收入税，老挝国内所有企业世界范围收入征税	任何领域的制造品出口商品得到利润可有50%的收入税减免

续表

	中国	越南	老挝	缅甸
	一个纳税年度技术转让不超500万元免征企业所得税超过500万元减半征税	健康教育在整个项目过程中享受10%优惠税率		国外雇员的收入税与国内雇员相同
其他各项税收措施	所得税免3年，第4～6年分别返还100%、70%和50%；养殖加工业增值税第1～3年分别返还80%、50%和30%。投资机械制造、汽车、农地占用税返还50%；投业、公共设施、交通、教育、卫生、高科技等，贷款贴息30%～50%			出口收入的头5年豁免收入税，后5年减免50%；收益较大的项目，从开始经营算起减免5年的税收；制造产品出口的商业税减免；当地企业生产替代进口产品减免税收从5%到3%
亏损扶持措施		有收入后头4年免税款，后9年免50%，若一直亏损，则在第4年开始免税减税措施	如果投资者税收减免年限后亏损，则允许连续3个会计年度亏损从利润减免，而3年后不可	免税期过后损失可以推迟3年

续表

		中国	越南	老挝	缅甸
土地政策	使用期限	居住70年；工业教育科技文化卫生体育50年，商业旅游娱乐40年；综合其他50年；除不允许外可申请续期	普通土地使用期限为50年，特殊情况可延长至70年	允许租用集体土地30年，政府土地50年；经济区内土地允许租借75年	50年的使用期，若项目对本国与居民有较大收益，MIC允许可延长20年
	租用政策	租用土地使用权	外国企业仅能租用土地使用权，可交易土地资产，但不允许交易或者再次出资抵押土地使用权	在老挝投资至少50万美元允许拥有土地使用权（具体如何执行仍不清楚）	仅允许租用土地
		可转租，但不包括地下矿产资源	以年支付土地租金。外国企业仅允许拥有土地使用权，可不交易土地资产，但允许交易或者再次出资抵押土地使用权	外国投资者可以拥有租用土地上的建造物	
			外国投资者不允许购买土地使用权，可以向政府等租借土地，与越南联合开展项目投资	土地租用到期则所有固定资产归政府，设有补偿	
	租用使用范围			外国投资者允许使用租用地上固定资产，转租使用权，租用协议可用作投资本抵押等	

续表

土地政策		中　国	越　南	老　挝	缅　甸
	土地优惠措施	不同的经济开发区有不同的具体政策。例如，在昆明，进入工业园区固定资产一次性投资500万元以上，每亩投资20万元以上，5000万元以下征地成本价供地；5000万～10000万元按补偿费、安置费和青苗费，10000万元以上者一事一议。投资娱乐房地产开发以外项目的以有偿方式取得土地使用权，出让金可按评估地价的20%收取，60日内付清可享30%减免	鼓励区域租金免3年，社会经济困难地区租金免7年，若经济困难区和困难地区则免11年；为鼓励难区或特别困难地区租金免7～15年，或者免收租金（包括经济特区、老街开发区从免11年到全部减免）；外国投资商缴纳的土地租金、费率根据地理位置情况，0.03%～0.15%		

图书在版编目（CIP）数据

跨境经济合作：原理、模式与政策／王赞信，魏巍
著. -- 北京：社会科学文献出版社，2017.8
（云南省哲学社会科学创新团队成果文库）
ISBN 978 - 7 - 5201 - 0615 - 3

Ⅰ.①跨…　Ⅱ.①王…②魏…　Ⅲ.①区域经济合作
－国际合作－研究－中国　Ⅳ.①F125.5

中国版本图书馆 CIP 数据核字（2017）第 070852 号

·云南省哲学社会科学创新团队成果文库·
跨境经济合作：原理、模式与政策

著　　者／王赞信　魏　巍

出　版　人／谢寿光
项目统筹／宋月华　袁卫华
责任编辑／袁卫华

出　　　版／社会科学文献出版社·人文分社（010）59367215
　　　　　　地址：北京市北三环中路甲29号院华龙大厦　邮编：100029
　　　　　　网址：www. ssap. com. cn
发　　　行／市场营销中心（010）59367081　59367018
印　　　装／北京季蜂印刷有限公司

规　　　格／开　本：787mm×1092mm　1/16
　　　　　　印　张：18.25　字　数：285千字
版　　　次／2017年8月第1版　2017年8月第1次印刷
书　　　号／ISBN 978 - 7 - 5201 - 0615 - 3
定　　　价／89.00元

本书如有印装质量问题，请与读者服务中心（010 - 59367028）联系